国家社会科学基金社科学术社团资助项目（21STA017）

中国城市经济学会重点科研项目（2021ZDXM002）

省域副中心城市的理论与实践

秦尊文　著

WUHAN UNIVERSITY PRESS

武汉大学出版社

图书在版编目(CIP)数据

省域副中心城市的理论与实践/秦尊文著.—武汉：武汉大学出版社,2022.6
ISBN 978-7-307-22975-4

Ⅰ.省… Ⅱ.秦… Ⅲ.省—城市建设—研究—中国 Ⅳ.F299.21

中国版本图书馆 CIP 数据核字(2022)第 041609 号

责任编辑:陈 红 责任校对:汪欣怡 版式设计:马 佳

出版发行:**武汉大学出版社** (430072 武昌 珞珈山)
(电子邮箱: cbs22@ whu.edu.cn 网址: www.wdp.com.cn)
印刷:武汉中科兴业印务有限公司
开本:720×1000 1/16 印张:18 字数:292 千字 插页:1
版次:2022 年 6 月第 1 版 2022 年 6 月第 1 次印刷
ISBN 978-7-307-22975-4 定价:59.00 元

前　　言

21 世纪初，作为湖北省专业智库专家和区域经济学者，我奔波于荆楚大地，开展调研，为省委、省政府提供决策咨询服务。那个时候，湖北交通条件不太好，从武汉到宜昌，虽然只有 300 多千米，但走高速公路也要约 6 个小时。由于湖北省版图东窄西宽，而省会武汉又偏于鄂东，对湖北西部地区辐射比较有限。客观上需要在西部地区培育"二传手"，也就是"省域副中心城市"，以弥补武汉辐射的不足。我于 2001 年 7 月先提出宜昌"一副"、2002 年 5 月又完善为"两副"（加上襄阳）。我上书省委、省政府：废除"一特五大"布局，实施"一主两副"城市拉动战略。20 世纪 90 年代初，全省除了特大城市武汉以外，其余城市的城区人口都在 50 万人以下，湖北省委、省政府为改变这种极不平衡的状况，决定在巩固特大城市武汉的地位的同时，着手建设 5 个 50 万~100 万人口的城市，这个布局被称为"一特五大"。在基本实现"一特五大"目标之后，省委、省政府采纳了"一主两副"战略。具体情况，笔者在 2012 年出版的《湖北"一主两副"发展战略》一书中作了详细介绍。

宜昌、襄阳 2003 年被定为"省域副中心城市"，并写入《湖北省城镇体系规划》。2003 年 8 月 1 日，国务院批复此规划。可以说，湖北两个省域副中心城市起点很高，一开始就得到了国家层面的批准。2005 年 12 月，江西省建设厅也采用了"一主两副"布局，九江、赣州两个"省域副中心城市"得到较快的发展。此后，全国陆续有一些城市被定为"省域副中心城市"。到目前为止，经省级政府及其部门认定或批准的"副中心城市"涉及 27 处 30 个城市，其中叫"省域副中心城市"的有 20 处 22 个（有 2 处分别由 2 个城市合建），叫"自治区副中心城市"的有 7 处 8 个（有 1 处由 2 个城市合建）。本书将对这些已经被省级政府确定的"省域副中心城市"或"自治区副中心城市"一一作介绍。本书分为十三章：第一章至

第三章从总体上介绍省域副中心城市的理论和实践概况；第四章至第十二章介绍各省、自治区建设"副中心城市"的情况，其中第四章至第九章有两个以上"省域副中心城市"的省按该省开始设立"省域副中心城市"的先后顺序分别介绍，对只有一个"省域副中心城市"的省集中在第十章介绍，第十一章专门介绍"自治区副中心城市"(本书视同"省域副中心城市")建设情况，第十二章介绍四川省政府确定的7个争创"副中心"城市的情况(这7个城市本书暂未统计在"省域副中心城市"范围内)；第十三章介绍国际上可供我国省域副中心城市建设参考的经验。各章内容安排如下：

第一章　省域副中心城市理论的产生及其意义。介绍"省域副中心城市"概念提出的背景和过程、省域副中心城市理论的主要内容，对省域副中心城市研究进行文献综述，并探索当下建设省域副中心城市的重大意义。

第二章　省域副中心城市的理论源泉。通过介绍中心地理论、增长极理论、城镇体系理论、反磁力吸引体系理论、空间演化模型、成长三角理论、多中心理论，为省域副中心城市理论找到渊源；还介绍毛泽东、邓小平、习近平等领导人关于区域协调发展的重要论述，为省域副中心城市理论提供了指导思想。

第三章　全国省域副中心城市建设概况。先介绍经省政府及有关部门正式认定的"省域副中心城市"和各自治区借用"省域副中心城市"这一名词的情况，再介绍城市本级创建"省域副中心城市"的情况，最后介绍曾经的省域副中心城市的"合并"与"晋升"的状况。

第四章　介绍湖北省域副中心城市建设情况。湖北省是我国"省域副中心城市"建设的发源地。详细介绍"省域副中心城市"的创立背景和发展过程、宜昌和襄阳省域副中心城市的建设情况及建议。

第五章　介绍江西城镇化布局与省域副中心城市设立概况，九江、赣州和上饶三个省域副中心城市的建设情况及建议。

第六章　介绍甘肃城镇化布局及实施概况，天水、酒泉—嘉峪关和平凉—庆阳三处省域副中心城市的建设情况及建议。

第七章　介绍广东城镇化布局与省域副中心城市设立概况，湛江和汕头两个省域副中心城市的建设情况及建议。

第八章　介绍山西城镇化布局与省域副中心城市设立概况，大同、长治和临汾三个省域副中心城市的建设情况及建议。

第九章　介绍湖南城镇化布局与省域副中心城市设立概况，岳阳和衡阳两个省域副中心城市的建设情况及建议。

第十章　其他省域副中心城市建设。有五个省各自只有一个"省域副中心城市"，归并在此处集中介绍，按获批时间顺序排列，分别是河南洛阳、陕西宝鸡、青海格尔木、安徽芜湖、云南曲靖。

第十一章　自治区副中心城市建设。有三个自治区目前正式设有"副中心城市"，与"省域副中心城市"功能和作用相同，有的直接使用"省域副中心城市"这一用语。也按获批时间顺序排列，介绍其自治区副中心城市建设情况及发展建议：广西柳州、桂林，新疆喀什、伊宁—霍尔果斯、库尔勒，宁夏固原、中卫。

第十二章　四川省域副中心城市创建。四川省的情况很特殊，目前尚未正式确定"省域副中心城市"，但省委、省政府列出 7 个候选城市争创全省"经济副中心"，力争在 3-5 年内形成几个省域副中心。本章按成都平原、川南、川东北三大片对绵阳、德阳、乐山和宜宾、泸州以及南充、达州创建省域副中心的情况作介绍。

第十三章　省域副中心城市建设的国际借鉴。国外虽然没有"省域副中心城市"，但有在省会（州府）之外加强省（州）范围内其他城市建设的做法，并在其中有意识地扶持和壮大新增长极或者分担部分省会（州府）的功能，其成功经验值得我们借鉴。

本书的主题是通过研究省域副中心城市，致力于解决发展不平衡问题。而发展不平衡是永恒的话题。在党的十九大报告中，习近平总书记指出我国现阶段的社会主要矛盾已经转化为"人民日益增长的美好生活需要和不平衡不充分的发展之间的矛盾"。笔者认为，社会主义现阶段主要矛盾的新表述，与区域经济学要研究的内容关系是非常密切的。区域经济学研究使命有两个重要的方面，一是研究区域发展，这涉及发展不充分的问题；二是研究区域之间的关系，这涉及发展不平衡的问题。探讨解决新时代社会主要矛盾，是中国区域经济学研究的新使命。在现有的 30 个省域副中心城市中，有 19 个是党的十八大之后确立的，占总数的 63.33%；而在这 19 个中，有 11 个是在党的十九大之后确立的，表明各地对党的十九大强调的"区域协调发展战略"的高度重视。2020 年 4 月 10 日，习近平总书记在中央财经委员会第七次会议上发表讲话："要推动城市组团式发展，形成多中心、多层级、多节点的网络型城市群结构。城市之间既要加强互联互通，也要有必要的生态和安全屏障。中西部有条件的省区，要有意识地培育多个中心城市，避免'一市独大'的弊端。"①建设省域副中心城市，就能有效减轻和避免"一市独大"的弊端。这次会议以后，各省区在积极推动城市组团式发展的同时，布局更多考量多中心、均衡式发展。党的十九大以来设立的 11 个省域副中心城市，有 5 个城市就是在习近平总书记这次讲话之后被当地省委省政府确定的，体现了对习近平总书记讲话精神的深刻理解和迅速落实。

通过总结现有省域副中心城市的发展经验，参考国际上一些有益做法，我国省域副中心城市将不断发展壮大，为实现高质量发展、解决我国现阶段的社会主要矛盾作出更大贡献。

秦尊文

2021 年 10 月

①　习近平. 国家中长期经济社会发展战略若干重大问题［J］. 求是，2020(21).

目　　录

第一章　省域副中心城市理论的产生及其意义

与"城市群""城市圈"等名词来自国外不同，"省域副中心城市"这一概念是地道的"国产"。中国学者尤其是湖北学者，为省域副中心城市理论的产生及发展作出了积极贡献。

第一节　"省域副中心城市"概念的提出

2001 年 7 月 27 日，湖北省社会科学院学者秦尊文在该院《要文摘报》发表《关于宜昌市发展战略定位的建议》(以下简称《建议》)一文，提出由于湖北省人多地广、地域上东窄西宽，而省会武汉又偏于鄂东，客观上需要在西部地区培育"二传手"，建议在发挥武汉这一全省中心城市龙头作用的同时，还要确立全省的"副中心城市"。秦尊文认为，能够在一个省份局部地区承担经济发展核心带动作用的城市可以作为省域副中心城市。宜昌能够发挥这样的作用，可以这样定位。此建议得到湖北省主要领导批示，并批转给湖北省建设厅和《湖北省城镇体系规划》编制工作承担单位(该单位认为《建议》改变了 20 世纪 90 年代初期以来湖北省一直沿用的"一特五大"的城市布局，对编制《湖北省城镇体系规划》起到了参考作用)。秦尊文在《建议》中还提议将宜昌定位为特大城市，并将宜昌市主要领导实行高配，认为这样做不仅有利于带动周边，还有利于与长江三峡总公司等高级别的在宜中央单位协调关系。这篇文章虽然题目是针对宜昌市的战略定位，但内容实质上涉及全省城市化战略，特别是还对当时的湖北"金三角"提出了异议。

《关于宜昌市发展战略定位的建议》发表后，湖北省社会科学院党组书记刘宗发研究员向秦尊文提出，应明确襄樊①也是"省域副中心城市"。此后，湖北省社会科学院逐步形成了湖北省"一主两副"中心城市布局的战略思路。2002 年 5 月起，湖北省社会科学院兵分两路，到宜昌、襄樊两个拟议中的省域副中心城市调研。赴宜昌一组，由院党组书记刘宗发研究员带队，秦尊文和徐楚桥参加。经过调研，6 月中旬成稿，7 月 1 日 3 人以"湖北省社会科学院课题组"名义在第 35 期《要文摘报》上发表《关于宜昌市建设"世界水电旅游城"的考察》，向省领导专文建议，在全省布置两个"省域副中心城市"——宜昌、襄樊，得到时任湖北省委书记俞正声同志的批示和肯定。与此同时，由湖北省社会科学院副院长李锦章研究员带领初玉岗、周志斌组成的调研组专门赴襄樊调研，对襄樊城市定位进行了研究，7 月下旬在第 39 期《要文摘报》上发文指出：襄樊具备优越的区位优势、交通优势和雄厚的产业优势，具有国家级高新技术开发区的政策优势和深厚的文化积淀，可以将其建成省域副中心城市。

2002 年 11 月 26 日，秦尊文在第 53 期《要文摘报》上发表《关于改善我省城市化工作的几点建议》，共提出四点建议：一是发展方针变小城镇主导为大城市主导，二是布局重点变"一特五大"为"一主两副"，三是户籍管理变被迫松动到积极引导，四是推进方式变单兵作战为整体联动。在现有文献中，这是第一次明确提出"一主两副"用语。可以看出，"一主两副"是作为"一特五大"的"替代物"出现的。这里补充一下"一特五大"的背景。"八五"时期(1991—1995 年)，为推动改变省会武汉一城独大唱"独角戏"的局面，湖北省委、省政府确立了"一特五大"的城市发展战略，即在继续发展特大城市武汉的同时，将黄石、荆沙(1996 年 11 月更名为荆州)、襄樊(后更名襄阳)、宜昌和十堰五市作为大城市来规划发展。这一战略布局促进了湖北大城市的发展，也有力地推动了全省城市化的进程。通常按照 2014 年以前我国官方标准划分，小城市是指非农业人口 20 万人以下的城市，20 万~50 万人为中等城市，50 万~100 万人为大城市，100 万人以上为特大城市。武汉原本非农业人口就超过 300 万人，黄石、荆州、襄樊、宜昌和十堰 5 市的非农业人口当时都是三四十万人。进入 21 世纪后，湖北各地城市发展和形势发生了较大变化，武汉非农业人口超过 400 万人，黄石、荆州、襄樊、宜昌非农业人口也都超过了 50 万人，十堰也接近这一规模。至此，"一特五大"

---

① 2010 年 11 月 26 日经国务院批准正式更名为"襄阳"。

目标已基本实现，这一城市发展战略不再适应湖北经济发展的形势，需要对此进行调整。因此，秦尊文在阐述变"一特五大"为"一主两副"的第二点建议中，明确指出："确立'一主两副'的总体布局后，原来的'一特五大'应当废止。'一特五大'抓得太多，缺乏重点。广东主要抓广州、深圳，浙江主要抓杭州、宁波、温州，江苏重点抓南京、苏州、徐州。重点太多等于没有重点。"该文被分管城市建设工作的副省长韩忠学同志批给省建设厅参阅。此前，2000 年湖北省委关于十五计划的建议和 2001 年湖北省第九届人民代表大会第四次会议批准的湖北省十五计划纲要，在布局"区域经济协调发展"时仍然用的是"一特五大"理念。2003 年及以后，湖北省委、省政府的文件再也没有使用过"一特五大"这一提法。

第二节　省域副中心城市理论的主要内容

一、中心城市的等级划分

根据城市空间理论，不同的城市，其主导职能所影响的空间范围是有差异的，由此可将城市分成全球性城市(或称世界城市)、洲际性城市、全国性城市、区域性城市、地区性城市等 5 级。前两者可合并称为"国际化大都市"。而"国家中心城市"就是全国性城市，我国目前有北京、上海、天津、广州、重庆 5 个，其中北京、上海正在建设国际化大都市。

那么在一个省范围内，其省会一般是全省的中心城市，这个没有疑问。但按照上述 5 个等级来划分，则出现三种情况：一是大多数省会辐射作用主要是在本地区，属于"地区性城市"；二是少数省会是"区域性城市"，即除本地区外，辐射作用还涉及毗邻省份；三是个别省会是"国家中心城市"。如广州，其辐射作用远远超过"区域性城市"，具有全国性影响。比照这种模式，在一省的省辖市中，也只有少数具有全省性的影响。

省域中心城市(包括主中心省会和副中心城市)，是在经济、政治、文化、社会等领域具有全省性重要影响，并能代表本省参与国际国内竞争的主要城市，是一省综合实力最强、集聚和辐射能力最大的城市代表。

省域中心城市是一省范围内主导经济社会发展的核心城市，即城市的能级高、综合竞争实力强。省域中心城市是一省经济增长中心，是其所在区域的发展龙头，也是全省经济控制中心，主要表现为对全省战略性资源、战略性产业和战略性通道具有把控权、主动权。战略性资源可以是硬性的资源、能源、资金等，但更多是软性的政策、人才、信息等。战略性产业包括战略性支柱产业和战略性新兴产业，战略性支柱产业首先表现为很强的竞争优势，对经济发展具有重大贡献，同时又直接关系经济社会发展全局和国家安全，对带动经济社会进步、提升综合实力具有重要促进作用；比较而言，战略性新兴产业以重大技术突破和重大发展需求为基础，对经济社会全局和长远发展具有重大引领带动作用，是知识技术密集、物质资源消耗少、成长潜力大、综合效益好的产业，包括节能环保、新一代信息技术、生物、高端装备制造、新能源、新材料、新能源汽车等。战略性通道就是以战略性区位优势为依托，以港口、航空、公路、铁路等现代化、立体化的综合交通体系为基础，构建的面向全国乃至全球的资源要素流通和产业梯度转移通道。对外而言，它是一省参与全国全球经济竞争的主要载体，是地区经济全球化过程的重要平台，起着衔接与世界联系的桥梁、纽带作用。随着经济全球化和区域经济一体化的发展，全球竞争在某种程度上体现为中心城市的竞争。就全球来看，全球 GDP 的 90% 由城市产生，而这 90% 中又有 50% 以上由全国性中心城市产生。

省域中心城市综合实力主要包含以下要素：一是经济实力，指中心城市在一定时期内经济发展的综合水平和在全省优化配置资源的能力。二是创新能力，指中心城市科技创新能力、文化创新能力、体制创新能力、环境创新能力等的综合体现。三是可持续发展能力，指中心城市的综合承载力和在经济社会发展与人口、资源、环境相协调前提下实现城市永续发展的能力。四是文化软实力，指中心城市由其历史文化积淀、精神文化品质、文化创新能力和市民素质等综合形成的影响力。五是区域竞争力，指中心城市代表所在省份参与国际国内产业分工、合作与竞争的能力。

二、省域中心城市应具备的功能

省域中心城市除了具有一般城市的普通功能外，它最突出的功能就是聚集经济效应和正外部经济效应，正是这两种效应使中心城市对外界产生强大的吸引力和辐射力，从而使中心城市进入"聚集—扩散—再聚集—再扩散"的良性循环发展状态中，推动中心城市自身和与之相联系的城市乃至国家经济的发展，形成具有较高城市化水平和多层次、多功能的城市群。具体地说，中心城市主要有两个方面的功能：

一方面是集聚功能。中心城市要有足够高的、能对全国产生影响的经济、文化、社会乃至政治的能量实力。主要表现在集聚人口、集聚资金、集聚技术、集聚企业，能够产生规模集聚效应，提高经济效率。中心城市凭借其在区位条件、服务能力、交通运输、信息交换、设施水平、人口规模等诸多方面的优势，对区域内的资源、资金、人才、信息、产业具有更强的吸引力，促使区域内的这些生产要素向中心城市集中。

另一方面是辐射功能。中心城市的影响力要有可达的广阔空间，或者说，该城市的能量实力要有足够的发展空间。从某种程度上说，中心城市的地位是由腹地的范围决定的。主要表现在生产要素的输出、产业链的延长、精神文明成果的扩散等，有利于实现区域协调发展、促进中心城市自身的进一步发展。中心城市拥有高效的资本、土地、技术、劳动力等生产要素市场，有高效的物流、金融、教育、科技、信息和其他服务业。中心城市通过技术转让、产业转换、资本输出、信息传播等多种方式，可带动周边中、小城市和地区迅速发展，从而形成围绕中心城市的城市群，由此可见，中心城市的辐射作用不仅给自身带来了生机和活力，而且促进了周边区域经济的迅猛发展，加速了城市化进程。

三、省域副中心城市与主中心城市的关系

省域副中心城市是与省域主中心城市相对应而存在的概念。省域主中心城市规模大、人口多、实力强，通常是省会城市；省域副中心城市，具有在一省的城镇体系中仅次于主中心城市的地位，通过市场的力量对其周边的经济起着组织、协调作用。关于省域主中心城市与省域副中心城市之间的关系，笔者有以下几点看法：

(一)省域副中心城市的功能是协助主中心城市，拉动全省经济发展

在湖北，有一个形象的说法，就是把"一主两副"之间的关系比喻为"班长与

副班长"，"副班长"要配合"班长"，把全省经济发展带起来。"副班长"的职责，包含着两个层面的内涵：一是接收并传递"班长"武汉的辐射，宜昌、襄阳要在产业、交通、市场、科技、生态环保等方面全方位加强与武汉城市圈的对接，以提高城市的综合竞争力。二是要放大辐射，弥补"班长"的不足。这就必须使"副班长"也成为一个辐射源，自身也能创造能量，这样才能放大辐射，否则只会使辐射衰减。就宜昌而言，应发挥科教优势，建设创新型城市。要积极推进宜荆荆恩城市群建设，在旅游、多晶硅和磷化工方面开展合作。要加强与武汉的合作。如宜昌的水电科研独树一帜，要保持"水电霸主"地位，需借助武汉的巨大科研力量，增强可持续发展能力。宜昌应积极与武汉高校联手，走产学研用一体化道路，把宜昌建成全省全国的水电科研基地和人才培养摇篮。需要说明的是，在一个省域范围内一定有"班长"，但不一定有"副班长"。如一些国土面积较小的省份可能就不会有省域副中心城市，有些省份虽然面积较大但因省会基本处于版图中央位置也抑制了省域副中心城市的发育。

（二）省域副中心城市与省域主中心城市应有较大的空间距离

副中心城市距离主中心城市不能太近，否则就不可能有自己的"势力范围"。如辽宁省鞍山市、吉林省吉林市、福建省泉州市等由于距离省会较近，就难以发展成为副中心城市；而广东省佛山市由于距离广州太近，尽管其经济实力强大，但根本不可能成为省域副中心城市，相反由于笼罩在广州的光环下，随着同城化的推进，它逐渐融入主中心城市，在空间上成为其中的一部分。有关国际组织自2009年起就是将广州和佛山视为"一个"城市来统计的。湖北省的鄂州也是这样，即使实力再强大也不能成为副中心城市，其前景是融入大武汉从而分担一部分主中心城市的功能（如部分产业研发等）。① 在一省范围内，副中心与主中心距离一般在200~300千米。另外，省域副中心城市必须具有较大城市规模和较大的辐射空间。省域副中心城市肩负带动全省一部分地区发展的重任，必须有较强的经济实力，从城市规模上来讲，非农业人口至少达到50万人以上，一般应达到100万人以上。同时应有较大辐射空间和"势力范围"，除了一般与主中心距离200~300千米外，省域副中心城市之间应保持150千米以上的距离。这就意味着在一

---

① 秦尊文. 关于省域副中心城市的理论思考. 湖北日报，2011-10-16.

省之内不可能有很多省域副中心城市，一般中等省份应在 3 个以下。如果太多，辐射范围主要在本市区域内，那就谈不上是省域副中心城市了。

（三）省域主中心城市不能简单地以 GDP 规模认定

省域主中心城市是一省的政治中心、经济中心、文化中心和交通枢纽，其他城市即使 GDP 超过了省会也不能取代其省域主中心城市的地位。比如苏州经济总量超过省会南京较多，但南京的政治地位、科教实力、文化底蕴和综合交通优势，都是苏州无法望其项背的，尽管其经济实力比起苏州甚至是无锡有点尴尬，但其省域主中心城市的地位难以撼动。类似的情况在其他省区也有。如山东省的青岛 GDP 超过济南 30% 以上，内蒙古的包头和鄂尔多斯的 GDP 也都超过呼和浩特 30% 以上，但济南、呼和浩特仍然是主中心城市。因此，对于省域主中心城市的认定必须综合考虑，GDP 虽然很重要但不是唯一指标。

（四）省域副中心城市也不能简单地以 GDP 规模来认定

如果主中心城市过于强大，那么对副中心的城市规模和经济总量要求则不能过高。如在湖北省，宜昌或襄阳的非农业人口、建成区面积、GDP 要达到武汉市的一半基本上是不可能的，尽管按"齐普夫法则"第二位的城市应该达到。这是因为武汉的情况非常特殊，它不仅是湖北省的中心城市，也是国务院定位的"中部地区的中心城市"和"国家中心城市"，达到武汉城市人口规模 1/2 或者 1/3 的城市至少应当是在整个中部地区来寻找。因此，武汉、宜昌、襄阳的城市规模在全省范围内不符合齐普夫的位序—规模分布法则是正常的。

第三节　省域副中心城市研究文献综述

以下综述的文献来源只限于专家学者和研究机构关于省域副中心城市的公开研究文献，既不包括党政机关的文件，也不包括专家学者和研究机构未经公开的内部文稿、建议等。

一、省域副中心城市的理论来源及内涵研究

湖北省社会科学院秦尊文在 2002 年第 6 期的《湖北计划管理干部学院学报》

发表《关于加快湖北城市化的几点建议》，提出将宜昌定为湖北省的"副中心城市"。① 秦尊文 2011 年在《湖北日报》发表《关于省域副中心城市的理论思考》，分析"省域副中心城市"的含义及其基本特征，详细挖掘了"省域副中心城市"理论支撑，"省域副中心城市"从理论上源于区域经济学中克里斯塔勒 1933 年完成的《德国南部中心地原理》中的中心地理论、邓肯 1950 年完成的《大都市与区域》中的城镇体系理论、反磁力吸引体系理论以及弗里德曼在 1966 年建立的空间演化模型。还提出认定"省域副中心城市"的标准，剖析了"省域副中心城市"与主中心城市存在的关系。②

湖北省社会科学院陈丽媛在 2008 年第 1 期《环球市场导报》发表的《省域副中心城市理论与宜昌的现实需求》和 2008 年第 8 期《湖北社会科学导报》发表的《省域副中心城市的理论与实践》中介绍说：秦尊文在 2001 年根据湖北经济东西发展不平衡的特点，主张湖北省推行"一主两副"的战略布局，将宜昌、襄阳定位为"省域副中心城市"来作为省会武汉的"二传手"，实施"省域副中心战略"，得到湖北省委、省政府主要领导批示。她在文章中写道："秦尊文关于省域副中心城市的一些论述，后被称为'省域副中心城市理论'。"③

黑龙江省社会科学院丁宏鸣（2010）认为副中心城市的主要功能就是弥补中心城市的经济辐射缺失，发挥其经济势能辐射周边，带动区域经济发展。他认为省域副中心城市这一概念从理论上脱胎于区域经济学中克里斯塔勒 1933 年完成的《德国南部中心地原理》中的中心地理论以及杜能 1826 年完成的《孤立国同农业和国民经济的关系》中的区位理论。中心地理论和区位理论是对农业区位理论的发展，其主要思想是：一个区域经济体系中大致由三个"低等级的区域"组成一个"高等级的区域"单位，区域中心的规模同其数量成反比。中心地理论和区位理论的思想在省域副中心城市的界定上尤为重要。具体到一省内一个中心城市，其向周边区域提供服务的理想空间形态是圆，受限于其半径有效性，经济辐射范围有力所不能及之处，就需要中心城市以外有一个承接中心城市经济资源起到连

---

① 秦尊文. 关于加快湖北城市化的几点建议. 湖北计划管理干部学院学报，2002（6）.

② 秦尊文. 关于省域副中心城市的理论思考. 湖北日报，2011-10-16.

③ 陈丽媛. 省域副中心城市的理论与实践——以湖北省宜昌市为例［EB/OL］. http：
//www.hbzyw.gov.cn/xwxx.asp? Id=8806.

接、纽带作用并辐射周边地区的副中心城市来带动区域经济的发展。①

广西百色学院白利和云南西双版纳职业技术学院邓小娟、吕庆立发表的《2001—2016 年中国省域副中心城市研究概况》，通过对国内本科以上教材中相关主要理论的推论，得到中心地理论、增长极理论、成长三角理论、不平衡发展理论、城市圈域经济理论五个理论与"省域副中心城市"相关联；利用中国知网等文献检查工具，得出国内学者的理论来源于前三种，绝大多数来源于第一种理论。其结论是：省域副中心城市理论是区域经济学和经济地理学有关理论的延伸和创新应用。②

二、省域副中心城市的功能与效应研究

关于省域副中心城市的功能和效应研究的一个主要方面是辐射和带动效应。近年来，这方面的文献主要有：江西省发改委课题组（2016）研究了江西省域副中心城市的带动作用。李春香（2012）比较了宜昌市及宜荆荆城市群与苏州市及苏锡常都市圈的经济发展速度、结构情况，提出只有建成城市群，形成城市群中的首位城市，宜昌才能发挥辐射作用，带动周边区域经济发展。王明亚（2021）以甘肃省天水市为例，来研究省域副中心城市与区域经济协调发展的关系。

对于省域副中心城市的其他功能和效应的研究主要包括省域副中心城市在金融、旅游、对外开放等方面的作用。这方面的文献主要有：李羽（2019）指出湛江利用自己的区位、产业、港口、文化等优势在广东形成全面对外开放新格局中发挥了重要作用。

三、省域副中心城市建设过程中面临的问题及对策研究

学者们在研究过程中，发现省域副中心城市建设面临一些问题，主要有：城市自身经济实力不够强大，经济辐射带动力不足、交通"瓶颈"制约较大、产业转型升级步伐缓慢等。针对这些问题，学者给出了相应的发展对策。如王俊、马

---

① 丁宏鸣. 我国省域副中心城市的建设略论——以湖北省宜昌市为例. 边疆经济与文化，2010（4）.

② 白利，邓小娟，吕庆立. 2001—2016 年中国省域副中心城市研究概况. 全国商情，2016（30）：104-106.

海彦(2010)指出在省域副中心城市自身能力不强的条件下，更需要通过加强区域合作来提高城市的影响力和带动力，具体的方法有解放思想、克服观念和体制障碍、建立多层面沟通联系机制等；赵霞、陈丽媛(2009)在分析制约宜昌辐射功能发挥的原因的基础上，提出了要从内、外两方面增强宜昌省域副中心城市辐射功能，对内要做大做强，对外要争取政策支持，扩大开放水平；中共宜宾市委宜宾市人民政府决策咨询委员会(2019)强调交通建设的重要性，提出发展交通不仅仅是城市区域经济发展的需要，也是省域副中心城市功能实现的需要，如果交通没有融通，辐射带动功能很难实现；天水市人民政府研究室调研组(2019)指出天水存在产业结构矛盾突出等问题，基于现存问题提出了推进农业现代化、实施"工业强市"战略、大力发展第三产业三大解决对策。

四、创建更多省域副中心城市的研究

2009 年 8 月，Zhiwei Yu 在 *Asia Social Science* 上发表文章，认为"秦尊文提出的'省域副中心城市'对辽宁也有借鉴意义，应当把锦州建设成为辽宁省域副中心城市"。① 李景科、周立安、于晓丹则在《辽宁经济》2014 年第 5 期发表《丹东成为辽宁省省域副中心的条件》，从历史、地缘政治、资源、环境、基础设施等方面分析了丹东具备成为辽宁省省域副中心城市的条件，认为其条件比大连和锦州更优越。

2010 年 9 月，中共遵义市委办公室邹家文发表《把遵义打造成为贵州省副中心城市的思考》，指出："纵观贵州，应确立贵阳、遵义一主一副的中心城市发展战略，通过发展城市经济带动整体加快发展，从而实现贵州经济社会的历史性跨越。"②

2019 年 4 月 14 日，由中国人民大学长江经济带研究院承办的第三届长江经济带发展高端对话在宜宾举行。西华大学经济学院副院长刘世明建议，尽快推动宜宾、南充成为省域副中心城市。而同在西华大学经济学院的于代松等人认为：泸州市和南充市自身经济发展较好，区域内部经济联系较为紧密，具有成长为省

---

① Zhiwei Yu. To construct jinzhou as a secondary provincial center city- another alternative of the regional economic development model in liaoning province. Asia Social Science，2009(8).

② 邹家文. 把遵义打造成为贵州省副中心城市. 当代贵州，2010(17).

域副中心的潜质。①

综上，省域副中心城市的理论研究取得了一定成果，但大部分的研究是选择一个省域副中心城市为例，来分析该城市的建设情况与存在的问题，只有少数学者选择从全国的范围来研究，从宏观视角分析如何建设省域副中心城市的文献较少。另外，现有的文献大多采用定性的分析方法，很少有文献采用模型去进行定量的分析。关于评价省域副中心城市的辐射带动作用的指标选择方面，还有待进一步完善。

第四节　建设省域副中心城市的重大意义

从湖北省以及其他相关省(自治区)的实践来看，建设省域副中心城市，具有重大战略意义。

一、建设省域副中心城市有利于省域协调发展战略的实施

2020 年 4 月 10 日，习近平总书记在中央财经委员会第七次会议上发表讲话(后发表在《求是》2020 年第 21 期)："要推动城市组团式发展，形成多中心、多层级、多节点的网络型城市群结构。城市之间既要加强互联互通，也要有必要的生态和安全屏障。中西部有条件的省区，要有意识地培育多个中心城市，避免'一市独大'的弊端。"建设省域副中心城市，就能有效减轻和避免"一市独大"的弊端。

首先，副中心城市建设有利于培育经济建设新的增长极。省域主中心城市是省域经济发展的支柱，但在粗放型经济条件下，中心城市发展过快，人口急剧膨胀，使得"城市病"急剧涌现。再造副中心，使省域经济发展由一个中心主导转换为中心和副中心双重主导，对省域经济科学发展、协调发展具有很大推动作用。其次，副中心城市建设有利于推进农业现代化进程。实施副中心城市战略，既可以减少农村人口，提高城市化率，又可以为农民承包土地流转提供机遇，实现农村土地集约经营，从而实现农业真正意义上的机械化、科技化、现代化。最后，副中心城市建设有利于提升城市化的速度和质量。城市化是农村人口持续向

① 于代松，魏菓，叶连广. 城市关联网络、副中心培育与区域高质量一体化发展——以四川省为例. 乐山师范学院学报，2021(4).

城市聚集的过程，也是农业现代化的过程。

另外，从全国最早实施省域副中心城市战略的湖北省来看，过去省内发展的地区差距也很大，现在差距有所收敛。湖北按地域可分为鄂东、鄂西两大地区。其中鄂东地区即武汉城市圈土地面积 58052 平方千米，占全省的 31%；鄂西地区（包括宜昌所在的鄂西南地区、襄阳所在的鄂西北地区）土地面积 127848 平方千米，占全省的 69%。我们这里用 2019 年（2020 年因疫情暴发为非正常年份，不用）和 2010 年两个年份的数据作对比。鄂东地区 2010 年年末常住人口 3024 万人，占全省的 53%；地区生产总值 9635.76 亿元，占全省的 61%；全社会固定资产投资 6762.67 亿元，占全省的 65%。而同期鄂西地区常住人口 2699.49 万人，占全省的 47%；地区生产总值 6154.63 亿元，仅占全省的 39%；全社会固定资产投资 3790.41 亿元，仅占全省的 35%。各项经济指标按人均来算，鄂西地区更差。如人均 GDP，2010 年武汉市高达 56880 元，鄂州市有 37694 元，过去比较落后的咸宁也有 21129 元；而鄂西过去比较发达的荆州只有 14734 元，恩施自治州只有 10941 元。到 2019 年，鄂西地区生产总值 18146.8 亿元，占全省的 39.66%，提升 0.66 个百分点；2017 年全社会固定资产投资（2018 年起不再公布此项指标）17803.99 亿元，占全省的 56.28%，提升 21.28 个百分点。2019 年鄂西人均 GDP 与 2010 年相比的增速也高于鄂东地区，其中荆州市人均 GDP45178 元，增长了 2.07 倍；而同期武汉市、鄂州市、咸宁市分别只增长 1.54 倍、1.85 倍和 1.96 倍。

二、有利于加快构建促进国内大循环的重要支点

改革开放以来，我国经历了以沿海地区开放开发战略为标志的区域非均衡发展阶段和以西部大开发、振兴东北老工业基地、中部崛起战略为标志的区域经济协调发展阶段，国土开发格局相应地由沿海先行进入沿海沿江并重时代，而沿江发展战略也由长三角地区向整个长江流域推进。

2008 年国际金融危机爆发以来，中国经济社会发展正在由投资、出口拉动向内需、外需协调发展转变。以外资和出口拉动经济发展的外向型经济模式，易产生"出口依赖"与"引进依赖"并存症、能源紧张和环境污染症，导致经济增长"三驾马车"失衡，破坏开放尺度与经济安全、内需与外需之间的平衡，往往会遭遇"反倾销陷阱"，使很多结构性的矛盾、长期性的矛盾和总量矛盾、短期问题交织在一起。这是对我国过度依赖外需所作出的反思。

近年来，随着外部环境和我国发展所具有的要素禀赋的变化，市场和资源两头在外的国际大循环动能明显减弱，而我国内需潜力不断释放，国内大循环活力日益强劲，客观上有着此消彼长的态势。2020年5月14日，中央政治局常务委员会会议提出，"充分发挥我国超大规模市场优势和内需潜力，构建国内国际双循环相互促进的新发展格局"；① 7月21日，习近平总书记在主持召开的企业家座谈会上强调，要"逐步形成以国内大循环为主体、国内国际双循环相互促进的新发展格局"；② 7月30日，中央政治局会议释放出"加快形成以国内大循环为主体、国内国际双循环相互促进的新发展格局"的信号。③ 党的十九届五中全会再次强调构建"双循环"新发展格局，并突出强调国内大循环。因此，在内地培育和发展一批"省域副中心"，作为推进西部大开发、促进中部地区崛起、加快构建促进国内大循环的新引擎，十分必要。以"省域副中心"建设为重要抓手，大力发展国内区际分工和区际贸易的国内大循环，发挥我国无与伦比的大市场优势，能从整体上大大推进我国产业基础高级化和产业链现代化，为建成"双循环"新发展格局提供空间枢纽和战略支点。

三、有利于增强非省会的城市品牌价值

在一省范围内的城市，除了省会和副省级城市，"省域副中心"便是最高桂冠了。一旦获得"省域副中心"桂冠，城市品牌价值就会得到迅速提升。对这一点认识最到位的就是宜昌。

2007年夏天，宜昌不少街道上拉了红色横幅，上书"抓住第三次机遇，实现第三次飞跃"。其含义是：对于宜昌来说，其发展的第一次机遇是葛洲坝水利枢纽的建设，抓住这次机遇，宜昌实现了由小城市向中等城市(当时中等城市的"门槛"是城区人口20万人)的飞跃；第二次机遇是三峡工程建设，"世界水电之都"的名片成为宜昌最好的区域营销品牌，三峡工程使宜昌完成了由中等城市向大城市(当时大城市的"门槛"是城区人口50万人)的飞跃。前两次机遇让宜昌完成了从一个沿江小城到大城市的两级跨越，到2000年时宜昌市辖区人口已有

① 中共中央政治局常务委员会召开会议．人民日报，2020-05-15．
② 习近平在企业家座谈会上的讲话．人民日报，2020-07-22．
③ 陆娅楠，李心萍．以国内大循环为主体、国内国际双循环相互促进加快形成新发展格局．人民日报，2020-08-02．

60.05 万人，建成区面积已达 46 平方千米。什么是第三次机遇？就是获得"省域副中心"桂冠。宜昌市委、市政府提出，抓住第三次机遇，实现由大城市向特大城市的第三次飞跃，而当时特大城市的"门槛"是城区人口 100 万人。如果从这一标准来判断，宜昌还真的抓住了第三次机遇、实现了第三次飞跃。到 2008 年城区人口在 100 万以上，达到当时的特大城市标准。根据有关国际机构公布的数据，2009 年 1 月 1 日宜昌城区人口突破 100 万人，居全球 4762 个百万人口的城市第 451 位；截至 2020 年 1 月 1 日，全球过百万人口的城市达 585 个，宜昌居第 416 位，比 2015 年前进了 40 位，平均每年前进约 8 位。2021 年 1 月 1 日，全球过百万人口的城市达 599 个，宜昌以 142 万人居第 411 位，比上年又前进了 5 位。与此同时，获得"省域副中心"桂冠后，宜昌无形资产得到了极大提升，招商引资、招才引智较之过去有大幅增长，从 2004 年起宜昌 GDP 跃居湖北第二，连续 13 年仅次于武汉。也正是因为有"省域副中心"的品牌，宜昌在国家战略层面地位有很大提高。国务院批准的湖北自由贸易区，有宜昌片区；还被批复为"国家综合交通枢纽"，与过去的"区域性交通枢纽"地位不可同日而语。

河南洛阳、湖南岳阳和衡阳、江西赣州和九江等市，都是在获得"省域副中心"桂冠后经济社会有了更快更好的发展。通常，省委、省政府在确立省域副中心城市之后，会给予其较大力度的支持。2020 年 3 月，河南省委、省政府召开加快洛阳副中心城市建设工作推进会；同年 6 月，河南省文化和旅游厅出台支持洛阳推进文旅融合加快副中心城市建设的文件，提出要将洛阳建设成为具有较高国际影响力和吸引力的国际人文交往中心和国际文化旅游名城，进一步带动河南省旅游业的发展；同年 10 月，省发改委发出包含 28 条政策措施的助推洛阳副中心城市建设的文件。2021 年 7 月 19 日，湖南召开省政府常务会议，研究部署了省域副中心城市建设工作，会议通过了《支持岳阳市加快建设省域副中心城市的意见》和《支持衡阳市加快建设省域副中心城市的意见》，后以"湘政办发〔2021〕36号"文件印发全省。① 两份支持省域副中心城市建设的文件，既是实打实的优惠政策，也是"十四五"湖南奋进向前的任务书。虽长路漫漫，重担在肩，但前景一片光明。

---

① 湖南省人民政府办公厅 . 关于印发《支持岳阳市加快建设省域副中心城市的意见》和《支持衡阳市加快建设省域副中心城市的意见》的通知[EB/OL]. 湖南省人民政府网，2021-08-06.

第二章　省域副中心城市的理论源泉

"省域副中心城市"虽然是一个"国产"概念，但关于国家或区域副中心城市方面的理论研究至少可以追溯到 20 世纪前叶的欧洲，德国、法国以及后来的美国、日本等国学者关于中心地、增长极等的相关研究成为省域副中心城市的理论源泉。中华人民共和国成立后，毛泽东等领导人关于区域协调发展的重要论述，也为省域副中心城市理论的形成提供了指导思想。

第一节　中心地理论

1933 年，德国地理学家克里斯塔勒在《德国南部中心地原理》一书中系统地阐明了中心地理论。所谓"中心地"，就是向居住在周围地域的居民提供各种货物和服务的地方，包括"贸易、金融、手工业、行政、文化和精神服务"。中心地提供的商品和服务的种类有高低等级之分。根据中心商品服务范围的大小可分为高级中心商品和低级中心商品。高级中心商品是指服务范围的上限和下限都大的中心商品，例如高档消费品、名牌服装、宝石等；而低级中心商品是商品服务范围的上限和下限都小的中心商品，例如小百货、副食品、蔬菜等。具有高级中心地职能布局的中心地为高级中心地，反之为低级中心地。低级中心地的特点是：数量多，分布广，服务范围小，提供的商品和服务档次低，种类少。高级中心地的特点是：数量少，服务范围广，提供的商品和服务种类多。在二者之间还存在一些中级中心地，其供应的商品和服务范围介于两者之间。居民的日常生活用品基本在低级中心地就可以满足，但要购买高级商品或高档次服务必须到中级或高级中心地才能满足。不同规模等级的中心地之间的分布秩序和空间结构是中心地理论研究的中心课题。

中心地等级性的特点：一是中心地的等级由中心地所提供的商品和服务的级别所决定。二是中心地的等级决定了中心地的数量、分布和服务范围。三是中心地的数量和分布与中心地的等级高低成反比，中心地的服务范围与等级高低成正比。四是一定等级的中心地不仅提供相应级别的商品和服务，还提供所有低于这一级别的商品和服务。五是中心地的等级性表现在每个高级中心地都附属有几个中级中心地和更多的低级中心地，形成中心地体系。

中心地可以通过中心性(centrality)或"中心度"来衡量。一个地点的中心性可以理解为一个地点对围绕在它周围地区的相对意义的总和。简单地说，是中心地所起的中心职能作用的大小。一般认为，城镇的人口规模不能用来测量城镇的中心性，因为城镇大多是多功能的，人口规模是一个城镇在区域中的地位的综合反映。克里斯塔勒用城镇的电话门数作为衡量中心性的主要指标，因为当时电话已被广泛使用，电话门数的多少基本上可以反映城镇作用的大小。

克里斯塔勒认为，有三个条件或原则支配中心地体系的形成，这就是市场原则、交通原则和行政原则。他指出，在开放、便于通行的地区，市场经济的原则可能是主要的；在山间盆地地区，客观上与外界隔绝，行政管理更为重要；年轻的国家与新开发的地区，交通线对移民来讲是"先锋性"的工作，交通原则占优势。通过研究，克里斯塔勒得出结论：在三个原则共同作用下，一个地区或国家，应当形成如下的城市等级体系：A 级城市 1 个，B 级城市 2 个，C 级城市 6~12 个，D 级城市 42~54 个，E 级城市 118 个。笔者认为，如果在一个省的范围内，A 级城市就是主中心城市，B 级城市就是省域副中心城市。湖北省的"一主两副"中心城市布局与之非常吻合。不仅如此，C、D、E 级城市也比较吻合：湖北除"一主两副"外，还有 8 个地级市和恩施州府——恩施市，相当于克里斯塔勒所说的 C 级城市；县级市及 15 万人以上的县城有 50 多个，这相当于 D 级城市；15 万人以下的县城及镇区人口 5 万人以上的重点镇有 110 多个，这相当于 E 级城市。

正因为克里斯塔勒的中心地理论对现实有较强的解释性，自 20 世纪 50 年代起它开始流行于英语国家，之后传播到其他国家，被认为是 20 世纪区域经济学、人文地理学最重要的贡献之一。

第二节　增长极理论

确定省域副中心城市选择的是一种不平衡增长战略,而经济增长极理论是20世纪40年代末50年代西方经济学家关于一国经济平衡增长抑或不平衡增长大论战的产物。因此,增长极理论是省域副中心城市的重要理论支撑。

增长极理论最初由法国经济学家佩鲁(Francois Perroux)提出,许多区域经济学者将这种理论引入地理空间,用它来解释和预测区域经济的结构和布局。佩鲁在1955年发表的《略论经济增长极概念》一书中首次提出,如果把发生支配效应的经济空间看作力场,那么位于这个力场中的推进性单元就可以被描述为增长极。增长极是围绕推进性的主导工业部门而组织的有活力的高度联合的一组产业,它不仅能迅速增长,而且能通过乘数效应推动其他部门的增长。因此,增长并非出现在所有地方,而是以不同强度首先出现在一些增长点或增长极上,这些增长点或增长极通过不同的渠道向外扩散,对整个经济产生不同的最终影响。他借喻了磁场内部运动在磁极最强这一规律,称经济发展的这种区域极化为增长极。之后,法国的另一位经济学家布代维尔(J. B. Boudeville)提出,经济空间是经济变量在地理空间之中或之上的运用,增长极在拥有推进型产业的复合体城镇中出现。后来美国经济学家弗里德曼(John. Frishman)、瑞典经济学家缪尔达尔(Gunnar Myrdal)、美国经济学家赫希曼(A. O. Hischman)分别在不同程度上进一步丰富和发展了这一理论,使区域增长极理论的发展成为区域开发工作中的流行观点。一个国家要实现平衡发展只是一种理想,在现实中是不可能的,经济增长通常是从一个或数个"增长中心"逐渐向其他部门或地区传导。因此,应选择特定的地理空间作为增长极,以带动经济发展。

增长极理论包括三个基本点:一是其地理空间表现为一定规模的城市;二是必须存在推进性的主导工业部门和不断扩大的工业综合体;三是具有扩散效应和回流效应。增长极体系有三个层面:先导产业增长;产业综合体与增长;增长极的增长与国民经济的增长。在此理论框架下,经济增长被认为是一个由点到面、由局部到整体依次递进、有机联系的系统。其物质载体或表现形式包括各类别城镇、产业、部门、新工业园区、经济协作区等。

湖北的"一主两副"都是增长极。武汉是全省的经济增长极,这一点毋庸置疑。而且 2010 年 12 月 21 日国务院下发的《全国主体功能区规划》(国发〔2010〕46 号)中，将武汉城市圈列为"国家重点开发区域"，而"国家重点开发区域"的功能定位是："支撑全国经济增长的重要增长极，落实区域发展总体战略、促进区域协调发展的重要支撑点，全国人口和经济密集区。"而襄阳市、宜昌市则分别被省政府文件明确为"鄂西北地区核心增长极"和"鄂西南地区核心增长极"。这些都是增长极理论的直接应用。

第三节　城镇体系理论

城镇体系是指一定地域范围内，以中心城市为核心，以广大乡村为基础，若干规模不等、职能各异的城镇居民点组成的相互制约、分工合理的有机整体。虽然克里斯塔勒、廖什、维宁等人的理论包含城镇体系的理念，但正式提出"城镇体系"的概念却是在 20 世纪 60 年代。1960 年邓肯(Otis D. Duncan)和他的同事出版了一本书，名叫《大都市和区域》，重点讨论美国城市的专业化作用在国家系统中的变化以及区域间、大都市区之间的相互依存关系。首次使用了"城镇体系"一词，并用这种新的观念来描述美国的国家经济和国家地理。1964 年贝利把中心地域等级体系的研究与一般系统论联系起来，使"城镇体系"成为一个正式术语并迅速流传开来。

实际上，城镇体系更多地考虑的是城镇之间等级、规模和职能的关系，是城镇的有机结合体，它不一定要求达到一定的城镇密集度，而城镇密集区虽然也注重联系性、层次性和动态性，但它更强调了一定范围内高密度、高城市化水平的区域。由于城镇体系具有一定的等级体系，某一级城镇体系往往包含几个次一级的城镇体系地域单元。而次一级的城镇体系地域单元中的核心城市在上一级的城镇体系地域单元中就是副中心城市。根据城镇体系理论，副中心城市在一个区域经济系统中的地位仅次于主中心，它协助主中心更好地发挥作用，承担着本经济区的某几项重要职能，对周边地区的发展具有重要影响，甚至在某些方面的影响超过了主中心城市。

1999 年，藤田昌久(Masahisa Fujita)、保罗·克鲁格曼(Paul Krugman)和安东尼·维纳布尔斯(Anthony J. Venables)在《空间经济学——城市、区域与国际贸易》中模拟了城镇体系的演化过程。据其研究，假设经济的人口规模 $N(t)$ 随时间的推移逐渐增长，且起始人口小于 $\tilde{N}_1$。通过市场潜力曲线的推导模拟出城市的形成、消失、升级直至城镇层级体系的产生这一过程（见图2-1）。[①] 在最初（图中

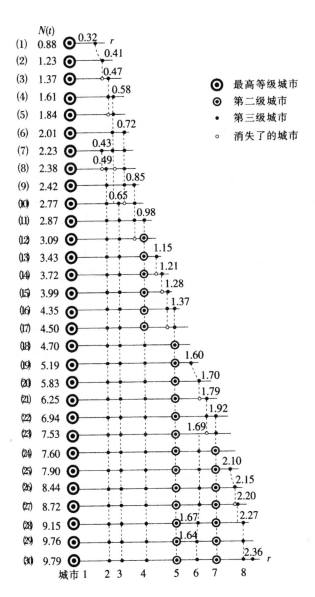

图 2-1　随人口增长的城镇体系演化图（Fujita，1999）

①　藤田昌久，保罗·克鲁格曼、安东尼·维纳布尔斯. 空间经济学——城市、区域与国际贸易. 梁琦，主译. 北京：中国人民大学出版社，2005：227-241.

序号(1)时)只有一个高等级城市和一个小城市,到最后(图中序号(30)时)形成了"一主两副",即一个最高等级城市、两个第二级城市,外加6个第三级城市。这与克里斯塔勒推出的A级城市1个、B级城市2个、C级城市6~12个的城市等级体系几乎完全一致。湖北"一主两副"布局也在FKV(学界对藤田昌久、克鲁格曼、维纳布尔斯三个人的合称,他们是新经济地理学的先锋人物)那里找到了理论支撑。

第四节　反磁力吸引体系理论

20世纪初,发达国家率先进入大城市超先发展的阶段,现代大城市因物质文化条件优越而产生巨大的人口向心力("磁力"),但在城市自身经济快速发展的同时也带来了"城市病"并导致周边经济发展停滞或放缓。第二次世界大战前后,西欧和苏联等国城市理论和规划工作者,根据社会经济发展需要和城镇建设条件,为分散大城市人口,克服"城市病",协调区域经济发展,明确了区内各城镇的区位、职能、性质、分工协作和发展方向,通过城镇体系布局,使区域内各城镇形成互相密切联系的群体。20世纪60年代以来,这种规划布局的思想和方法在许多国家推广,并上升为现代城市规划学的新理论,称为反磁力吸引体系理论。

该理论认为,在一个区域内建成抵消大城市向心力的城镇体系,首先要建立地区性生产综合体,提供工业发展基础,并综合开发高速交通线网,加强区内联系;合理安排行政、文化、科学中心;均衡布置生活、娱乐、旅游、服务设施;保护环境。在此基础上形成以综合职能城市为中心并与各种专业化城镇相结合的城镇群。它既能适应社会化生产的专业化和协作要求,又在生产、生活等各方面具有足够吸引力。

现代化大城市同时存在向心力和离心力。工业集中、交通运输方便、服务设施齐全是向心力产生的根源;城市的若干工业远离原料产地并缺乏扩展空间,城区环境污染、交通混乱、居住条件恶劣,又形成人口的离心力。在设计以削弱大城市磁力作用为目的的反磁力吸引点时,如能充分利用大城市的离心力,并使之成为自己的向心力,发挥其优势,因地制宜开发资源,发展工业,吸引就业,合理安排交通服务和其他设施,就可形成既经济合理、又独具特色的吸引力。该理论中的反磁力吸引点,相对于大的磁力吸引点实质上就是副中心城市。

应用这一理论,要注意不要将反磁力吸引点设计过多。欧洲一些国家在应用这一战略时,出于政治上的妥协,有时设计的增长极过多,而人们对它的期望又很高,反磁力中心是想用极化发展的形式与首位城市的极化效应相抗衡,但由于它不能成功地对其腹地产生扩散效应,本身吸收劳动力的能力又有限,效果不太明显。湖北布局省域副中心城市时,只设了两个,注意避免了这一问题。

第五节 空间演化模型

美国经济学家弗里德曼(J. Friedmann)1966年建立了空间演化模型(见图2-2),提出区域经济发展演化过程分为几个阶段。第一阶段:独立的地方中心,不存在等级。这是前工业化社会特有的典型空间结构。每个城市坐落于一个小面积地区的中央,腹地范围小,增长潜力很快就告枯竭,经济停滞不前;区域间交往量非常小,存在着许多以自给自足为主、彼此相互隔离的经济。第二阶段:单一强中心。工业化初期所具有的典型结构。边缘区开始出现。由于拥有企业家素质的人才、知识分子和劳动力大量迁至中心,中心以外的其他地区的经济会遭到

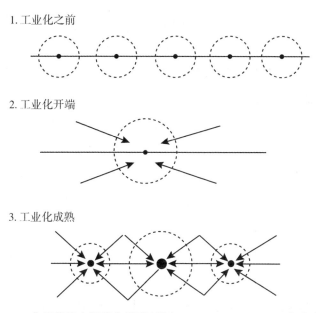

图 2-2 弗里德曼空间演化模型(源自 J. Friedmann,1966。有改动)

21

沉重打击并可能会导致社会与政治动荡。第三阶段：一个唯一的全域性中心，两个实力强的边缘次级中心。这是工业化成熟时期迈向成功地域的第一步；战略次中心得到开发，大城市间的边缘区域更易管理，边缘区域范围缩小；边缘区域的重要资源被纳入国民经济的生产性循环，全域性中心的膨胀问题能得以避免，国家增长潜力提高。笔者认为，第三阶段就是"一主两副"发展阶段。弗里德曼还认为，经过这三个阶段之后，也就是后工业化社会，将形成"网络化的空间组织"，实现"国家一体化"。

湖北省的"一主两副"布局与弗里德曼空间演化模型是高度吻合的。从他提出的几个阶段来看，湖北过去长期是武汉"一树独大"，正是工业化不成熟的表现。随着工业化、城市化的加速推进，湖北出现"一主两副"格局是完全符合空间演化格局规律的。

第六节　多中心理论

一个健康发展的大国，除了确立少数全国性中心城市外，通常还有次级城市（secondary cities），它包括某些省的首府或非首府城市。次级城市有时也叫中间（intermediate）城市或中等规模（medium-sized）城市。按照周一星教授 1992 年在其著作《城市地理学》中的研究，次级城市战略表面上和增长极战略有类似之处，其实不然。增长极战略强调从外部吸引推动性产业，而次级城市战略倾向于土生土长的发展，加强城乡联系，注重社会和经济的基础设施，促进许多中心的发展。该战略不仅有利于空间平等，还可以兼顾经济效率。因为：（1）如果规划期很长，极化倒转的假设成立，那么投资于次级城市迟早会有效率；（2）次级城市可以成为首位城市、其他特大城市与小城市、乡村地区的联系节点；（3）在一些发展中国家和许多发达国家，次级城市往往占有国家最有效率的区位，甚至有的城市产出水平高于首位城市。这样，发展次级城市就不一定要牺牲经济效率来换取区域公平。最后，在次级城市战略中要注意的问题就是对次级城市的确定。人口规模显然不是很合适的标准。在巴西，中等城市的人口规模在 50 万～100 万人，而许多非洲国家，即使首位城市人口规模也在 50 万人以下，中等规模城市可能不到 2 万人。因此，根据国家的地理规模、人口、经济发展水平以及其他方面的不同，规模完全不同的城市却可能起类似的次级城市的作用。当然各自的职能可能有所不同，在注重农村发展的国度，次级城市的主要作用是给周围地区提供高级服务，以稳定乡村人口；在强调工业发展的国家，次级城市被作为核心地区工业扩散的理想区位。在同一个国家的不同地区，它们的作用也可能有差异。这就说明副中心城市的确立需根据国家和地区的具体情况加以设计和实施，它不是一个通用的药方。

大国发展规律表明，伴随工业化、市场化、城市化的推进，国家发展日益呈现多中心协同拉动格局，必然出现越来越多的全国性中心城市。西方国家通常在一组相互接近、联系密切、不同规模的城镇群体中设立一两个规模最大或位置适中的城市作为全国性中心城市，使它们在国家经济、社会、文化等方面发挥主导作用。这些中心城市是经济区域内生产和交换集中的地方，对周围地区会产生较强的经济辐射作用，组织和协调区域经济活动，其主要功能为：进行生产的分工、协作和扩散；通过流通，互通有无，促进竞争，形成优势；通过财政、金融、税收等经济手段和人才培训等促进地方经济发展。

美国全国性中心城市由开国初期的纽约，拓展到后来包括费城、芝加哥、底特律、旧金山、亚特兰大等在内的十多个城市。其中，纽约作为世界大都市，控制了全球金融业 30% 以上的命脉；而芝加哥、洛杉矶、西雅图等工商业中心城市掌握着全球许多行业的命脉。

第七节　区域协调发展理论

1956 年 4 月 25 日，毛泽东同志在中央政治局扩大会议上作了《论十大关系》的讲话，经毛泽东生前亲自审定的这篇文稿 1976 年 12 月 26 日在《人民日报》公开发表。《论十大关系》中就有三大关系直接涉及区域协调发展理念：第二大关系即沿海工业和内地工业的关系中提出"好好地利用和发展沿海的工业老底子，可以使我们更有力量来发展和支持内地工业"；第五大关系即中央和地方的关系中提出"应当在巩固中央统一领导的前提下，扩大一点地方的权力，给地方更多的独立性，让地方办更多的事情"；在第六大关系即汉族和少数民族的关系中提出"我们着重反对大汉族主义。地方民族主义也要反对……我们要诚心诚意地积

极帮助少数民族发展经济建设和文化建设"。① 这是我党推进我国区域经济协调
发展的思想源头。

20世纪80年代，邓小平提出的"两个大局"战略思想则奠定了我国区域经济
协调发展的思想理论基础。早在1978年12月，邓小平同志就提出："在经济政
策上，我认为要允许一部分地区、一部分企业、一部分工人农民，由于辛勤努力
成绩大而收入先多一些，生活先好起来。一部分人生活先好起来，就必然产生极
大的示范力量，影响左邻右舍，带动其他地区、其他单位的人们向他们学习。这
样，就会使整个国民经济不断地波浪式向前发展，使全国各族人民都能比较快地
富裕起来。当然，在西北、西南和其他一些地区，那里的生产和群众生活还很困
难，国家应当从各个方面给以帮助，特别要从物质上给以有力的支持。这是一个
大政策，一个能够影响和带动整个国民经济的政策。"②这实际上就是"两个大局"
战略部署的雏形。

1988年邓小平同志又说："沿海地区要加快对外开放，使这个拥有两亿人口
的广大地带较快地先发展起来，从而带动内地更好地发展，这是一个事关大局的
问题。内地要顾全这个大局。反过来，发展到一定的时候，又要求沿海拿出更多
力量来帮助内地发展，这也是个大局。那时沿海也要服从这个大局。"③这就明确
提出了"两个大局"的战略思想。

1991年3月，全国人大七届四次全会通过的《中华人民共和国国民经济和社
会发展十年规划和第八个五年计划纲要》明确提出"促进地区经济朝着合理分工、
各展其长、优势互补、协调发展的方向前进"，这个纲要虽然没有使用"区域经
济"一词，但有了"促进地区经济……协调发展"的表述。1996年3月第八届全国
人大第四次会议批准的《中华人民共和国国民经济和社会发展"九五"计划和2010
年远景目标纲要》共11个部分，第六部分就是"促进区域经济协调发展"，强调
区域经济协调发展的重要性，此后的西部大开发正是区域经济协调发展国家层面
的举措，党的十六大提出振兴东北老工业基地也是对区域经济协调发展的新的探
索。党的十八大则在我国区域经济发展获得成就的前提下，提出了新的区域经济

---

① 毛泽东文集(第七卷). 北京：人民出版社，1999：25-34.
② 邓小平文选(第二卷). 2版. 北京：人民出版社，1994：152.
③ 邓小平文选(第三卷). 北京：人民出版社，1993：277-278.

协调发展的战略构想和思路，这为我国新时期区域经济协调发展提供了全新的理论指导。

2015 年 10 月 29 日，习近平总书记在中共十八届五中全会第二次全体会议上指出，"我们说的缩小城乡区域发展差距，不能仅仅看作是缩小国内生产总值总量和增长速度的差距，而应该是缩小居民收入水平、基础设施通达水平、基本公共服务均等化水平、人民生活水平等方面的差距"。① 从上面这段话不难看出，习近平总书记强调的区域协调发展已远远超出了传统经济学的概念范畴，我们可以将其概括为区域间居民生活幸福水平的趋同。一方面，居民生活幸福水平不仅与人均收入水平有关，也与各地区土地、房屋等非贸易品价格有关，非贸易品价格在很大程度上决定了人们的生活成本，对人们生活的幸福水平具有重要影响。另一方面，居民生活幸福水平的高低还取决于基础设施、公共服务和生态环境等区域公共产品的供给水平，在同等收入水平下，公共产品供给水平的差异也会导致不同地区人们生活幸福程度的差异。②

2017 年 10 月 18 日，习近平总书记代表第十八届中央委员会向党的十九大所作的报告中指出："实施区域协调发展战略。加大力度支持革命老区、民族地区、边疆地区、贫困地区加快发展，强化举措推进西部大开发形成新格局，深化改革加快东北等老工业基地振兴，发挥优势推动中部地区崛起，创新引领率先实现东部地区优化发展，建立更加有效的区域协调发展新机制。以城市群为主体构建大中小城市和小城镇协调发展的城镇格局，加快农业转移人口市民化。以疏解北京非首都功能为'牛鼻子'推动京津冀协同发展，高起点规划、高标准建设雄安新区。以共抓大保护、不搞大开发为导向推动长江经济带发展。支持资源型地区经济转型发展。加快边疆发展，确保边疆巩固、边境安全。坚持陆海统筹，加快建设海洋强国。"③

---

① 习近平. 在党的十八届五中全会第二次全体会议上的讲话(节选). 求是，2016(1).

② 赵祥. 习近平关于区域协调发展的重要论述的理论创新与重大意义. 中国社会科学报，2018-11-06.

③ 习近平. 决胜全面建成小康社会 夺取新时代中国特色社会主义伟大胜利——在中国共产党第十九次全国代表大会上的报告. 光明日报，2017-10-28.

第三章　全国省域副中心城市建设概况

自 2001 年以来，我国省域副中心城市逐渐增多。经省级政府及其部门认定或批准的"副中心城市"有 30 个，其中中部地区 12 个，东部地区 2 个；西部地区"省域副中心城市"6 处 8 个(有 2 处分别由 2 个城市合建)、"自治区副中心城市"有 7 处 8 个(有 1 处由 2 个城市合建)，计 13 处 16 个。在 30 个城市中，不包括由于种种原因退出"省域副中心城市"行列的少数几个城市。本级政府正在创建"省域副中心城市"的城市，也未计算在内；四川省委、省政府鼓励创建全省"经济副中心"的 7 个城市，也暂未列入"省域副中心城市"行列。

第一节　上级认定的"省域副中心城市"

我国东、中、西三大地带都分布有省域副中心城市，其中中部地区由省委、省政府明确"省域副中心城市"最早，数量达到 12 个之多。它们是(按确定的先后顺序排列)：宜昌、襄阳(2003)，九江、赣州(2005)，洛阳(2008)，上饶(2016)，大同、长治、临汾(2019)，芜湖(2020 年 12 月 11 日)，岳阳、衡阳(2020 年 12 月 12 日)。

一、中部地区的"省域副中心城市"

除前面第一章已介绍的湖北省以外，江西、河南、山西、安徽、湖南等中部其他五省也都先后设立了"省域副中心城市"。到目前为止，中部六省都有"省域副中心城市"。其中江西、山西各 3 个，湖北、湖南各 2 个，河南、安徽各 1 个，共 12 个。

江西省。2005 年 5 月，由中国科学院专家组编制的《赣州一小时城市经济圈规划》将建设"省域副中心城市"定为赣州市的发展方向。同年 12 月，江西省建设厅提出："加快省域和区域中心城市建设，继续增强南昌市作为省域中心城市的辐射带动作用，加快发展九江、赣州，使之成为省域副中心城市。到 2010 年，南昌、九江、赣州城市人口分别达到 250 万、80 万、70 万以上。"2009 年 2 月 25 日，全省建设工作会议提出："继续把做大做强省域中心城市摆在突出位置。全面落实省委、省政府支持南昌发展的各项政策措施，举全省之力支持南昌发展，进一步增强南昌的集聚力、辐射力和承载力，使其真正成为全省经济社会发展的核心增长极。省域副中心城市九江、赣州和其他区域中心城市要科学确定目标，坚持错位发展，加快提档升级，迅速扬长展优，加快人口、资源和生产要素的集聚。通过做大做强做优做美中心城市，努力形成更多的增长板块，以中心城市的崛起带动全省的崛起。"可以看出，江西省实际上采取的是"一主两副"布局：南昌是主中心城市，九江、赣州两个市是"省域副中心城市"。2016 年 8 月 10 日，江西省住建厅公示了《环鄱阳湖生态城市群规划（2015—2030）》，提出将上饶定位为省域副中心城市。2017 年 12 月 29 日，江西省人民政府在《关于支持赣州建设省域副中心城市的若干意见》中提出：以建设赣州省域副中心城市为引领，打造江西南部重要增长极，要求全省各部门、各单位予以积极支持。2018 年 8 月 2—3 日，江西省发改委委托中国国际工程咨询有限公司组织 10 位专家赴赣州市开展了"赣州省域副中心城市建设和瑞兴于经济振兴试验区发展"专题调研，为赣州省域副中心城市建设和瑞兴于经济振兴试验区发展出谋划策。12 月 17 日，省属国有企业支持赣州建设省域副中心城市推进会在赣州举行，江西省市场监管局出台了 18 项政策措施，全方位支持赣州建设省域副中心城市。

河南省。洛阳市在《洛阳市城市总体规划（2008—2020）》中确定的城市任务和总目标为："实施中原城市群发展战略，融入区域，辐射豫西，建设省域副中心城市。"在《中原城市群发展规划》中洛阳被定位为中部地区的区域性中心城市和中原城市群副中心城市。2020 年 3 月 27 日，河南省委、省政府召开加快洛阳副中心城市建设工作推进会，提出要抓住机遇，全面提升洛阳副中心城市综合承载能力，加快构建洛阳都市圈，形成辐射豫西北、联动晋东南、支撑中原城市群高质量发展的新增长极。10 月 13 日省发改委重磅发文，出台 28 条政策措施助推洛阳副中心城市建设。

湖南省。情况比较复杂，过程比较曲折。湖南省人民政府2012年12月17日印发《湖南省主体功能区规划》（湘政发〔2012〕39号），将湖南省"重点开发区域"分为两大块，一是"环长株潭城市群"（"3+5"城市群，共涉及8个城市），二是"其他市州中心城市"，共有5个，邵阳排在第一。39号文件明确要求邵阳："建成湘西南重要的交通枢纽和物流中心，成为省域副中心城市，建成湖南重要的装备制造、食品加工、生物医药、能源和建材基地。加快中心城区建设，打造邵阳东部城市群。"邵阳在湖南第一个被明确为"省域副中心城市"。2015年9月9日湖南省委、省政府印发的《湖南省新型城镇化规划（2015—2020年）》指出："发挥中心城市支撑城镇化格局的重要支点作用，以完善服务功能、改善人居环境为重点，大力培育经济中心，加快把长沙、株洲、湘潭建设成为具有全国影响力的现代化大都市，支持岳阳、衡阳、常德、邵阳、怀化建设成为省域次中心城市，进一步增强郴州、娄底、益阳、永州、张家界、吉首等市的经济实力和辐射带动能力。"岳阳、衡阳、常德、邵阳、怀化五市被定为"省域次中心城市"。2018年上半年，五市中的邵阳再次被湖南省政府正式确立为"省域副中心城市、湘中湘西经济文化中心"，[①] 成为当时湖南唯一的"省域副中心城市"，但后来又悄无声息地取消了。2020年12月12日，湖南"十四五"规划建议正式公布，提出构建"一核两副三带四区"的经济格局，在继续巩固和扩大长株潭核心增长极的基础上，首次提出打造岳阳、衡阳两个省域副中心城市，邵阳不在其中。2021年8月2日湖南省人民政府办公厅印发《支持岳阳市加快建设省域副中心城市的意见》和《支持衡阳市加快建设省域副中心城市的意见》，提出：到2025年两市基本建成省域副中心城市，经济总量、质量、均量"三量"稳居全省前列，在全省率先基本实现社会主义现代化的发展目标，并以责任到部门的形式出台多项"干货"政策，支持两地发展。[②]

山西省。2019年12月23日至24日，山西省召开省委经济工作会议，首次提出"按照'一主三副六市域中心'空间布局，强力打造太原都市区核心引擎，加快大同、长治、临汾三个省域副中心城市建设"。

安徽省。2020年12月11日，《中共安徽省委关于制定国民经济和社会发展

---

①　2019年邵阳市政府工作报告［EB/OL］. 邵阳市人民政府网，2019-02-11.

②　杨朝文. 湖南力挺两大省域副中心的文件干货来了［EB/OL］. 红网，2021-08-09.

第十四个五年规划和二○三五年远景目标的建议》提出："支持芜湖建设省域副中心城市和长三角具有重要影响力的现代化大城市。"

二、西部地区的"省域副中心城市"

我国西部地区也很注重省域副中心城市建设，其中甘肃省政府在西部率先明确了"省域副中心城市"。截至目前，西部地区各省由省级政府认定的"省域副中心城市"涉及 5 处 7 个城市，分别是甘肃省 3 个省域副中心，涉及 5 个城市，即天水、酒泉-嘉峪关、平凉-庆阳（2013）；陕西宝鸡（2020）；云南曲靖（2021）。另外广西、新疆等自治区设立的"自治区副中心城市"涉及 10 处 13 个城市，将在后面安排一章单独介绍和研究。

2012 年 2 月 9 日，甘肃省人民政府以"甘政函〔2012〕9 号"文正式批复《酒嘉一体化城市总体规划纲要（2011—2030）》。将酒嘉（酒泉-嘉峪关）定位为：甘肃省次中心城市，国家重要的新能源装备制造基地及研发中心，甘肃省重要的先进制造业基地、钢铁基地和现代服务业基地，全国区域性的交通枢纽和物流中心，国家历史文化名城，戈壁绿洲城市。除酒嘉以外，甘肃省还确立了另外两个"省域副中心城市"。《甘肃省城镇体系规划（2013—2030 年）》确定：兰州为省域中心城市，天水、酒泉-嘉峪关、平凉-庆阳为省域副中心城市。甘肃省的最大特色就是推出了两市联合建设省域副中心城市。

2011 年 8 月 17 日上午，陕西省政府第十五次常务会议研究并原则通过的《关于支持宝鸡加快建设关中—天水经济区副中心城市的意见》提出："把宝鸡建成百万人口以上的特大城市、关中—天水经济区副中心城市，是落实《关中—天水经济区发展规划》的重要举措，也是推进宝鸡加快发展的重要路径。"笔者认为，宝鸡既然被"官宣"为跨省的"关中—天水经济区副中心城市"，自然也是省域副中心城市。2020 年 11 月 27 日，陕西省委十三届八次全会部署全省空间格局时提到"加快宝鸡副中心城市和汉中区域中心城市建设"，很显然，宝鸡就是"省域副中心城市"。

2021 年 4 月 8 日，云南省委、省政府召开曲靖现场办公会，要求曲靖打造先进制造基地、高端食品基地、城乡融合发展示范区，努力建设成为名副其实的云南副中心城市，成为滇中城市群的重要增长极、面向南亚东南亚辐射中心的重要支撑点。这是云南省首次明确"云南副中心城市"，即"省域副中心城市"。

三、东部地区的"省域副中心城市"

东部地区由省级政府批准建设"省域副中心城市"的，目前暂时只有广东省，省政府批准设立的"省域副中心城市"共有 2 个。

为了促进省域经济协调发展，广东省政府印发的《广东省沿海经济带综合发展规划（2017—2030 年）》指出："充分发挥汕头、湛江市作为省域副中心城市的带头作用，打造粤东、粤西各具特色的区域创新极，引导潮州、揭阳、阳江、茂名、汕尾等市围绕特色产业加强区域创新体系建设，突出后发优势，推动粤东、粤西沿海地区加快创新发展转型。"

广东省在 2019 年印发的《关于构建"一核一带一区"区域发展新格局促进全省区域协调发展的意见》提到了对汕头、湛江的一些发展规划，例如赋予汕头、湛江部分省级管理权限；支持汕头开展营商环境综合改革试点，充分发挥汕头华侨经济文化合作试验区、汕潮揭临港空铁经济合作区、揭阳滨海新区、潮州港经济开发区等重要平台作用，大力推进汕潮揭同城化发展；充分发挥湛江作为北部湾地区中心城市作用，大力推进湛江、茂名、阳江都市区建设。

2021 年 1 月 24 日，时任广东省省长马兴瑞在做广东省政府工作报告时提到，2021 年广东省政府要"支持汕头、湛江加快建设省域副中心城市。建立广州与湛江、深圳与汕头深度协作机制，加快打造现代化沿海经济带东西两翼重要发展极"。这已经是广东省政府连续两年在政府工作报告中将支持汕头、湛江建设省域副中心城市列为年度重点工作。

广东省委全会明确要求研究制定汕头、湛江加快建设省域副中心城市的政策举措。2021 年 2 月 2 日，广东省委、省人民政府印发《关于支持湛江加快建设省域副中心城市打造现代化沿海经济带重要发展极的意见》，强调高质量建设省域副中心城市，强化广州—湛江"核+副中心"深度协作，大力提升城市发展能级，引领粤西地区协同发展，增强对周边区域的辐射带动能力，努力打造现代化沿海经济带重要发展极。同日，广东省委、省人民政府出台《关于支持汕头建设新时代中国特色社会主义现代化活力经济特区的意见》，要求"到 2035 年，省域副中心城市基本建成，经济综合实力和城市竞争力位居沿海开放地区前列，市场化法治化国际化营商环境更加完善，成为高质量发展的现代化活力经济特区"。广东省委、省人民政府还同时出台《关于支持珠海建设新时代中国特色社会主义现代化国际化经济特区的意见》，对珠海没有提"省域副中心城市"（尽管以前广东省内外有这种说法），而提的是"到2035年，城市综合竞争力大幅提升，澳珠极点带动作用显著增强，建成民生幸福样板城市、知名生态文明城市和社会主义现代化国际化经济特区"。

第二节　自治区借用的"省域副中心城市"

广西壮族自治区不是省，但在研究和确立行政区域内次中心城市时有时也借用甚至直接使用"省域副中心城市"概念。柳州市早在《广西壮族自治区十一五城镇化发展规划》就被定位为"自治区副中心城市，西南地区交通枢纽"。"自治区副中心城市"相当于"省域副中心城市"。而柳州市官方及媒体则经常直接使用"省域副中心城市"一词。据2010年10月14日《柳州日报》对《柳州市"十二五"规划纲要》的报道："'十二五'期间我市将建设广西副中心城市（省域副中心城市），打造中国广西汽车城，构建充满生机活力的现代产业体系等。'十二五'时期的主要目标为：经济社会发展与城市管理水平全面提升，城市建设取得重大进展，城市经济结构和城市环境面貌进一步优化，城乡人民生活水平和质量普遍提高，幸福感和自豪感不断增强，经济、社会、人口、资源、环境发展协调性进一步增强等。"同年11月4日《柳州日报》的《回眸"十一五"展望"十二五"大型系列报道之一》写道："在新的起点上，面向'十二五'，我市将以科学发展观统领全局，加大'二次创业'的力度，加快'经济升级，城市转型'，建设广西副中心城市（省域副中心城市），打造中国广西汽车城，构建充满生机活力的现代产业体系，建设超大城市，建设宜居柳州、美好柳州、温暖柳州。"可以说，建设"省域副中心城市"是柳州"十二五"的进军号角。2021年4月公布的《广西壮族自治区国民经济和社会发展第十四个五年规划和2035年远景目标纲要》指出："加快打造广西副中心城市。柳州市积极建设城区常住人口超300万的大城市，打造广西高质量发展先行区、制造业高质量发展示范区，基本建成广西现代制造城。加强柳州市与桂林、河池、来宾市产业分工协作，推动中心城区功能向鹿寨、柳城县延伸，带动区域城镇协调发展。"该纲要提出形成"以南宁市为核心，柳州、桂林市为副中心"的城镇体系。同柳州一样，桂林也借用"省域副中心城市"这一"通用名称"进行宣传。

新疆维吾尔自治区情况相同，对喀什、库尔勒等也借用了"省域副中心城市"这个名词；内蒙古自治区相关城市也一度使用"省域副中心城市"名号，其中包头、通辽、赤峰使用较多。

宁夏回族自治区也确定了两个"副中心城市"：固原、中卫。在全国自治区中，使用"省域副中心城市"最早的是广西柳州，使用最多的是宁夏固原。2016年固原市被定为"自治区副中心城市"，此后，固原使用的基本上都是"省域副中心城市"。其政府网站"走进固原"中写道："固原市是宁夏省域副中心城市，位于西安、兰州、银川三省会城市所构成的三角地带中心，宁夏五个地级市之一和唯一的非沿黄城市。"①2018年7月26日至29日，由固原市委、市政府主办，自治区博览局支持，宁夏报业传媒集团承办，以"创新区域合作、聚焦全域旅游、助推脱贫攻坚"为主题的陕甘川宁毗邻地区经济联合会第32届年会暨精准扶贫特优产品展在固原市举办。7月31日，固原市人民政府网报道："此次大型展会的引进，是按照自治区博览局'一主四副'全区会展发展理念，依托固原市作为我区省域副中心城市，宁南区域中心城市，利用其'天高云淡、避暑之都'之得天独厚的自然条件，全力打造我区乃至西北的夏季会展之都。"②宁夏回族自治区人民政府网也是这样介绍固原市的："位于宁夏回族自治区南部，省域副中心城市。"③

重庆市是直辖市，而不是省或自治区，但其面积(8.24万平方千米)比宁夏回族自治区(6.64万平方千米)和海南省陆地面积(3.5万平方千米)还大，规模相当于一个省(自治区)；其下辖的万州区甚至不是一个建制市，但由于远离重庆主城区，历史上曾是地级市，现在实际上是渝东北地区中心城市，被普遍认为是市域"副中心"，因此也被戴上"省域副中心城市"帽子。2011年8月，全国性的省域副中心城市发展论坛在湖北宜昌召开，万州区派员参加论坛并作发言。

① 走进固原[EB/OL]. 固原市人民政府网，2021-08-21.
② 2018陕甘川宁毗邻地区经济联合会第32届年会暨精准扶贫特优产品展圆满闭幕[EB/OL]. 固原市人民政府网，2018-07-31.
③ 主要城市：固原市[EB/OL]. 宁夏回族自治区人民政府网，2021-01-12.

第三节 本级正创建的"省域副中心城市"

现在积极创建"省域副中心城市"或"自治区副中心城市"的，可分为四种具体情况：

一、市委、市政府明确创建的"省域副中心城市"

2009年2月，在河南省十一届人大二次会议上，时任省长郭庚茂提出：南阳在全省的城镇发展体系上绝对是一个呼应中心的重要接点，南阳可以作为次中心，作为区域性中心城市和全省次中心城市来打造。2017年2月7日，国务院批准《南阳市城市总体规划》，将南阳定位为豫鄂陕交界地区区域性中心城市。2021年1月27日至28日，南阳市委六届十二次全会暨市委经济工作会议召开。全会通过《中共南阳市委关于制定南阳市国民经济和社会发展第十四个五年规划和二〇三五年远景目标的建议》，明确提出"大城市规模能级实现大幅跃升，成为省域副中心城市"的奋斗目标。

《日喀则市城市总体规划（2015—2030）》是青岛市与西藏的对口支援项目，由青岛市规划院与日喀则市政府2015年共同编制完成。该规划首次对日喀则市作出"自治区副中心城市"的定位："规划以具有西藏特色的新型城镇化为引领，抓住国家'一带一路'建设和日喀则撤地设市的重大机遇，聚焦国家、西藏和日喀则市域三大层面，深化产业引导、生态保障、系统支撑和特色发展四个重点，凸显日喀则在商贸、旅游、文化、生态等方面的示范意义，力争把日喀则建设成为南亚合作交流核心区、自治区副中心城市和后藏中心城市。"[1]

2018年1月5日，中国共产党北海市第十一届委员会第五次全体会议召开。全会确定，北海发展的目标是要力争建成广西副中心城市，要保持各项主要经济指标持续快速增长、排在全区前列。

---

[1] 西藏自治区新型城镇化建设相继开展 出台相关政策助力推行 [EB/OL]. 观研报告网，2020-07-20.

二、曾经定位过"省域副中心城市"现在重新创建

2012 年，湖南邵阳甚至一度获取过"省域副中心城市"定位，现在的创建是"再出发"。2016 年，湖南省邵阳市第十一次党代会提出"二中心一枢纽"战略，即建设湖南省域副中心、湘中湘西南经济文化中心、全国区域性综合交通枢纽。当时认为，邵阳东部城镇群、西部生态经济圈的城市发展定位已经获得批准，无论是从人口规模、城市架构来看，还是从集聚功能、辐射作用考量，邵阳皆具备发展成为省域副中心城市的潜在优势。2018 年 2 月，邵阳市人民政府公布《邵阳市城市总体规划（2006—2030）》，将邵阳城市性质定为"湖南省域副中心、湘中湘西南经济文化中心和全国区域性综合交通枢纽"。2020 年 12 月 17 日至 18 日，邵阳市委十一届十一次全会召开，审议通过《中共邵阳市委关于制定邵阳市国民经济和社会发展第十四个五年规划和二〇三五年远景目标的建议》，继续强调"打造邵阳主城区核心增长极，建设现代化'双百'城市，建成省域副中心城市"。

茂名很早就有建设"省域副中心城市"的呼声。2008 年 3 月，中共茂名市委党校张蓝青发表论文，认为广东省确立了产业高级化和适度重型化的产业发展战略，以及"两大板块四个层次"的区域发展思路。茂名市发展以石化产业为支柱的重化工业，不仅符合广东省区域经济发展规划，符合全省产业布局调整要求，而且顺应石化产品的市场需求，是加快茂名产业优化、经济发展和城市建设的最大动力，是把茂名打造为省域副中心城市的引擎。①《广东省城镇体系规划（2006—2020）》指出："强化广州、深圳在全省及华南地区中心城市职能，努力建设成为具有国际影响的现代化大都市。培育汕头、湛江-茂名的省域副中心城市职能，带动东西两翼的发展。"并对茂名做了详细规划："茂名：与湛江一起承担省域副中心城市职能。中心城区：茂南区、茂港区。为国家级园林城市，全国重要的石化产业基地，粤西沿海地区的中心城市，以能源、重化工业为主的海滨城市。……适时调整行政区划，将电白纳入中心城区进行统一规划与管理。"该规划还提出打造"粤西湛茂都市区"。但是，2017 年 12 月 5 日，广东省人民政府印发《广东省沿海经济带综合发展规划（2017—2030 年）》（粤府〔2017〕119 号），提

---

① 张蓝青．石化产业是推动茂名成为省域副中心城市的引擎．全国商情：经济理论研究，2008(3)．

出"以广州、深圳为主中心，珠海、汕头、湛江为副中心"的新布局，这被称为"两主三副"，取消了茂名与湛江联合担当省域副中心城市的职能(但有"推动湛茂一体化发展，建设湛茂都市圈"的表述)，而将珠海列为"副中心"并排在汕头、湛江之前。不过，"两主三副"维持的时间也不长。2020年广东省谋划"十四五"发展时，又将珠海从"副中心"移出，归到"珠三角核心区"去了。2021年1月29日茂名市委十一届十二次全会通过的《关于制定茂名市国民经济和社会发展第十四个五年规划和二〇三五年远景目标的建议》指出："2020年全市实现地区生产总值3279.31亿元，年均增长5.3%。继续保持粤东粤西粤北地区首位。"这表明，茂名的GDP是高于湛江、汕头的，也就是说，在广东省除了珠三角核心区，茂名经济上是"老大"。该建议提出茂名"十四五"目标是"打造沿海经济带上的新增长极"，这条"沿海经济带"，既包括湛江、汕头，也包括广州、深圳。这一目标的提出，充分体现了茂名志存高远。

三、将上级给的定位视同"省域副中心城市"

《黑龙江省城镇体系规划2001—2020年)》对黑龙江省行政区域(含由黑龙江省代管的加格达奇区和松岭区)的城镇体系进行了规划，对城镇体系等级结构的表述是："进一步完善以哈尔滨市为省域中心，以齐齐哈尔、牡丹江、佳木斯、大庆等为区域性中心城市的城镇体系等级结构。规划全省城镇分为六级：一级城镇为省域中心城市；二级城镇为省内区域性中心城市；三级城镇为省内地方性中心城市；四级城镇为县(县级市)域中心城镇；五级城镇为在经济、资源、旅游、基础设施等方面具有重要意义的县(县级市)域区片中心、重要的工矿区及各分散布局城市除中心区外的市区；六级城镇为一般建制镇。各级城镇分别承担相应的中心地职能。全省重点发展一、二级城镇，逐步强化三、四级城镇的中心城市职能，小城镇重点扶持四、五级城镇，即中心建制镇的发展。"

这份规划将哈尔滨市定为"省域中心"，将齐齐哈尔、牡丹江、佳木斯、大庆四市定为"区域性中心城市"，因此当后来有了"省域副中心城市"这一名词的时候，将黑龙江省中心城市归纳为"一主四副"是有一定道理的，四市很多人也自视为"省域副中心城市"。2009年9月21日，黑龙江省大庆市发展和改革委员会门户网站发表的题为《从交通看大庆副中心城市的地位》的文章写道："近年来，我市正在努力构建省域副中心城市……尽管我市的交通建设在近年取得了不小的成就，但要达到省域副中心城市的要求仍有一定的差距，还不能有效地辐射和带动周边地区经济、社会等各项事业的发展。"为实现"省域副中心城市"这一目标，该文建议在交通体系建设方面做好以下工作：一是建设市内轨道交通；二是建设大庆到安达任民镇，并经青岗、望奎到绥化的高等级公路；三是将让通铁路建成复线铁路，并新建大庆至绥化的复线铁路，使大庆成为铁路枢纽城市。这不仅能增加大庆铁路的运力，将大庆以及省内其他地区的工业产品、原材料经过大庆快速、经济地运往全国各地，同时也能有效地减轻哈尔滨铁路的运输压力，真正起到省域副中心城市的辐射和带动作用。①

2015 年 3 月 9 日，黑龙江省人民政府印发的《黑龙江省新型城镇化规划（2014—2020 年）》仍然未给四市"省域副中心"的名分，但赋予了实际不输"省域副中心"的地位："齐齐哈尔市，辐射我省西部及内蒙古东部的区域中心城市。国家重要重型装备制造基地、绿色食品产业基地和新兴电子信息产业基地，全省西部物流枢纽，生态旅游城市，历史文化名城。""牡丹江市，辐射我省东南部及俄罗斯远东地区的区域中心城市。'中蒙俄经济走廊'黑龙江陆海丝绸之路经济带重要枢纽，对俄沿边开放的服务基地和进出口产品加工基地，装备、食品医药生产基地，全省东南部物流枢纽，国际著名旅游度假城市。""佳木斯市，辐射三江平原及俄罗斯远东地区的区域中心城市。装备制造业和新材料工业基地，国家重要绿色食品基地，全省东北部物流枢纽。""大庆市，全省新兴区域中心城市。国家重要石油生产基地，石化产品及精深加工基地，石油石化装备制造基地，新材料和新能源基地，农副产品生产及加工基地，国家服务外包示范基地，著名自然生态和旅游城市。"

四、人大代表、政协委员及有关部门呼吁创建的"省域副中心城市"

2008 年 1 月，河北省"两会"期间，保定市赤光明等 39 名人大代表联名提出了将保定市作为省域副中心城市的建议。代表们认为，保定市有 1100 万人口，是全国人口最多的地级市，而且占全省人口的 1/6，具有丰富的劳动力资源和土

---

① 从交通看大庆副中心城市的地位[EB/OL]. 黑龙江省大庆市发展和改革委员会门户网，2009-09-21.

地资源，发展潜力巨大，这在一定程度上直接影响着全省的发展速度和发展水平。把保定市列为省域副中心城市，对保定来说，将如虎添翼。

湖北省黄石市有关市政协委员、民主党派成员认为现有襄阳、宜昌两个省域副中心城市都在湖北西部地区，呼吁将地处湖北东部的黄石定位为"省域副中心城市"，实现"三足鼎立"、协调发展。湖北省荆州市曾邀请全国知名规划机构到湖北进行实地调研，专家考察后向湖北省提出的建议是，建设"宜昌—荆州"联合"省域副中心城市"。

河南省商丘市社科联等有关部门积极建言，将商丘定位为河南省域副中心城市。为此，2019 年 3 月 6 日至 9 日，商丘市社科联主席胡继勇、商丘师范学院经济管理学院院长张保胜等副中心城市建设调研组一行四人，到湖北省武汉市有关高校、襄阳市进行"省域副中心城市"调研和考察。在调研中，专家们认为：商丘市地处黄淮平原，城镇密集，人口与产业较为集中，与省会城市郑州具有一定距离，又是国家历史文化名城，交通枢纽城市，建设省域副中心城市具有得天独厚的优势。商丘市应充分发挥区域优势，打造交通枢纽城市；挖掘历史文化底蕴，建设历史文化名城；依托自身优势，大力发展产业经济，进一步借势造势，加快省域副中心城市建设步伐。

第四节　省域副中心城市的"合并"与晋升

"省域副中心城市"理论最初提出时，指的是单个城市。但在实践中也有所创新和发展。在有的省份出现了两个城市联合建设"省域副中心城市"的新形式。如《甘肃省城镇体系规划综合报告》将酒泉-嘉峪关作为"省域副中心城市"，该报告指出："酒泉、嘉峪关两市毗邻，经济互补性强，推动两市融合发展，建成为省域副中心城市。"广东湛江市和茂名市分别在《湛江市城镇体系规划》和《茂名市城镇化实施方案》中提出"湛江市与茂名市一起承担省域副中心城市职能，形成粤西地区双中心格局。"

还有个别城市，过去只相当于"省域副中心城市"，但后来由于城市能级有重大提升，因而晋升为"主中心"。最为典型的就是深圳。20 世纪 70 年代末建市，80 年代在广东经济总量只相当于很普通的地级市，90 年代到 21 世纪初，逐渐成为广东事实上的"省域副中心城市"。由于深圳 GDP 当时跃居全国前五位，"深圳要建直辖市"的说法流传甚广。2003 年 7 月底 8 月初国务院调研小组到深圳为其寻求重新定位时，更是引起热议。2003 年 9 月 13 日，深圳市政府领导在"大珠三角经济整合与前瞻"研讨会上明确表态："深圳从未提出要做大珠江三角洲龙头；没有提出要建中心城市；深圳只是一个二级城市。"①当然，这个说法比较谦虚，深圳放在全国都是响当当的城市，但由于它与香港太近，不可能单独建设"国家中心城市"，其前景是与香港联合打造"国际化大都市区"；而且也无法取代广州的主中心位置，因此在广东省仍然只是"副帅"。不过这只是当时的情况，后来深圳的城市定位实际上有了很大的变化。

2008 年 12 月国家发展和改革委员会发布的《珠江三角洲地区改革发展规划纲要（2008—2020 年）》指出："按照主体功能区定位，优化珠江三角洲地区空间布局，以广州、深圳为中心，以珠江口东岸、西岸为重点，推进珠江三角洲地区区域经济一体化，带动环珠江三角洲地区加快发展，形成资源要素优化配置、地区优势充分发挥的协调发展新格局。"这是首次由国家层面明确广东省域"双中心"结构。此后，深圳与广州一起成为广东"双中心"，且在全国全球的地位有超越广州之势。广州定位为"国家中心城市"，而深圳近几年定位是"国际化城市""世界城市"。2015 年在广东省第六次党代会上，深圳重新定位为现代化国际化创新型城市。在"十三五"规划中再次提到要加快建成现代化国际化创新型城市，坚持依托内地、服务全国、面向世界，更加善于统筹国际国内"两个大局"，成为代表国家参与全球竞争合作的先行区，成为若干领域在亚太乃至全球具有重要影响力的国际化城市。2019 年 2 月 18 日，新华社公布中共中央、国务院《粤港澳大湾区发展规划纲要》，文件将深圳定位为"全国性经济中心城市"。2019 年 8 月 9 日，中共中央、国务院发布《关于支持深圳建设中国特色社会主义先行示范区的意见》，文件中谈到深圳经济特区作为我国改革开放的重要窗口，各项事业取得显著成绩，已成为一座充满魅力、动力、活力、创新力的国际化创新型城市，下一步的发展目标是到 2025 年深圳经济实力、发展质量跻身全球城市前列，研发投入强度、产业创新能力世界一流，文化软实力大幅提升，公共服务水平和

---

① 深圳市府高层人士首次公开澄清：无意建立直辖市［EB/OL］．中国新闻网，2003-09-15.

生态环境质量达到国际先进水平，建成现代化国际化创新型城市。到2035年，深圳高质量发展成为全国典范，城市综合经济竞争力世界领先，建成具有全球影响力的创新创业创意之都，成为我国建设社会主义现代化强国的城市范例。到21世纪中叶，深圳以更加昂扬的姿态屹立于世界先进城市之林，成为竞争力、创新力、影响力卓著的全球标杆城市。由此可见，深圳已经具备了瞄准建设世界城市的基础和能力。2020年发布的《深圳2050城市发展策略研究》，正式提出以纽约、伦敦等先进的世界城市为目标，在"一国两制"框架下，深圳与香港开展更加紧密的合作，携手成为世界的经济中心之一、跨国公司总部集聚地、世界文化、创意、时尚的重要来源地和导引地。深港两地紧紧围绕经济发展、城市规划、城市功能互补、城市管理等重要方面开展广领域、深层次、高水平的紧密合作。在这个阶段，将深圳建设为具有超群的综合实力和国际竞争力的世界城市，成为生产要素的国际配置中心、经营决策的国际管理中心、知识技术的国际创新中心、信息资源的国际交流中心、生态多元的国际宜居中心，在经济、社会、文化等方面全方位与国际接轨，成为具有重要影响力的世界城市。这份研究报告明确提出：到2050年，深圳与香港共同发展，形成与纽约、伦敦、东京等城市比肩的世界城市。这是自成立经济特区以来，深圳作出的最高城市定位。这个定位，不仅仅大大高于"省域副中心城市"，也高于"省域主中心城市"和绝大多数的"国家中心城市"。

第五节　全国省域副中心城市设立的时间线

将全国现有的"省域副中心城市"或"自治区副中心城市"，按获得批准的时间顺序进行梳理可知，党的十八大以前获批的有10处11市：分别是2003年8月，《湖北省城镇体系规划》批准的宜昌市、襄阳市；2005年12月，江西省建设厅批准的九江市、赣州市；2007年1月，《广西壮族自治区十一五城镇化发展规划》批准的柳州市、桂林市；2008年公布的《河南省城镇体系规划（2006—2020）》批准的洛阳市；2012年5月4日，新疆维吾尔自治区党委讨论通过的《新疆城镇体系规划（2012—2030年）》批准的喀什市、伊宁市—霍尔果斯市、库尔勒市。其中，叫"省域副中心城市"的有5个，全部集中在中部省份（湖北2个，江西2个，河南 1 个）；叫"自治区副中心城市"的有 5 处 6 个城市，即广西壮族自治区 2 个，新疆维吾尔自治区 3 处 4 个城市（伊宁—霍尔果斯两市合为一处）。

党的十八大以后，国家更加注重区域协调发展，省域副中心城市的设立明显增多，达到 17 处涉及 19 个城市：分别是 2014 年 8 月，《甘肃省城镇体系规划（2013—2030 年）》批准的天水、酒泉—嘉峪关、平凉—庆阳 3 处 5 市；2016 年 4 月，《宁夏回族自治区空间规划（2016—2035 年）》批准的固原市、中卫市；2016 年 8 月，《环鄱阳湖生态城市群规划（2015—2030）》批准的上饶（加上 2005 年批准本次又确认的九江、赣州，使江西省域副中心城市达到 3 个）；2017 年 12 月，《广东省沿海经济带综合发展规划（2017—2030 年）》批准的湛江市、汕头市；2018 年 7 月，青海省委十三届四次全会批准的格尔木市；2019 年 12 月，山西省委经济工作会议批准的大同市、长治市、临汾市；2020 年 11 月，陕西省委十三届八次全会正式确认的宝鸡市；2020 年 12 月，安徽省委"十四五"规划建议提出的芜湖市、湖南省委"十四五"规划建议提出的岳阳市和衡阳市；2021 年 4 月，云南省委、省政府召开曲靖现场办公会确定的曲靖。其中，叫"省域副中心城市"的有 15 处 17 个城市，获批"自治区副中心城市"的有 2 个城市；分布在东部地区的有 2 个城市，在中部地区的有 7 个城市，在西部地区的有 8 处 10 个城市。

从分布的时间段来看，以涉及的城市来计算，党的十八大之前的 10 年（2003—2012 年）获批 11 个，占现有总数 30 个的 36.67%；党的十八大之后到 2021 年下半年为止的 9 年多时间获批 19 个，占现有总数 30 个的 63.33%。党的十八大之后，尤其是习近平总书记 2020 年 4 月发表"中西部有条件的省区，要有意识地培育多个中心城市，避免'一市独大'的弊端"的讲话以来，[①] 全国设立的省域副中心城市数量增加较快，当年就设立了 4 个，2021 年年初又设立 1 个。即从 2020 年 11 月到 2021 年 4 月的半年时间设立了 5 个。从全国 4 大区域来看，中部地区的"副中心"城市有 12 个，西部地区有 13 处 16 个（有 6 个城市合建 3 个，即伊宁—霍尔果斯、酒泉—嘉峪关、平凉—庆阳），东部地区有 2 个，东北 0 个。

设立"副中心"的省区共有 14 个：甘肃，有 3 处 5 个城市；新疆，有 3 处 4 个城市；江西、山西各有 3 个城市，湖北、广西、宁夏、广东、湖南各有 2 个城市，河南、陕西、青海、安徽、云南各有 1 个城市。各市获批"省域副中心城市"

① 习近平.国家中长期经济社会发展战略若干重大问题.求是，2020(21).

或"自治区副中心城市"的时间，见表3-1。

表 3-1　　　　　　　　　　现有省域副中心城市获批时间列表

序号	城市	所属省(区)	获批时间	出处
1	宜昌	湖北省	2003 年 8 月	《湖北省城镇体系规划》
2	襄阳	湖北省	2003 年 8 月	《湖北省城镇体系规划》
3	九江	江西省	2005 年 12 月	江西省建设厅提出"一主两副"发展战略
4	赣州	江西省	2005 年 12 月	江西省建设厅提出"一主两副"发展战略
5	柳州	广西壮族自治区	2007 年 1 月	《广西壮族自治区十一五城镇化发展规划》
6	桂林	广西壮族自治区	2007 年 1 月	《广西壮族自治区十一五城镇化发展规划》
7	洛阳	河南省	2008 年 5 月	《河南省城镇体系规划(2006—2020)》
8	喀什	新疆维吾尔自治区	2012 年 5 月	《新疆城镇体系规划(2012—2030 年)》
9	伊宁—霍尔果斯	新疆维吾尔自治区	2012 年 5 月	《新疆城镇体系规划(2012—2030 年)》
10	库尔勒	新疆维吾尔自治区	2012 年 5 月	《新疆城镇体系规划(2012—2030 年)》
11	天水	甘肃省	2014 年 8 月	《甘肃省城镇体系规划(2013—2030 年)》
12	酒泉—嘉峪关	甘肃省	2014 年 8 月	《甘肃省城镇体系规划(2013—2030 年)》
13	平凉—庆阳	甘肃省	2014 年 8 月	《甘肃省城镇体系规划(2013—2030 年)》
14	固原	宁夏回族自治区	2016 年 4 月	《宁夏回族自治区空间规划(2016—2035 年)》
15	中卫	宁夏回族自治区	2016 年 4 月	《宁夏回族自治区空间规划(2016—2035 年)》
16	上饶	江西省	2016 年 8 月	《环鄱阳湖生态城市群规划(2015—2030)》

续表

序号	城市	所属省(区)	获批时间	出处
17	湛江	广东省	2017 年 12 月	《广东省沿海经济带综合发展规划(2017—2030 年)》
18	汕头	广东省	2017 年 12 月	《广东省沿海经济带综合发展规划(2017—2030 年)》
19	格尔木	青海省	2018 年 7 月	青海省委十三届四次全会
20	大同	山西省	2019 年 12 月	山西省委经济工作会议
21	长治	山西省	2019 年 12 月	山西省委经济工作会议
22	临汾	山西省	2019 年 12 月	山西省委经济工作会议
23	宝鸡	陕西省	2020 年 11 月	陕西省委十三届八次全会
24	芜湖	安徽省	2020 年 12 月	安徽省委"十四五"规划建议
25	岳阳	湖南省	2020 年 12 月	湖南省委"十四五"规划建议
26	衡阳	湖南省	2020 年 12 月	湖南省委"十四五"规划建议
27	曲靖	云南省	2021 年 4 月	云南省委、省政府召开曲靖现场办公会

第四章　湖北省域副中心城市建设

　　湖北是全国最早开展省域副中心城市建设的省份。专家 2001 年 7 月提出相关建议后得到湖北省委、省政府领导高度重视，很快被纳入决策，20 年来一以贯之，坚持不懈地推行，取得较为明显的成效。

第一节　"一主两副"战略出台过程

一、2002—2003 年：调研与决策

　　2002 年 5 月，湖北省委政策研究室、省建设厅、省公安厅、省民政厅、省社会科学院等 5 家单位根据湖北省委主要领导同志的指示，联合进行湖北城镇化问题研究。于 2003 年 5 月完成总报告，署名执笔人为：涂世创、秦尊文、陈志勇。"一主两副"的提法、三大城市群的设想，均写入总报告。调研报告得到了时任中央政治局委员、湖北省委书记俞正声同志的批示肯定。

　　2003 年 9 月，湖北省政府《关于加强城镇建设工作的决定》（鄂政发〔2003〕30 号）明确指出："全力支持武汉发展壮大""加快省域副中心城市襄樊和宜昌的发展""襄樊和宜昌市要充分发挥区位交通和周边城镇相对密集、人口与产业较为集中的优势，优化和整合资源，做好大都市区发展规划，实现区域内城镇合理分工和基础设施共建共享，形成强有力的群体效应，更好地发挥其对省域西北部地域和西南部地域的辐射带动作用"。需要指出的是，这是首次将荆州、荆门归于"鄂西南地域"，此前两市通常归于"鄂中南地区"。将过去的"鄂中南地区"与"鄂西南地区"并称为"鄂西南地域"之后，对宜昌市辐射范围的表述方便多了。

二、2004—2010 年：持续推进

2004 年 4 月，中共湖北省委办公厅、湖北省人民政府办公厅转发《省发展和改革委员会关于加快推进武汉城市圈建设的若干意见》的通知，确立武汉与周边8 市"四个一体化"（基础设施建设一体化、产业布局一体化、区域市场一体化、城市建设一体化）的总体思路。

2004 年 7 月，湖北省委八届五次全会要求省域副中心城市"增强实力，完善功能"。

2005 年 12 月，湖北省委八届九次全会将省域副中心城市发展纳入全省"十一五"规划建议。

2006 年 1 月，湖北省第十届人民代表大会第四次会议通过的《湖北省经济和社会发展第十一个五年规划纲要》继续明确两个省域副中心城市的定位，并"支持襄樊、宜昌两个省域副中心城市加强铁路、公路、航运和城市基础设施建设，提升城市综合竞争力和辐射带动力"。

2007 年 6 月，湖北省第九次党代会进一步确立襄樊和宜昌作为省域副中心城市的地位，明确提出支持省域副中心城市加快发展，"进一步增强襄樊、宜昌两个省域副中心城市的经济实力，完善城市功能"。

2007 年 12 月 28 日，从广东省委常委、深圳市委书记调任湖北省委副书记、代省长不久的李鸿忠在全省经济工作会议发表讲话："武汉大，湖北才能大，武汉强，湖北才能强。但是，如果武汉独大，湖北也不可能大；武汉独强，湖北也谈不上强。要加快推进宜昌、襄樊两个省域副中心城市的建设，支持两个省域副中心城市全面提升城市综合经济实力，完善城市功能，使之成为名副其实的省域副中心。"这次讲话比较充分地论述了"一主两副"在全省区域发展中的重大作用。

2008 年 1 月，时任省委副书记、代省长李鸿忠在襄樊调研时指出，省域副中心城市要进一步增强加快发展的紧迫感，尽快壮大自身经济实力，提升带动辐射能力，为把我省建成促进中部崛起的重要战略支点作出更大贡献。同年 5 月，时任省委书记罗清泉，时任省委副书记、省长李鸿忠到宜昌调研，要求增强机遇意识和战略意识，增强责任感和紧迫感，坚持"好"字优先、好中求快、统筹城乡、协调发展，加快建设省域副中心城市。

2009 年 1 月，时任省委书记罗清泉在省"两会"上指出，省委、省政府提出继续重视和加强襄樊、宜昌两个省域副中心城市的建设和发展，是根据统筹全省区域协调发展的要求，从城市整体布局作出的战略决策。希望宜昌、襄樊在新一轮发展中，真正形成"副中心"，当好"二传手"，再上新台阶，走在中部地区同类城市的前列。

2010 年 1 月 26 日，时任省长李鸿忠在湖北省第十一届人民代表大会第三次会议上所作的政府工作报告中明确指出："支持宜昌、襄樊两个省域副中心城市加快发展，在鄂西圈建设中发挥支撑带动作用。""坚持大中小城市协调发展，在抓好武汉城市圈建设的同时，逐步形成'宜荆荆'（宜昌、荆州、荆门）、'襄十随'（襄樊、十堰、随州）等新的城市群。"这是 2002 年、2003 年学术界提出"宜荆荆城市圈""襄十随城市圈"之后，省政府首次在正式文件中就此作出明确表态。

2010 年 11 月，时任省委书记罗清泉率省直有关部门负责人在宜昌调研，要求以科学发展为主题，以加快转变经济发展方式为主线，抓住"十二五"这个具有决定性意义的重要战略机遇期，把宜昌建成具有较强竞争力、辐射力、创新力的省域副中心城市，努力建成经济发达、文化繁荣、环境优美、社会和谐、人民安居乐业的特大城市。当月，时任省委副书记、省长李鸿忠在宜昌参加市委常委民主生活会时强调，要进一步解放思想、抢抓机遇，突出科学发展主题，突出发展第一要务，决战"十二五"，把宜昌真正建成省域副中心城市，建成宜荆荆城市圈雏形。[1]

2010 年 11 月 26 日，经国务院批准"襄樊"正式更名为"襄阳"。12 月 9 日，召开更名大会，"襄阳市人民政府"正式挂牌。襄阳继续推进省域副中心城市建设。

三、2011—2019 年：力度大增

2011 年 2 月，在湖北省"两会"期间通过的"十二五"规划中，直接书写"一主两副"三市发展的笔墨超过 40 处，如"坚持以武汉为全省主中心城市，襄阳、宜昌为省域副中心城市的'一主两副'总体格局，按照'大小多少''三个层次'的城

---

① 李迎鑫．为荆楚崛起打造战略支点——全省"一主两副"城市发展战略的推进历程．三峡日报，2012-04-08．

镇化发展思路,把武汉城市圈和'宜荆荆''襄十随'城市群做大做强,把具有一定规模的中小城市(县城)、中心镇做多,逐步归并和减少村镇数量,缩小城乡人均住宅占地规模,形成以武汉城市圈为核心,以城市群和中小城市为支撑,以湖北长江经济带为纽带,具有区域竞争力的城镇空间布局结构。"湖北省"一主两副"中心城市布局见图4-1。

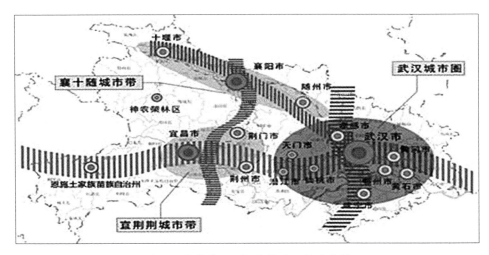

图4-1　湖北省"一主两副"中心城市布局

《湖北省经济和社会发展第十二个五年规划纲要》明确提出:加强襄阳、宜昌两个省域副中心城市建设,将其建设成为鄂西南和鄂西北地区经济社会发展的重要增长极,推动鄂西生态文化旅游圈加快发展的引擎。支持襄阳建设成为鄂西北及汉江流域的区域中心城市,城市人口规模达到200万人,建成区面积达到200平方千米,打造全国重要的汽车及零部件生产基地、新能源汽车产业基地、航空航天产业基地、优质农产品生产加工基地、区域性综合交通枢纽和物流基地、区域性旅游集散地和目的地、国家历史文化名城。支持宜昌建设成为鄂西南的区域中心城市,城市人口规模达到120万人,建成区面积达到120平方千米,打造沿江经济走廊,建成世界水电旅游名城、全国最大的磷化工产业基地、中部地区重要的生物产业基地、光伏产业基地以及全省重要的食品饮料基地、区域性交通物流枢纽。

2011年4月7日,湖北省委、省政府召开"一主两副"中心城市跨越式发展襄阳现场办公会，会议强调：加快实现科学发展、跨越式发展，使我省尽快形成多点支撑格局。时任省委书记李鸿忠在讲话中要求：省直各部门要按照倾力、尽力、竭力、全力的"四力"标准，支持襄阳建设省域副中心城市。会议认为，襄阳已经形成了跨越式发展的良好氛围，态势很好，全市广大干部群众一定要将"一主两副"战略作为襄阳实现跨越式发展、建设一个现代新襄阳的重大历史性机遇，在全市上下形成共识，坚定信心，抢抓机遇，乘势而上。要立足"十二五"，谋划新时代的"隆中对"，干大事、成大业。李鸿忠提出"四个襄阳"：围绕"十二五"规划目标，抓住汽车、食品加工、装备制造、新能源等产业，推动产业大发展，建设"产业襄阳"；要抓住国家和省里大力推进新型城镇化的历史性机遇，按照建设"襄十随"城市群中心城市、鄂豫陕渝毗邻地区区域性中心城市大胆谋划，加快构建特大城市框架，建设"都市襄阳"；要深入挖掘襄阳深厚的历史文化积淀，传承古襄阳、开发现代襄阳，融古韵今风为一体，扩大襄阳的文化影响力，在培育壮大文化旅游产业上做足文章，建设"文化襄阳"；要坚持以科学发展为主题，以加快转变经济发展方式为主线，走绿色发展、绿色繁荣之路，建设"绿色襄阳"。李鸿忠在会上强调，襄阳要借助全省跨越式发展的强劲东风，乘势而上，进一步建设好、发展好省域副中心，在全省跨越式发展中敢于争先迈大步。

4月8日，湖北省委、省政府召开"一主两副"中心城市跨越式发展宜昌现场办公会。李鸿忠指出，建设"一主两副"中心城市，是省委、省政府统筹全省区域协调发展的一项重大决策。湖北省由于历史原因一直是武汉一市独大，武汉地处鄂东，对鄂西南"老、少、边、穷"地区，特别是恩施州的辐射带动作用有限，迫切需要宜昌在现有基础上加快发展，做强做大，成为一个阶梯性、接续式的区域性中心。省委、省政府决定进一步加快宜昌省域副中心城市建设，就是希望宜昌在鄂西南担负起带动"两荆"（荆门、荆州）、辐射恩施的重任，与武汉和地处鄂西北的襄阳一起形成多点支撑格局，推动全省区域协调发展、实现湖北整体崛起。李鸿忠在会上明确要求宜昌要树立更加高远的目标，在省域副中心城市建设方面迈出更大步伐，使省域副中心的地位更加凸显，初步实现由大城市向特大城市的迈进，建设成为长江中上游区域性中心城市和交通物流中心。

2011年6月，湖北省委发出19号和20号文件，分别作出了加快襄阳市、宜昌市跨越式发展的决定，对实施"一主两副"重大战略决策进行了全面部署。

2011 年 8 月初，湖北省十一届人大常委会第二十五次会议决定，时任宜昌市委书记被"高配"为湖北省副省长。与此同时，中共中央任命范锐平为湖北省委常委，湖北省委决定将其由鄂州市委书记调任襄阳市委书记。此次襄阳、宜昌市委书记由副部级干部兼任在全国引起极大反响，各媒体作了密集报道。不少人认为：由于武汉市"一城独大"的状况仍未改变，要扶持襄阳、宜昌进一步发展，就不得不落实更为直接的支持，"高配"市委书记则是有效一环。① 8 月中旬，有全国十多个城市参加的"省域副中心城市理论研讨会"在宜昌召开，湖北的"高配"举措受到与会学者的一致肯定，省域副中心战略受到热议。

2011 年以来，湖北省政府有关部门与两市建立厅市对接合作机制，签订各类"意见""合作协议""合作共建备忘录"等文件，细化支持跨越发展的具体政策。省发改委下放了土地、环评、规划等审批事项；省商务厅下放了投资总额 3 亿美元以下鼓励类和允许类外商投资项目审批权限；省地税局下放了减免税额在 100 万元(含 100 万元)以下的城镇土地使用税减免审批权；省工商行政管理局下放了登记管辖企业冠用省名权；省人力资源和社会保障厅下放了高级工职业技能鉴定发证权限；中国人民银行武汉分行出台了《关于金融支持"一主两副"重大战略决策实施，加快推进襄阳跨越式发展的指导意见》，在资金、信贷等金融资源方面给予倾斜；省国土资源厅在土地规划、主城规模等方面也对"一主两副"给予倾斜。武汉市在自主创新示范、"两型"社会和国家中心城市建设等方面也得到了省里各部门的鼎力支持。2012 年 6 月 9 日，时任省委书记李鸿忠在湖北省第十次党代会报告中指出：支持襄阳加快省域副中心城市和现代化区域中心城市发展，着力建设产业襄阳、都市襄阳、文化襄阳、绿色襄阳；支持宜昌加快建设省域副中心城市、长江中上游区域性中心城市和世界水电旅游名城，成为现代化特大城市。

在省委、省政府坚强领导和省直各部门的大力支持下，宜昌和襄阳的地区生产总值、规模以上工业增加值、全社会固定资产投资、社会消费品零售总额、进出口总额等主要经济指标增速都高于全省平均水平。2011 年，宜昌地区生产总

---

① 聂春林 . 襄阳、宜昌两市委书记高配为副省级，跟武汉组成"一主两副". 21 世纪经济报道，2011-08-09.

值同比增长 16.1%，增幅居全省第一，综合实力跃居长江沿线同等城市第 4 位、中部地区同等城市第 3 位，进入全国百强城市行列，创造了"宜昌速度"。此外，宜昌和襄阳的主要经济指标合计占全省的比重在 2010 年基础上基本都有所上升，尤其是 GDP 和地方财政一般预算收入比重，分别上升了 2.5 个和 2.4 个百分点。"一主两副"发展极带动全省跨越发展的作用十分明显。

2016 年 4 月公布的《湖北省国民经济和社会发展第十三个五年规划纲要》强调增强"一主两副"城市带动功能：支持襄阳加快建设国家产业转型升级示范区、现代农业示范区、产城融合示范区、生态文明建设示范区，建设全国重要的先进制造业基地、农产品生产加工基地、区域性现代服务业中心和综合交通枢纽，打造汉江流域中心城市；支持宜昌建设全国重要区域性综合交通枢纽、物流节点城市、国家产业转型升级示范基地和世界水电旅游名城，继续走在长江沿线同等城市前列，打造长江中上游区域性中心城市和三峡城市群中心城市。

四、2020 年以来：打造"两翼"

2020 年 4 月 20 日，湖北省委书记应勇在省委财经委员会召开的第五次会议上指出，更好发挥武汉和襄阳、宜昌的引领辐射带动作用，带动城市群、城镇带发展，带动湖北全域发展。4 月 22 日，省委常委会召开会议。会议强调，要突出发挥优势、激活潜能，更大力度扩大有效内需，进一步激活区域潜力，更好发挥武汉为龙头、"襄十随"和"宜荆荆"为两翼的引领辐射带动作用。

2020 年 12 月初，省委十一届八次全会提出"一主引领、两翼驱动、全域协同"区域发展布局，其中"一主"是指武汉和武汉城市圈，"两翼"是指"襄十随神"和"宜荆荆恩"两个城市群，在原襄十随城市群和宜荆荆城市群基础上分别将神农架林区和恩施自治州纳入(见图 4-2)。

从"一主两副"变为"一主两翼"，并不是弱化"两副"的地位，而是赋予"两副"更重要的责任，即要带动周边区域的发展。打造"中部崛起重要战略支点"要求湖北在经济社会发展方面快于、好于、优于其他地区，在辐射力、带动力、影响力方面重于、强于、特别于其他地区。2020 年襄阳、宜昌实现的 GDP 双双超过全国十多个省会(自治区首府)城市，为湖北"支点"建设提供了有力支撑。

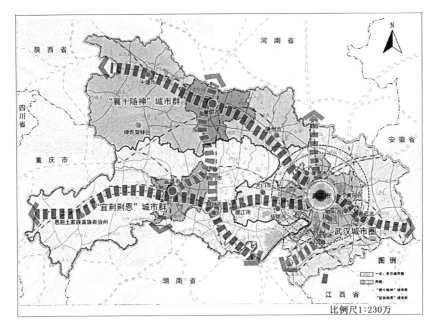

图 4-2　湖北省"一主两翼"国土空间开发格局示意图

第二节　宜昌省域副中心城市建设

2019 年年底，全市共辖五个县(远安县、兴山县、秭归县、长阳土家族自治县、五峰土家族自治县)三个县级市(宜都市、当阳市、枝江市)五区(西陵区、夷陵区、伍家岗区、点军区、猇亭区)，户籍人口 390.94 万人，常住人口 413.79 万人；国土面积 2.1 万平方千米，市辖区面积 4249 平方千米。现有建成区面积约 190 平方千米，市辖区常住人口 152.38 万人(第七次全国人口普查数据：西陵区 55.06 万人，夷陵区 54.11 万人，伍家岗区 25.18 万人，点军区 11.25 万人，猇亭区 6.78 万人)。

一、宜昌省域副中心城市建设基础

(一)区位和交通优势

宜昌地处长江中上游接合部，素有"三峡门户、川鄂咽喉"之称，历史上曾是长江沿线的重要商埠，1876 年被辟为通商口岸，并增设海关，是继汉口之后湖北境内第二个通商口岸，在鄂西川东物资集散中发挥着重要的枢纽作用，被国家有关部门定为"全国综合性交通枢纽"。

水运。宜昌境内通航航道 681 千米。长江黄金水道纵贯宜昌全境，宜昌港是长江八大联运港之一，宜昌枝城港是全国四大煤炭中转港口之一，这些天然深水良港，向西可满足万吨级船队经三峡船闸直达重庆，向东顺流而下，直通沿江、沿海诸港，具有通江达海的功能。

公路。宜昌境内公路四通八达，通车里程居全省第 1 位。沪渝高速公路、沪蓉高速公路、318 国道、209 国道等均贯通境内。截至 2021 年上半年，宜都、伍家岗 2 座长江大桥相继建成通车。目前，长江宜昌段从三峡大坝上游兵书宝剑峡到葛洲坝下游枝江七星台水域，依次分布着秭归长江大桥、西陵长江大桥、至喜长江大桥、夷陵长江大桥、宜昌铁路长江大桥等 9 座长江大桥，域内长江大桥数量在长江沿线地级市中位居第一。①

铁路。宜昌境内铁路交通便利，是沿江高铁、郑万高铁的重要节点。

航空。三峡机场是全省仅有的两个国际机场之一（另一个是武汉天河机场）。

(二)资源优势

水利资源。宜昌是一个水资源丰富的城市，长江流经市域 237 千米，清江流经 153 千米，此外，还有 10 千米以上大小河流 99 条。宜昌市内河流总长 3793 千米，降水充沛。宜昌水电能源理论蕴藏量达 3000 万千瓦，占长江流域水能总蕴藏量的 11.2%，境内每平方千米可开发水能资源 1173.7 千瓦，是全国平均水平的 28.79 倍，是长江流域平均水平的 9.72 倍。长江三峡水电站、葛洲坝水电站、隔河岩水电站、高坝洲水电站总装机容量 2666.7 万千瓦。

矿产资源。宜昌矿产资源十分丰富，现已探明的矿物有 49 种，占全国已知矿种的 1/3，占湖北省的 45%。主要矿产有磷、铁、煤、锰、铬、铅、汞、金、银、铜、锌、硅、石、石膏、石墨、重晶石、石灰石、大理石等。

旅游资源。宜昌旅游资源丰富，是全国 10 个重点旅游城市之一，全市已开放的旅游景点 350 多处，享有盛名的有 100 多处，长江三峡画廊及三峡水利

① 刘曙松，樊华. 宜昌九桥飞架长江南北. 湖北日报，2021-08-13.

枢纽工程、葛洲坝水利枢纽为全国旅游热线，世界著名。宜昌是世界四大文化名人之一的我国爱国诗人屈原故里，也是中国古代民族友好使者王昭君的故乡。

（三）产业优势

中华人民共和国成立以来，党和国家高度重视宜昌的经济建设和产业发展。20世纪60年代，国家把宜昌作为三线建设基地，在宜昌兴建了066、403、404、612、288、388等19家国家军事工业企业，同时，宜昌依托自身的资源优势和技术人才优势也创办了大批民用工业企业，初步形成了宜昌的现代工业基础。改革开放以来，特别是葛洲坝、长江三峡两大水利枢纽工程先后在宜昌兴建，全国发达地区对口支援三峡地区，一批现代化的产业落户宜昌，宜昌实现了由传统的商埠城市向现代工业城市的转变。

近年来，宜昌产业结构不断优化。化工产业产值占工业比重由2016年的30.6%下降至2020年的18.7%，精细化工产值占化工产业比重提高到36.2%，生物医药、装备制造、新材料、电子信息等产业快速发展，12个产业集群跻身全省重点成长型产业集群。51家企业入围全省支柱产业细分领域隐形冠军示范企业和科技小巨人名单，数量居全省第二。广汽乘用车宜昌生产基地、三宁化工60万吨/年乙二醇、凌云飞机维修基地、南玻智能触控显示器、贝因美婴童食品等重大产业项目建成，宜昌人福一类新药"注射用苯磺酸瑞马唑仑"成功上市。

宜昌的科研机构、科技人才、科研水平在鄂西地区具有明显的优势。宜昌有一所学科齐全的综合性大学——三峡大学和湖北三峡职业技术学院、三峡水利电力职业学院、宜昌城市职业学院等三所高职院校，有一批大型水电开发与建设的业主、设计、科研和施工单位，形成了水电工程建设、运行管理及电力生产与控制的水电能源学科群。驻宜的中央和省级军工企业拥有大批航天工程、军事工程、计算机工程等各方面的高新技术人才。

二、宜昌市推进省域副中心城市建设的进程

中华人民共和国成立以来，宜昌市经历了三次大机遇：20世纪70年代葛洲坝工程兴建为第一次机遇，使宜昌由小城市演变为中等城市；90年代三峡工程上马为第二次机遇，促使宜昌又由中等城市向大城市转变；宜昌市将"省域副中心城市"视为第三次机遇，并将其作为打开通向特大城市的阀门。宜昌市委、市政府十分珍视"第三次机遇"，换届不换蓝图，没有频繁地提出花哨的口号。这是非常难能可贵的。

宜昌"省域副中心城市"建设得到了历届省委、省政府领导的高度重视。2007年8月中旬，时任中共中央政治局委员、湖北省委书记俞正声，时任省长罗清泉带领省直部门领导同志，深入宜昌就加快省域副中心城市建设进行调查研究，充分体现了省委、省政府对宜昌发展的高度重视和关心。俞正声同志指出："确定宜昌、襄樊这两个城市为省域副中心城市，不单纯是看经济总量，也跟它们的地理位置相关。鄂西南、鄂西北这两个地方，需要省域副中心城市。"俞正声同志调研时，总结肯定了宜昌的八个优势，即人文传统好、工作基础好、创业精神好、资源优势好、三峡带动好、地理条件好、发展势头好和班子团结好。要求宜昌更好地发挥和利用这些优势，实现发展新突破，创造更多的新鲜经验，为全省各个方面的事业发展提供榜样。

2011年4月8日，湖北省委、省政府召开"一主两副"中心城市跨越式发展宜昌现场办公会。会议指出，站在新的历史起点上，谋划宜昌发展，必须具备世界眼光。要高起点确定发展定位，力争在"十二五"期末，把宜昌建成名副其实的省域副中心城市、长江中上游区域中心城市和世界水电旅游名城。要高标准确立和实现发展目标，在经济总量上实现跨越式发展，在城市功能上实现跨越式发展，在对外开放上实现跨越式发展，在社会管理上实现跨越式发展。要冷静分析目前存在的差距，看到发展的机遇和优势，充分利用有利条件，奋力赶超、奋勇当先，为全省跨越式发展担重任、挑大梁。省发改委、省经信委、省财政厅、省国土资源厅、省住房和城乡建设厅、省交通运输厅、省旅游局负责人，分别就支持宜昌建设省域副中心城市提出了意见和建议。

2020年11月24日至26日，湖北省委书记应勇赴宜昌调研十八届五中全会精神贯彻落实情况。应勇强调，要牢记习近平总书记的殷殷嘱托，科学把握新发展阶段，深入践行新发展理念，坚持生态优先、绿色发展，坚持共抓大保护、不搞大开发，为推动长江经济带高质量发展作出湖北贡献。要积极融入新发展格局，更好发挥宜昌作为省域副中心城市和长江中游城市群重要城市的辐射带动作用，推动区域协调发展。[①]

2021年4月12日发布的《湖北省国民经济和社会发展第十四个五年规划和二〇三五年远景目标纲要》明确指出：支持宜昌加快建设省域副中心城市、长江中上游区域性中心城市和长江经济带绿色发展示范城市，提升战略性新兴产业和现代服务业发展能级，打造区域性先进制造业中心、交通物流中心、文化旅游中心、科教创新中心、现代服务中心，在长江沿岸同类城市中争当标兵，增强竞争力和区域辐射引领能力。

三、打造"省域副中心城市"的全国样板

2018年4月24日，习近平总书记考察长江、视察湖北，首站直抵宜昌，充分肯定宜昌破解"化工围江"、新动能培育、城市管理、基层党建、生态小公民教育等工作，寄予谱写新时代高质量发展新篇章的殷切期望，在宜昌改革发展史上具有重要里程碑意义。宜昌400万人民要将习近平总书记的关怀厚爱转化成宜昌发展的强大动力，努力打造"省域副中心城市"全国样板，开启全市高质量发展新篇章。

(一)着力做"密"中心城区

做大经济规模一般有两种方式，一是像摊大饼一样，靠大量资源和要素投入；二是在有限资源条件下通过提升效益、质量、水平，跟上时代发展的科技趋势，提升经济运行的内在动力。要素资源相对比较少的条件下，由以往要素驱动、财富驱动转向创新驱动。后者可称为提升"经济密度"。

推动传统产业向中高端转型升级。打造国家磷复肥保供基地、全国磷精细化工示范基地、华中地区新型煤化工基地、有机硅产业示范基地；做大汽车及零部件、船舶与海洋装备、智能装备、电力装备及器材产业；提升食品饮料品牌特色，发展高端休闲食品、高档饮料、保健品、提取物等深加工产品；巩固化解建材产业过剩产能成果，打造长江经济带绿色建材产业基地；大力发展纺织、服

装、包装印刷、珠宝首饰等具有宜昌特色的轻工纺织产业。

发展壮大战略性新兴产业，尤其注重发展未来产业。优先发展势头好、活力足、潜力大的生物医药、新材料、航空航天等产业，培育发展新能源、新一代信息技术、新能源汽车、节能环保等产业，高质量建设全国一流仿制药生产基地、电子化学品示范基地、商业航天动力基地、大数据产业重要承载地，促进平台经济、共享经济健康发展。

发挥各市辖区特色，共同提升中心城区经济密度。西陵区加快发展总部经济，努力建成宜昌金融商贸中心、旅游服务中心和科技文化中心；伍家岗区加快建设先进制造业区、生物食品产业区，着力打造区域性现代化商贸流通中心；点军区努力建成宜昌电子信息产业区、三峡休闲旅游区和生态型滨江城市新区；猇亭区加快建设千亿级园区，培育精细化工、生物医药、汽车产业、临空经济、现代物流等产业；夷陵区加快发展食品饮料、装备制造、新能源等产业，打造宜昌沿江工业经济龙头；高新区围绕生物医药、医疗器械、智能制造、精细化工等主导产业，打造成产城融合示范区、高新技术企业集聚区、仿制药和原料药生产基地。宜昌中心城区各组团分布见图4-3。

（二）深入发展"飞地"经济

宜昌是湖北"飞地"经济发展得最好的地区。2004年，兴山县兴发集团为突破身处山区、交通不便的区位约束，落户沿江地区的宜昌开发区猇亭园区。目前已成为全国最大的精细磷化工基地。2010年地处深山的远安县在宜昌开发区建立"远安工业园"。2011年，五峰县与枝江市政府按照"合作共建、封闭运行、利益分享、共同发展"的模式，在毗邻宜昌高新区白洋工业园区兴建"飞地园区"。

宜昌"飞地"经济是生态治理与产业发展双赢的模式。既为兴山、远安、五峰等"飞出地"保住了绿水青山，又通过开展生态治理，发展生态旅游业和生态农业，使绿水青山变成金山银山；而作为"飞入地"的沿江地区，环境承载力强，可以集中生产、集中治污，能够获取规模效益、聚集效益和环境效益，又通过税收分成形式"反哺"山区县。

宜昌"飞地"经济也是"飞出地"山区县和"飞入地"中心城区双赢的模式。这种模式符合主体功能区制度的初衷。主体功能区制度就是要改变过去我国国土开

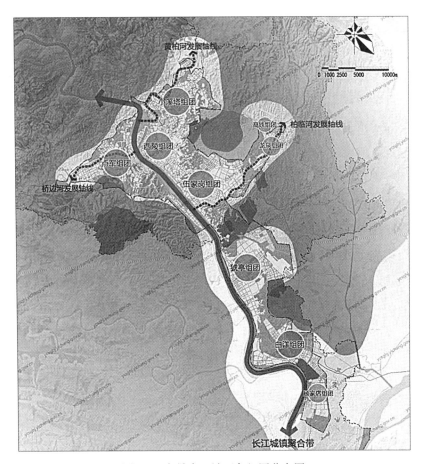

图 4-3 宜昌中心城区各组团分布图

发"村村点火，处处冒烟"的无序格局，以较少的国土面积(主要是优化开发区域和重点开发区域)承载更多的人口和经济，让更多的国土空间得到休养生息，为子孙万代留下更多的发展空间。实施主体功能区战略，落实主体功能区制度，是最高的结构调整，是最大的可持续发展，是生态与经济双赢的最好途径。山区县在宜昌城区发展"飞地"经济，通过税收分成等利益共享机制得到了"金山银山"，又保护了"飞出地"的绿水青山。中心城区既壮大了城市人口规模，又提高了经济"密度"，是一条做大做强做密的好途径。

(三)创建消费中心城市

打造三峡区域性消费中心。释放消费潜力，扩大居民消费，适当增加公共消费。实施"互联网+服务业"新型消费计划，改造提升商贸服务、文化旅游、健康养老、教育培训、体育运动等生活性服务业，推动旅游圈、商业圈、文化圈融合发展。促进消费提质扩容，强化服务消费，扩大信息消费，拓宽智能消费，挖掘农村消费，倡导绿色消费，推动吃、穿、用、住、行等商品消费优化升级，加快释放文化、教育、旅游、体育、托幼、养老、家政等消费潜力。

创新消费供给模式，发展夜间经济、假日经济，以夜购、夜游、夜娱、夜市等为重点，打造西坝夜市、国贸中心城、环球港等城区夜经济聚集区。着力发展体验经济，积极举办旅游观赏、啤酒节等体验型活动，加快无人体验店、智慧社区店、自提柜、云柜等新业态布局，打造"新消费·醉宜昌"品牌。

加快发展会展经济，打造高端会展服务区，争取承办大型国际展览会、国际论坛、国际国内产业行业会议活动，举办一批有影响力的重要节事活动。

（四）打造国内国际双循环节点

建设交通强市和全国性综合交通枢纽。改造提升焦柳铁路宜昌段功能，推进呼南高铁、沿江高铁、十宜高铁建设，建成郑万高铁兴山段、宜昌至郑万高铁联络线，形成高铁路网"两横（南北沿江）两纵（西安、襄阳—常德、张家界）六方向（武汉、襄阳、西安、成都、重庆、常德）"、货运路网"一横（沪汉蓉）一纵（焦柳线）"的区域性重要铁路枢纽。加快铁路货运支线及铁水联运体系建设，推进白洋港、茅坪港、枝城港、七星台港等疏港铁路及焦柳铁路枝江站改造升级等项目建设。

打造以翻坝转运、三峡旅游、多式联运、工业输出为主要功能的现代化绿色、智慧港口，建成长江内河一流港口。全面建成白洋港区，大力实施交通强国试点项目（现代危化品洗舱站、水上绿色航运综合服务区），加快建设枝城及茅坪港铁水联运码头、姚家港集装箱码头、七星台综合码头、江南成品油翻坝管道码头，推进港口集约化发展、一体化运营，促进港产城协同发展。

积极融入"一带一路"建设，构建宜昌"水陆兼行、东西双进、南北突围、通江达海"大开放格局。全面提升口岸功能，争创一批国家一类水运口岸。利用长江黄金水道，提升江海直达能力，优化东向通道；依托三峡翻坝转运体系，对接"渝新欧"，打通西向通道；依托铁水联运优势，对接"汉新欧"，畅通北向通道；

依托焦柳铁路,扩大"江铁海"联运功能,对接北部湾,拓展南向通道。

打造以自贸区为平台的内陆对外开放先行示范区和以综保区为平台的中西部保税产业集聚地。引导自贸片区、综合保税区、三峡保税物流中心、三峡临空经济区、跨境电商综合试验区等开放平台特色化、差异化、协同化发展。

支持三峡机场开辟国际热点空运航线,加密国内国际航班,拓展国际快运物流新通道。谋划宜昌铁路国际陆港建设,推动宜昌航空与高铁物流有效对接。发挥水港、空港、公路港、铁路港叠加优势,加速从"通道经济"向"枢纽经济"转型。

(五)大力发展教育卫生事业

加快发展教育事业。推动高中阶段教育普及协调发展,建成一批知名优质特色高中。建设国家示范性职教集团,争创国家产教融合试点城市。支持三峡大学"双一流"建设,支持三峡职业技术学院创建"双高"院校,建成湖北航空学院,支持三峡大学科技学院转设,支持三峡旅游职院、三峡电力职院、三峡技师学院建设优质特色院校。

加快发展卫生健康事业。宜昌卫生资源丰富,仅城区医院就有54所(襄阳48所、荆州31所、荆门18所)。推进市级医院深化与国家区域性医疗中心及国内外知名机构合作共建,大力引入国际国内知名医疗机构、医学高校等优质资源。对标国家区域性医疗中心设置标准和全国百强医院,推进三级医院提档升级,在部分领域建设国内一流的专科疾病防治中心。加快鄂西南重大疫情救治基地等项目建设,构建"重大疫情救治基地+传染病医院+发热门诊"传染病救治网络体系,完善分级、分层、分流传染病等重大疫情救治机制。

(六)加快宜昌都市区建设

宜昌市城镇格局及宜昌都市区示意图见图4-4。

以宜昌主城区为核心,以宜都、枝江、当阳、龙舟坪、茅坪等周边城镇为支撑,以沿江区域和城区快速通道建设为纽带,推进城东片区、沙唐片区、宜昌北站片区、生物产业园、白洋工业园等区域建设,加快形成半小时都市圈。依托都市圈的区位优势,大力发展新型工业和现代服务业,将宜昌打造成为现代产业发

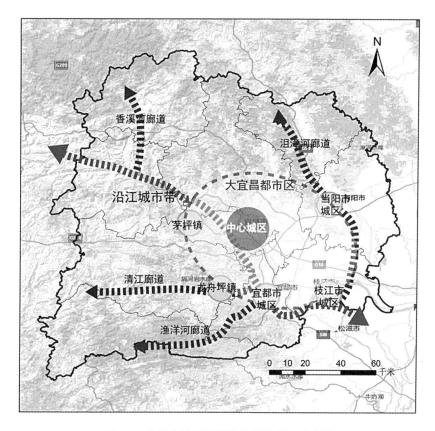

图4-4 宜昌市城镇格局及宜昌都市区示意图

展集聚区、对外开放的窗口，进一步增强中心城区的综合实力和辐射带动能力。

明确城区产业发展承载区。建议在伍家岗区、猇亭区、白洋工业园、枝江顾家店镇、夷陵区龙泉镇、鸦鹊岭区域范围内，高标准规划建设产业新区。该区域经济基础较好，发展空间较大，且地势平坦，集中连片，交通快捷，拥有快速铁路、高速公路、航空机场和深水港码头，发展经济的条件优越，可以作为城区产业发展核心承载区。

（七）塑造全国非省会城市群典范

湖北省委、省政府要求：推动宜荆荆恩城市群落实长江经济带发展战略，建设成为联结长江中游城市群和成渝地区双城经济圈的重要纽带。宜昌作为全国首个省域副中心城市，要争取打造出全国非省会城市群典范。宜荆荆恩城市群行政区划见图 4-5。

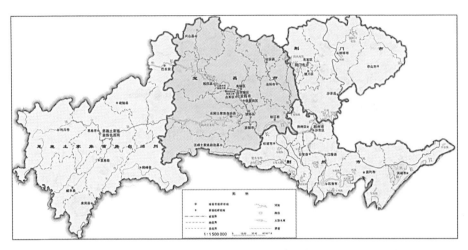

图 4-5　宜荆荆恩城市群行政区划图

首先是推动基础设施互联互通。一是推进交通基础设施一体化。以完善高速公路和铁路为重点，打造复合交通轴，形成城市群的基本骨架；建设好宜昌港、荆州港、荆门组合港，以"长江—江汉运河—汉江—江汉航线"航道为依托，形成高等级航道网。增强外部通达性。谋划宜荆荆恩城市群市域（郊）铁路，谋划推进宜荆荆恩城市群轨道交通项目，着力构建宜荆荆恩城际铁路网。通过铁路、公路、水运、航空等交通方面的全方位合作，提高公共基础设施的可达性，增强共享性。二是健全水利基础设施。科学调动配置水资源，共筑防汛抗旱减灾体系，建立集防洪、排涝、灌溉于一体的现代化水利支撑保障体系。三是强化能源保障体系。优化能源供应格局，加快能源基础设施建设，提高能源利用效率，建设清洁低碳、安全高效的现代能源体系。构建共享信息网络。四是统筹规划建设信息基础设施，推动智慧城市平台有效对接，创新信息资源共享机制，建成高速连通、服务便捷的城市群信息网络。

其次是合力推进长江中游绿色崛起。联合开展流域治理。提高长江、汉江、清江干流环境准入门槛，严格控制和限制高污染、高能耗产业的沿江布局。按照岸线功能区划，做好长江、汉江、清江岸线资源利用与管理规划。实施严格的岸线审批制度，实行涉岸项目准入制。科学合理设置各功能区排污口，加强入河排污口监督管理，严格控制排污总量。整合现有港口资源，严控新增岸线开发项目。加强大江大河和重要湖泊湿地生态保护治理，加快建立多样化生态产品价值实现机制；尽快构建环保产品或技术进入市场的"绿色通道"制度。针对宜昌、荆门、恩施治理"三磷"实际，实施磷回收与再利用工程；率先制定地方标准，推广磷石膏胶结材料替代水泥的新工艺与新技术，进一步消除固废污染。开展生态系统保护成效监测与评估，重点构建绿色廊道评估体系、沿江绿色科技支撑体系，加强生态环境突出问题整改和岸线综合治理，着力提升生态系统质量和稳定性。

最后是促进产业协同发展。一是打造优势工业集群。充分发挥化工产业的基础优势，重点发展石油化工、医药化工、磷化工、煤化工、盐化工和新型材料化工，壮大化工产业集群；以绿色有机食品、地理标志食品、功能营养食品、品牌休闲食品为重点，推动农产品加工龙头企业积极开发多样化食品，延伸农产品加工产业链，做大做强精深加工，发展食品加工产业集群；同时，加快发展通用航空产业集群、船舶制造及海洋工程装备产业集群、汽车及其零部件产业集群、新能源和节能环保产业集群、生物医药产业集群等。二是融合发展旅游业。以5A级旅游景区和国家旅游度假区为依托，推动旅游资源整合和旅游产业集群发展，在全域旅游发展上迈出新步伐。大力推进旅游名城、名镇、名村、名景、名店"五级联创"和乡村旅游后备厢工程，加快城乡旅游统筹发展。结成"宜荆荆恩旅游产业联盟"，互推旅游年卡。打好三峡、楚文化、民族文化"三张牌"。结合四市州旅游资源、医疗资源等优势，大力发展健康养老服务业。三是发展商贸物流业。依托长江、汉江、江汉运河、清江和浩吉铁路、焦柳铁路、长荆铁路、荆沙铁路以及高速公路，大力发展公、铁、水联运，形成口岸物流、行业物流和城市配送物流相结合的现代物流体系。突破性发展电子商务。积极对接国家建设长江经济带世界级电子商务产业集群的战略部署，引进和培育一批知名度高、带动力强的电子商务龙头企业，加快电子商务公共平台建设，完善信息网络、物流配送、电子认证标准、在线支付、信用评估、安全保障等支撑体系。四是着力发展金融业。支持宜昌区域金融中心建设，构建辐射周边地区的区域金融体系；支持荆州、荆门、恩施积极引进国内外各类金融机构，打造特色产业金融中心。五是合力发展现代农业。建设特色优势农产品基地，推进农村一二三产业融合发展，提升农业产业化经营水平。

第三节　襄阳省域副中心城市建设

襄阳位于湖北省西北部，汉江中游平原腹地。因地处襄水之阳而得名，汉水穿城而过，分出南北两岸的襄阳、樊城，隔江相望。两城历史上都是军事与商业重镇。中华人民共和国成立以后两城合二为一称襄樊市，分设襄城、樊城两区。总面积1.98万平方千米，2020年年末常住人口526.1万人。2010年11月26日，国务院批准襄樊市更名为襄阳市。现境辖襄州、襄城、樊城3个城区，枣阳、宜城、老河口3个县级市，南漳、保康、谷城3个县，东津新区、国家级高新技术产业开发区、鱼梁洲旅游经济开发区3个开发区(新区)。

一、襄阳建设省域副中心城市的突出优势

(一)襄阳是国家综合性交通枢纽

"十三五"以来，作为"七省通衢"的襄阳交通通达能力显著提升，浩吉铁路、汉十高铁、郑万高铁襄阳北段建成通车，襄荆高铁开工建设，襄阳迈入高铁时代；襄阳机场T2航站楼投入使用，临时航空口岸开放取得突破；新增高速公路里程342千米；以雅口枢纽、襄阳新港等为支撑的汉江航运中心建设有序推进。2018年10月8日，国务院批复的《汉江生态经济带发展规划》明确指出："支持襄阳巩固湖北省域副中心城市地位，加快打造汉江流域中心城市和全国性综合交通枢纽。""两中心一枢纽"，这个地位在全省仅位于武汉市之后。武汉相对应的定位是：湖北省省会(主中心城市)、国家中心城市、国际性综合交通枢纽。

(二)襄阳是国家历史文化名城

襄阳有2800多年建制历史，是楚文化、汉文化、三国文化的主要发源地。周属樊国，战国时为楚国要邑，三国时置郡，后历代多为州、郡、府治。襄阳城墙始建于汉，自唐至清多次修整，现基本完好，樊城保存有两座城门和部分城墙。文物古迹有邓城、鹿门寺、夫人城、隆中诸葛亮故居、多宝佛塔、绿影壁、

米公(芾)祠、杜甫墓等。1986 年 12 月，襄阳入选第二批国家历史文化名城。

襄阳，物华天宝，人杰地灵。襄阳地区拥有深厚的历史文化底蕴，既是群雄逐鹿的古战场，也是历史文人骚客荟萃之地。在 2800 多年的历史进程中养育了一代名相诸葛亮(卧龙)，三国名士庞统(凤雏)，楚国诗人宋玉、战国时期政治家伍子胥，唐代诗人杜审言、孟浩然、张继和宋代书画家米芾等文人名士，还有"允冠百王"的光武帝刘秀，东方圣人释道安等一大批历史文化名人。还成为许多脍炙人口的通俗文学作品的背景，其中，《三国演义》120 回中有 31 回发生在襄阳区域。

在历史上，襄阳的战略地位非常重要。东汉末年至魏晋，是全国学术中心、文化高地。东晋，是全国佛教中心，道安法师在此统一教徒姓"释"，确立僧律戒规。唐元和年间，是全国 4 个人口达 10 万户以上的州治所之一。著名史学家严耕望称，繁华 800 年，"犹先秦之邯郸，明清之秦淮。"顾祖禹在《读史方舆纪要·湖广方舆纪要序》中称"襄阳上流门户，北通汝洛，西带秦蜀，南遮湖广，东瞰吴越。"该书中关于湖北地区的战略形势有一段被引用很广的名言："湖广之形胜，在武昌乎？在襄阳乎？抑在荆州乎？曰：以天下言之，则重在襄阳；以东南言之，则重在武昌；以湖广言之，则重在荆州……何言乎重在襄阳也？夫襄阳者，天下之腰膂也。中原有之，可以并东南。东南得之，亦可以图西北者也。故曰重在襄阳也。"

(三)襄阳位列全国 50 强城市

2003 年湖北省委、省政府作出襄阳建设省域副中心城市决策以来，襄阳经济总量在中西部地区先后超越平顶山、焦作、安阳、许昌、常德、岳阳、南阳、太原等市。2017 年是一个重要节点，这就是时隔 14 年之后，襄阳 GDP 超过宜昌，重新夺回湖北榜眼位置：襄阳 4064.9 亿元，同比增长 7.2%；宜昌为 3857 亿元，实际增速 2.4%；南阳为 3377.7 亿元，同比增长 6.8%。这一年还有一个标志性意义，襄阳已成为中西部非省会城市老二，前面只有洛阳了。2019 年襄阳 GDP 跻身全国城市前 50 名，又有标志性意义：洛阳 5034.9 亿元，居第 45 位；襄阳 4812.84 亿元，居第 46 位；宜昌 4461 亿元，居第 51 位；南阳 3815 亿元，居第 59 位。值得注意的是：自 2012 年襄阳超过南阳后，这次将两者差距扩大到近 1000 亿元。这也是 21 世纪以来，襄阳首次距离中西部非省会城市首强只有一步之遥。

另外，2021 年 6 月中国香港城市新战略论坛发布了《2021 年度城市百强指数报告》。此报告按照综合实力，将中国 100 个城市按照一线城市、准一线城市、二线城市、三线城市类别分成四个档次。其中，一线城市 12 个，其排列顺序是：北京、上海、香港、深圳、广州、台北、武汉、成都、杭州、重庆、南京、天津；准一线城市 14 个：苏州、西安、郑州、长沙、青岛、宁波、东莞、佛山、沈阳、合肥、无锡、大连、厦门、济南；二线城市 28 个：福州、石家庄、哈尔滨、温州、高雄、南宁、南昌、昆明、泉州、长春、贵阳、徐州、嘉兴、金华、南通、太原、烟台、保定、唐山、珠海、常州、澳门、乌鲁木齐、襄阳、绍兴、兰州、岳阳、九江；三线城市 46 个，包括海口、呼和浩特、银川 3 个省会（自治区首府）和宜昌、洛阳、汕头、桂林、芜湖、柳州、衡阳、上饶等省域副中心城市，以及台州、中山、惠州、廊坊、扬州、荆州、盐城、泰州、湖州等地级市。襄阳在二线城市中排第 24 位，在所有城市中排第 60 位，是汉江生态经济带也是湖北省唯一入选的二线城市。

（四）湖北省委、省政府高度重视襄阳发展

2011 年 4 月 7 日，湖北省委、省政府召开"一主两副"中心城市跨越式发展襄阳现场办公会，时任省委书记李鸿忠要求襄阳加快建设名副其实的省域副中心城市，并根据襄阳的发展基础和特色优势，提出了建设"四个襄阳"即产业襄阳、都市襄阳、文化襄阳、绿色襄阳的战略定位。时任省长王国生指出：加快建设"四个襄阳"，为湖北跨越发展提供有力支撑，是历史和全省人民的重托。"四个襄阳"的提出，充分体现了省委、省政府对襄阳的殷切希望，非常符合襄阳实际和民众期待，犹如车之四轮，必将驱动省域副中心城市建设驶上快车道。① 同年 6 月 26 日，省委、省政府下发《关于全面实施"一主两副"重大战略决策加快推进襄阳市跨越式发展的决定》（鄂发〔2011〕19 号），出台 27 条支持襄阳建设省域副中心城市的措施。同年 8 月，决定由副省级领导兼任襄阳市委书记，这一"高配"措施一直坚持至今。

①　秦尊文 ."四轮"驱动省域副中心 . 湖北日报，2011-11-13.

　　2021 年 4 月公布的《湖北省国民经济和社会发展第十四个五年规划和二○三五年远景目标纲要》明确指出：支持襄阳加快建设省域副中心城市、汉江流域中心城市和长江经济带重要绿色增长极，推动制造业创新发展和优化升级，打造国家智能制造基地、国家现代农业示范基地、全国性综合交通枢纽、区域性创新中心和市场枢纽，在中部同类城市中争当标兵，提升综合实力和区域辐射引领能力。

二、襄阳城镇化与城市空间格局

　　2020 年，第七次全国人口普查襄阳市常住人口 526.1 万人；常住人口城镇化率为 61.7%，户籍人口城镇化率为 47.9%，分别比 2015 年增长 4.7 个、0.4 个百分点。襄阳坚持"集聚发展、轴线带动"的城镇空间发展思路，构建"一体两翼三带"的城镇空间结构(见图 4-6)，形成区域发展雁阵效应。

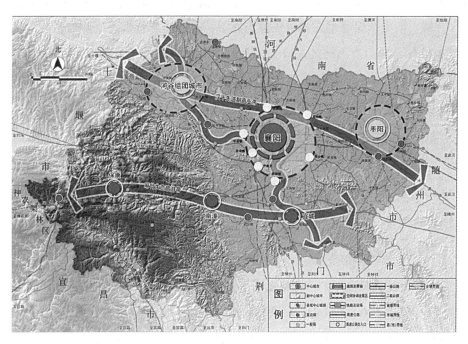

图 4-6　襄阳市域城镇格局图

　　"一体"：即中心城区一体化发展。科学确定中心城区的开发边界，加快推进襄州区与中心城区一体化发展，大力提升核心引领区服务功能，增强中心城区吸纳人口、产业、资金能力。着力推动襄阳中心城区与周边伙牌、牛首、卧龙、欧庙、双沟、峪山等城镇在空间布局、功能统筹、设施共建等方面的一体化发展，夯实襄阳大都市区的发展基础，成为带动襄阳市域发展的核心地区、新型城镇化的核心引领区。

"两翼"：即枣阳市域副中心城市、河谷组团市域副中心城市。东部以枣阳为核心、西部以老河口—谷城组团城市为核心，形成沿汉十轴线"两翼"发展板块。进一步强化"两翼"集聚程度，提升综合服务能力，成为带动襄阳东西部人口集聚、绿色发展的区域，发挥支撑全市发展的重要作用。

"三带"：即沿汉江特色城镇带、沿汉十先进制造业带、沿麻竹生态旅游带。以汉江沿线老河口、谷城、襄城、樊城、襄州、宜城等重要城镇为依托，打造沿汉江特色城镇带；以汉十高速沿线高新区、经开区以及枣阳、襄州、樊城、谷城、老河口省级开发区为载体，打造沿汉十先进制造业带；以麻竹高速沿线枣南、宜城、南漳、保康生态旅游资源为抓手，打造沿麻竹生态旅游带。

2020 年，襄阳市市辖区人口 232 万人；根据 2020 年 12 月 31 日住房和城乡建设部网站公布的《2019 年城市建设统计年鉴》，襄阳建成区面积首次突破 200 平方千米(2010 年为 140 平方千米)，列全国第 54 位(见图 4-7)。

三、瞄准中西部非省会首位城市再出发

(一)襄阳打造中西部非省会首位城市是湖北打造中部崛起重要战略支点的需要

建成支点需要多极支撑、多点突破，走在前列需要抢前争先、敢于超越。目前，湖北"首位度畸高"等区域发展不平衡问题还很突出。一个"老大哥"，身边围绕着一群"小不点"，这曾是对湖北区域发展格局的形象比喻。要解决"一城独大"问题，实现区域均衡发展，就必须在支持武汉建设国家中心城市和国际化大都市的同时，加大对襄阳这个全省"第二增长极"的支持力度。襄阳如能成功进军中西部非省会首位城市，对湖北"建成支点，走在前列"具有重大意义。

襄阳如何当好"第二增长极"？当务之急就是当好襄十随神城市群的龙头城

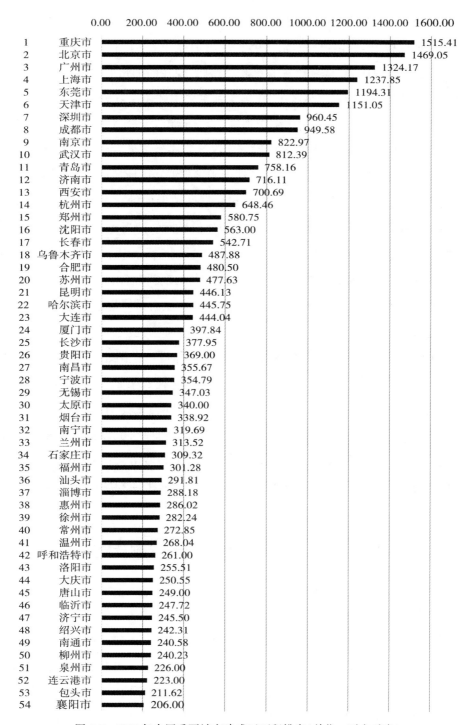

图 4-7 2019 年全国重要城市建成区面积排序(单位:平方千米)

市。从行政区划可以看出，襄十随神有深厚的历史渊源。特别是在民国时期，今襄十随神地区曾由"襄阳道"统辖。1952 年 12 月至 1965 年 6 月，襄十随地区是一个较完整的行政区划，均归"襄阳专署"管辖。现在的随州市在 1994 年之前长期隶属襄阳管辖，而神农架林区 1970 年 5 月主要由郧阳房县和襄阳保康县部分划出组建，并且 1983 年 8 月前由郧阳地区(今十堰市)管辖过。湖北省委、省政府明确要求："推动'襄十随神'城市群落实汉江生态经济带发展战略，打造全省高质量发展北部列阵，建设成为联结长江中游城市群和中原城市群、关中平原城市群的重要纽带。加快建设汉十、麻竹和襄荆城镇发展轴，推动丹河谷、竹房神、随枣等城镇密集区域组团式发展。协同建设城际快速通道和区域骨干通道，推进城市群交通一体化。以产业转型升级和先进制造业为重点，推动汽车、装备、食品等特色产业集聚发展、提档升级。立足汉江流域名山、秀水、人文等资源，打造以山水休闲、历史文化为特色的生态文化旅游带。推动生态文明共建，携手打造汉江绿色保护带。"

襄十随神地区的生态文明旅游资源尤其值得称道：在湖北省 4 个世界遗产(包括文化和自然两类)中这一地区有十堰武当山、神农架 2 个；在湖北省 5 个历史文化名城中这一地区有襄阳、随州 2 个。可以说，襄、十、随、神每个地方都有一张靓丽的金名片，做到了全覆盖，为襄十随神联手打造世界级旅游目的地提供了十分有利的条件。襄阳在建设省域副中心城市、打造中西部非省会首位城市过程中，将引领襄十随神城市群的发展。襄十随神城市群城镇空间示意见图 4-8。

(二)襄阳成为中西部非省会城市首强并不是创造奇迹，只是恢复历史的荣光而已

襄阳曾经是中西部非省会首位城市，1995 年 GDP 为 337 亿元，排名居全国第 42 位(今天的中西部非省会首位城市洛阳当年以 245 亿元排名第 60 位)，超过西安(以 330 亿元排名第 44 位)、长沙(以 320 亿元排名第 49 位)、南昌(以 240 亿元排名第 62 位)、合肥(以 168 亿元排名第 98 位)等全国 18 个省会和自治区首府。在中西部城市 GDP 排名中，仅次于重庆(742 亿元，第 9 位)、成都(713 亿元，第 10 位)、武汉(606 亿元，第 15 位)、郑州(389 亿元，第 33 位)，居第 5

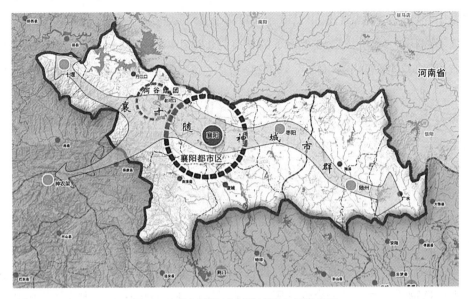

图 4-8 襄十随神城市群城镇空间示意图

位。1994 年及以前，随州归襄阳管辖，襄阳 GDP 在全国位次更高。

(三)瞄准Ⅰ型大城市目标不放松，2030 年争取达到双"300"

湖北省"十二五"规划提出"襄阳建设成为鄂西北及汉江流域的区域中心城市，城市人口规模达到 200 万人，建成区面积达到 200 平方千米"。当时之所以这么提，还是有一定把握的。比如由省长亲自担任"东津新区建设推进委员会"主任的东津新区，规划建设面积就有 201 平方千米。根据国务院 2012 年年初批复的《襄阳市城市总体规划(2011—2020)》，到 2020 年襄阳中心城区建成区面积控制在 300 平方千米以内，城市人口 300 万以内。根据 2013 年发布的襄阳市城镇化规划，2016 年襄阳中心城区常住人口 200 万人，建成区面积 200 平方千米；2020 年达到 280 万人口、280 平方千米；远期(2050 年)，达到 387 万人口、380平方千米。远期已经达到国务院划分的"Ⅰ型大城市"标准。国发 2014 第 51 号文件《关于调整城市规模划分标准的通知》，将城市重新划分为五类七档：第一类是超大城市：城区常住人口 1000 万以上；第二类是特大城市：城区常住人口 500至 1000 万；第三类是大城市：城区常住人口 100 至 500 万；其中 300 万以上 500

万以下的城市为Ⅰ型大城市；100万以上300万以下的城市为Ⅱ型大城市；第四类是中等城市：城区常住人口50至100万；第五类是小城市：城区常住人口50万以下；其中20万以上50万以下的城市为Ⅰ型小城市；20万以下的城市为Ⅱ型小城市。2020年襄阳的市辖区人口232万人，没有达到原定280万人的目标。襄阳市"十四五"规划对此做了调整，规划到2025年上限为260万人。建议增加2030年襄阳城镇化目标，中心城区可定为常住人口300万人、建成区面积300平方千米，达到国务院"Ⅰ型大城市"标准。这个双"300"目标当年是经国务院批准过的，现在向后推迟10年，应该可以实现。

各市辖区和开发区都要通过产、城、人融合，为双"300"目标不懈努力。襄城区发展为以文化、旅游、创意功能为主的中央文化商务区，打造国内外知名的文化产业集聚地和旅游目的地；樊城区发展为以生活服务为主、兼具部分生产服务功能的中央商业区，打造区域性现代服务业中心；襄州区发展为以现代制造业及生产性物流业为主的综合性片区，打造区域性现代物流中心、现代纺织服装产业和农产品深加工基地；高新区发展为集高新技术、战略性新兴产业、先进制造业、现代服务业为一体的产城融合的功能区，打造全市经济发展的核心引擎，成为区域性高新技术产业集聚区、新兴产业引领区、科技创新示范区；东津新区是城市人口和建成区拓展的主战场，要发展为战略性新兴产业、文化创意产业、高端服务业集聚区，打造汉江流域中心城市的核心区，成为引领带动汉江生态经济带开放开发的科教新城、活力新城、和谐新城；鱼梁洲适度发展为集生态、文化旅游和休闲度假为一体的功能区，打造城市绿心和城市中央公园，加快建设鱼梁洲汉水文化产业示范区、鱼梁洲文化与科技融合示范基地。

四、坚定不移打造汉江流域中心城市

2013年年初，湖北省社科院将"湖北汉江生态经济带研究"作为第一号重大课题，由秦尊文带队调研。在跑遍湖北汉江流域主要城市之后，课题组觉得需要创建一个汉江流域中心城市。秦尊文在《湖北日报》上专门发表了为襄阳呼吁的文章——《创建一个汉江流域中心城市》。因为纵观世界，中心城市在流域开发中起着发动机的作用。如韩国依托首尔这个全球第二大都市的强劲拉动，创造了世界瞩目的"汉江奇迹"。要将中国3000里汉江打造成"新的区域经济带"，创造

"中国汉江奇迹"，也需要马力强劲的"发动机"。① 这次调研得到了襄阳市发改委等部门的大力支持。特别是襄阳市社科联、襄阳市科技局的同志高度重视，并且十分敏锐，委托秦尊文做"襄阳城市发展定位研究"课题。通过课题研究，秦尊文将襄阳定位"汉江流域中心城市"的研究结论报告给市委主要领导，当年被写进了市委全会报告。2014 年年初，受省发改委委托，秦尊文牵头编制《湖北汉江生态经济带开放开发总体规划》，将襄阳"汉江流域中心城市"这一定位写进了规划文本。2015 年 5 月 13 日，规划由省政府印发。襄阳定位"汉江流域中心城市"首次被写入省政府文件。

2015 年 12 月，受商务部委托，秦尊文牵头编制《长江中游区域市场发展规划》，用了近两年时间完成。利用这个机会，这个规划把襄阳定位也写进去了。商务部市场建设司 2017 年 11 月 1 日在湖北省社科院开会，由秦尊文宣传解读当天首次全文发布的规划。这是襄阳定位"汉江流域中心城市"首次被写进国务院组成部门的文件。

2016 年年初，在湖北省发改委的积极推动下，国家发改委决定同意编制《汉江生态经济带发展规划》。经过面向全国招标，秦尊文团队承担了规划编制任务，襄阳定位"汉江流域中心城市"被写进规划文本。2018 年 10 月 8 日，国务院批准了该规划。这是襄阳定位"汉江流域中心城市"首次被写进国务院批准的文件。

《汉江生态经济带发展规划》是这样表述的："支持襄阳巩固湖北省域副中心城市地位，加快打造汉江流域中心城市和全国性综合交通枢纽，辐射带动周边区域发展。"这里提出的打造"全国性综合交通枢纽"，也是对建设汉江流域中心城市强有力的支撑。该规划明确提出"积极推进中国(湖北)自由贸易试验区襄阳片区建设"。襄阳拥有汉江生态经济带唯一的自贸片区，应该在带领汉江流域对外开放中有更大作为。该规划还明确建设襄阳南阳城市圈："推动襄阳和南阳加快在基础设施、产业发展、公共服务、生态环保等方面一体化进程，合力打造城市圈。"汉江生态经济带及襄阳南阳城市圈示意见图 4-9。

三年来，襄阳南阳城市圈一体化进程取得一定成效，相继开通运营浩吉铁路、郑万高铁郑州至襄阳段，两地时空距离缩小至半小时内，联通襄(阳)南(阳)线快捷交通网络，就唐白河复航问题进行了多轮对接，环保联防联治也有

---

① 秦尊文．创建一个汉江流域中心城市．湖北日报，2014-03-30.

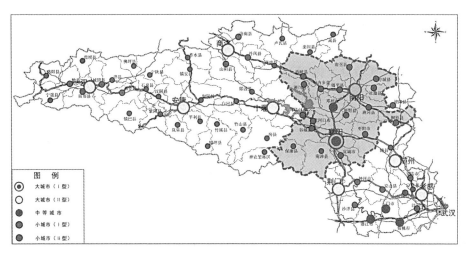

图 4-9　汉江生态经济带及襄阳南阳城市圈示意图

行动。虽然做了不少事情，但目前好像双方都没有提"城市圈"。建议襄阳主动发起，推动编制《襄南城市圈发展规划》或《襄南双城经济圈发展规划》。现在编制省域内的区域规划，国家发改委不受理、不编制，地方编了也不评审、不批复。而襄南城市圈是跨省域的，属于国家发改委必须受理的事项，编制规划名义上也是国家发改委的职责。对于襄阳、南阳来说，是一个难得机遇。"天予不取，反受其咎。"要坚决完成国家布置的任务，这对双方都有好处。在襄阳的配合下，通过唐白河复航进入汉江航道，南阳直接对接长江黄金水道，实现"通江达海"目标；在南阳的配合下，襄阳的生态环境也将得到改善。例如，襄阳因地处南阳盆地的"锅底"，气流流动不畅，每年 11 月至次年 2 月，都有北方大量污染源输入，抬高襄阳空气污染指数，导致襄阳的空气污染在全国挂上了号，甚至多次排名靠前。加强两市环保合作，刻不容缓。双方应联手改善提升汉江流域生态环境，推进绿色发展，着力解决突出环境问题，加大生态系统保护力度，为汉江流域建设成美丽、畅通、创新、幸福、开放、活力的生态经济带行使权利和履行义务，大力提升襄阳南阳城市圈生态化、城镇化水平，推动襄南城市组团取得更多实质性进展，加快一体化进程。

　　在发展旅游业方面，两市可以共打品牌，构建联动协作机制。如"诸葛亮文化节"，就可以考虑联办。襄阳早在 1993 年就举办过"诸葛亮文化旅游节"，并荣获"中国十大品牌节庆"。2010 年以来，"南阳诸葛亮文化旅游节"也举办了几届。"诸葛亮"是南阳、襄阳共有品牌，谁也不可能独占。应学习宜昌和万州联办"长江三峡国际旅游节"的做法，轮流在襄阳、南阳举办。在工业发展方面，南阳与襄阳的汽车产业已经有一定的合作基础，可进一步加强联系，拓展合作的空间。

第五章　江西省域副中心城市建设

江西位于中国东南部，长江中下游南岸，属于华东地区，东邻浙江、福建；南连广东；西靠湖南；北毗湖北、安徽而共接长江，区位优越，交通便利。截至2020年，江西共辖11个设区市、27个市辖区、12个县级市、61个县。2020年江西省地区生产总值达25691.5亿元，在全国排位由第18位前移至第15位，全省常住人口规模达4565.63万人，与上年相比，全年净增人口23.47万人。

第一节　城镇化布局与省域副中心城市

一、江西省城镇化发展概况

进入21世纪以来，江西积极优化城镇化开发布局，推进城镇化建设，取得一定成效，但到2005年时江西城镇化率仅为37.1%，落后于43%的全国平均水平。而且城市规模明显偏小，在京九线上，江西是唯一一个除省会外没有100万以上人口城市的省份。同期，江西的工业化率（即工业增加值占全部生产总值的比重）为47.4%，高于城镇化率10多个百分点，城镇化明显不适应工业化发展。为此，江西继湖北之后也推出"一主两副"布局，大力加强基础设施建设，城乡面貌有了很大的变化，城镇化率由2005年的37.1%提升到2020年的56.02%。如表5-1所示，在2020年，南昌市城镇化率最高，为74.23%；新余市位于第二，城镇率为70.03%；宜春市城镇化率最低，为49.68%。由此可见，各地区的城镇化水平差异很大，各地区发展不平衡，城镇化水平从总体上来看相对较低。

表 5-1　　　　　　　　　　**2020 年江西省各地区城镇化率**

地区	城镇化率	常住总人口 （万人）	城镇人口 （万人）	农村人口 （万人）
江西省	56.02%	4647.57	2603.57	2044
南昌市	74.23%	554.5	411.6	142.9
景德镇市	66.94%	167.3	112.0	55.3
萍乡市	69.07%	193.3	133.5	59.8
九江市	55.27%	489.7	270.6	219.1
新余市	70.03%	118.7	83.1	35.6
鹰潭市	60.68%	117.5	71.3	46.2
赣州市	50.29%	867.7	436.9	430.8
吉安市	50.96%	495.7	252.5	243.2
宜春市	49.68%	557.3	276.9	280.4
抚州市	49.81%	404.7	201.6	203.1
上饶市	51.97%	681.1	353.9	327.2

二、江西省城市空间格局和副中心的提出

2015 年发布的《江西省城镇体系规划（2015—2030 年）》明确提出：落实全省"龙头昂起、两翼齐飞、苏区振兴、绿色崛起"的区域总体发展要求，以提高江西省城镇和产业的内聚能力、缩小区域与城乡发展差距、统筹社会经济发展与生态环境保护为导向，规划形成"一群两带三区"的省域空间发展总体结构（见图 5-1）。其中，"一群"为鄱阳湖生态城市群，"两带"分别为沪昆（浙赣）和京九两大城镇发展带，"三区"包括南昌大都市区、九江都市区和赣州都市区。新近发布的江西省"十四五"规划将该空间格局描述为"一圈引领、两轴驱动、三区协同"的区域发展格局。

省域副中心作为省会城市与一般城市之间的城市在区域经济发展中能发挥重

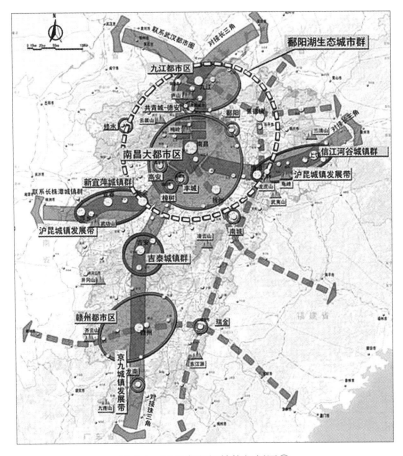

图 5-1　江西省空间结构规划图①

要作用，改善区域发展极不平衡的发展格局。江西省对这一问题的认识很早，对于培育"副中心"，早在 2005 年 12 月，江西省建设厅就提出"一主两副"发展战略——"一主"指省会南昌，"两副"则是九江和赣州。根据 2016 年 8 月公示的《环鄱阳湖生态城市群规划（2015—2030）》，为推动中心城市合理分工，九江（含九江县、瑞昌、湖口和庐山）与赣州市继续定位为省域副中心城市；上饶（含上饶县）是跨省一定区域范围的经济、科教文化中心与综合交通枢纽，也定位为省域副中心城市，形成"一主三副"新格局。

① 图引用自《江西省城镇体系规划（2015—2030 年）》。

第二节　九江省域副中心城市建设

九江，简称"浔"，是有2200多年历史的江南名城，九江位于长江、京九铁路两大经济开发带交叉点，号称"三江之口，七省通衢""天下眉目之地"，有"江西北大门"之称，总面积19084.61平方千米，占江西省的11.3%，其中市区规划面积118平方千米，建成区面积48.4平方千米，下辖三个区、七个县以及三个县级市。截至2020年年末，九江市的常住人口为460.03万人。九江市在2005年12月被江西省建设厅明确为"省域副中心城市"之一。

一、九江省域副中心城市建设基础

(一)综合实力优势

九江市主要经济指标连续多年保持全省前列，2020年九江市GDP在全省排名第三，占比12.61%，地区生产总值跃上3000亿元台阶，达到3240.5亿元(见表5-2)，提前三年实现比2010年翻一番的目标。人均GDP先后跨越6000、7000、8000、9000美元台阶，达到中等收入水平。财政总收入跃上500亿元台阶，2020年达到545.3亿元，其中税收占财政收入的比重达82.4%。固定资产投资年均增长11.1%，社会投资为九江市投资增长的主动力，以互联网为载体的新兴消费、服务消费成为拉动消费增长的新引擎。

2015年到2020年，九江市产业结构优化较为显著，三次产业比由2015年的7∶52∶41优化为2020年的7.1∶47.3∶45.6。新兴产业贡献逐年加大，产业集聚发展成效明显，第三产业占比由2015年的41%提升到2020年的45.6%，第三产业对经济增长的贡献率达48.8%，已逐步形成了现代服务业与先进制造业"双轮驱动"发展格局。

(二)交通网络优势

九江市的交通体系在全省来看都是比较完善且便捷的。长江是中国最大、最长的东西向水上大通道，京九铁路是中国最长、现代化程度最高的南北向陆上运输大通道，两条大动脉在九江市区交汇，使九江成为承东启西、引南接北的金十字交汇点。

表 5-2　　　　　　　　　**2020 年江西省各市 GDP 排名与占比**

排名	地区	GDP 总量(亿元)	增速	在全省占比
	江西省	25691.5	3.8%	—
1	南昌市	5745.51	3.6%	22.36%
2	赣州市	3645.2	4.2%	14.19%
3	九江市	3240.5	3.8%	12.61%
4	宜春市	2789.87	3.7%	10.86%
5	上饶市	2624.34	4.1%	10.21%
6	吉安市	2168.83	4.0%	8.44%
7	抚州市	1572.51	3.7%	6.12%
8	新余市	1001.33	3.5%	3.90%
9	鹰潭市	982.66	4.0%	3.82%
10	萍乡市	963.6	3.6%	3.75%
11	景德镇市	957.14	3.7%	3.73%

水运。九江港是江西省最大的水运码头港口，是长江十大港口之一，年客、货运量分居长江各港口第二位和第四位。九江港地处黄金水道长江与南北大动脉京九铁路的交汇处，顺长江东至上海 856 千米，西到武汉 269 千米，是国家内河主枢纽港之一，是江西省唯一通江达海对外开放的国家一类口岸。2020 年全年水运旅客周转量达 0.07 亿人次，货物周转量达到 59 亿吨。

铁路。九江位于江西省北部，是江西省的北大门，江西省区域中心城市，江西省综合性交通枢纽中心。京九铁路、合九铁路、武九高铁、铜九铁路、九景衢铁路、昌九城际铁路、合安九高铁等多条铁路汇聚九江。2020 年全年铁路旅客周转量达 31.28 亿人次，货物周转量达到 38.45 亿吨。

公路。九江是江西省交通枢纽中心之一，公路四通八达，总里程 3753 千米，南昌—九江汽车专用快速公路(昌九大道)已经建成通车，福银、杭瑞、大广、彭湖、九江绕城、永武、修平、都九等多条高速公路以及 105 国道、316 国道、351 国道、530 国道穿境而过。2020 年全年公路旅客周转量达 29.86 亿人次，货物周转量达到 325.52 亿吨。

民航。九江庐山机场位于江西省九江市柴桑区，机场飞行区等级为 4C，有完备的飞行保障设施设备，可以起降 B737、B757、A320 等大中型客机。航线曾开通至北京、上海、西安、广州、厦门、杭州、成都、济南、武汉、海口、深圳等城市。为解决九江机场跑道老化、航班限载、机型单一等发展瓶颈，实现九江民航事业的可持续发展，完成了对九江机场进行跑道加厚及开展助航灯光改造工程。

(三) 区域合作优势

九江是昌九一体化双核城市、环鄱阳湖城市群副中心城市、长江中游城市群成员城市、长江经济带支点城市、赣鄂皖湘区域性现代化中心城市。九江是中国首批 5 个沿江对外开放城市之一，也是东部沿海开发向中西部推进的过渡地带。九江市身份名片众多，多个城市群规划中均可见其身影，足以说明其对周边城市的影响辐射能力。

九江与湖北黄梅小池的"一江两地同城"建设。黄梅小池南望九江，东倚安庆，素有鸡鸣三省、鄂东门户之称，是长江中游城市群鄂赣皖三省连接的重要节点。小池与九江，一桥相连，经济相互交融。自古至晚清时期，黄梅小池属于九江管辖，被划分在江南西路，但 1936 年为防洪灾，以长江为界，江西在长江以北的土地全部划给湖北和安徽，其中封郭洲(含小池)划入湖北省黄梅县。近年来，一江两地同城发展战略增加了九江对小池的互动和影响力，推动小池经济发展；小池公、水、铁路运输特色明显，具有很好的商品集散功能，其自身定位为九江市的一个"功能区"。

二、九江城市定位与空间布局

早在 2012 年发布的《江西省人民政府关于进一步推进九江沿江开放开发的若干意见》文件中就提出要把九江沿江地区打造成鄱阳湖生态经济区建设新引擎、中部地区先进制造业基地、长江中游航运枢纽和国际化门户、全省区域合作创新示范区。同时，根据沿江地区资源禀赋、发展基础和发展潜力，因地制宜、统筹合理安排产业、城镇和生态空间，形成了产业分工协作、集聚发展，城镇功能提升、集群发展，港口配套完善、连锁发展的总体格局，具体分为：一是四大产业板块——沿江按照资源整合、相向发展的原则布局了四大产业板块，即城西板块、城东板块、彭湖板块和赤码板块。二是"1+3+X"沿江城镇密集带——"1"即大力优化提升九江中心城区，建设江西北大门，将九江打造成省域副中心城市；"3"即把湖口、瑞昌建成人口超20万，把彭泽建成人口超15万的大九江卫星城市、沿江新兴工业城市；"X"即积极推进码头镇、新港镇、夏畈镇、港口街镇、流泗镇、马当镇等一批沿江重点小城镇建设。三是"一个龙头、三个联动"的港口战略格局——"一个龙头"就是以城西港区为龙头，"三个联动"就是促进南昌港区(集装箱)、彭湖港区(集装箱)、赤码港区(集装箱)联动发展。支持上港集团在江西做大做强，实现江海通达。

2015年12月江西省政府公布《江西省城镇体系规划(2015—2030年)》，明确要求九江"建成江西省域副中心城市，建成面向长江经济带的门户型城市，现代化工贸港口城市和具有一定国际知名度的旅游名城"。2018年8月九江市人民政府公示的《九江市城市总体规划(2017—2035年)》中明确：市域形成"T轴两翼、一主两副两区"的空间结构(见图5-2)。T轴即沿江城镇发展轴和昌九城镇发展轴，两翼即西部城镇特色发展带和东部城镇特色发展带。在T轴地区形成一主两副城镇发展核心区，即九江—瑞昌—庐山主核心区、共青城—德安—永修副核心区、湖口—彭泽副核心区。两翼地区突出特色发展，形成都昌特色发展区、修水—武宁特色发展区。

图5-2　九江市市域城镇空间结构规划图

三、九江省域副中心建设的发展对策

(一)着力国家创新型城市建设

深入实施创新驱动发展战略，着力建设国家创新型城市。坚持创新在现代化建设全局中的核心地位，深入实施科技强市、人才强市、创新驱动发展战略，强化多主体协同、多要素联动、多领域互动的系统性创新，促进创新链、人才链、产业链、技术链、资本链"五链融合"，以高水平科技创新为全市高质量跨越式发展注入强大动力，加快推进九江迈入创新型城市行列，持续激发创新活力。

坚持人才优先发展，完善人才引育机制，优化人才发展环境。积极对接国家级人才项目和省"百千万""双千计划""海智计划"等重大人才工程，深入实施"双百双千人才""名院名所团队"和"浔商回家、浔才回家"计划。着力引进一批高水平"周末工程师""候鸟型人才"。按照"1+1+N"模式进行规划布局，构建人才、技术、项目一体化引进模式，重点推进九江经济技术开发区、共青城市、鄱阳湖生态科技城等高层次人力资源产业园建设，鼓励支持各县(市、区)建设相应层次人力资源服务产业园，将九江建设成为高层次人才创新创业的集聚中心和发展高地。创新人才激励政策，健全科创成果权益分享机制，推进产学研用深度融合，积极搭建新型校企合作平台。

加大全社会研发投入，推进重点领域创新突破，提升科技创新能力。围绕经济社会高质量发展的紧迫需求，统筹抓好研发投入和科研攻关，提升优势领域核心创新能力，持续增强竞争优势。持续加大政府财政科技投入，鼓励企业、高校和科研院所不断提高研发投入，加速形成以政府投入为引导、企业投入为主体、科技金融和社会资本共同助力的多元化创新投入体系。增加全市参与研发活动的规上企业和建立研发机构的规上工业企业占比。聚焦"工业四基"领域"卡脖子"问题，围绕十大主导产业发展需要，推广应用"揭榜挂帅"、择优委托等方式，组织实施一批重大科技专项和重点研发计划，力争在石化行业智能制造新技术、有机硅新材料、高性能玻纤新材料、集成电路、高端精密制造等领域取得突破。重点推进流域水循环系统修复、水污染治理与再生水循环利用和固体废物污染防治等核心关键技术研发重大专项实施。加大对安全生产领域关键工艺、装备和技

术的创新扶持力度，引导企业加大在危险工艺工序自动化控制、智能化生产等领域的科技研发投入。

优化区域创新布局，提升创新平台能级，加强创新主体培育，完善科技创新支撑体系。积极融入鄱阳湖国家自主创新示范区建设，重点抓好"一南一北""一东一西""一县一园"科创园区建设。加快推进共青城高新区"一区多园"创建工作，打造成赣江新区重要增长极和大南昌都市圈创新驱动发展重要引擎。重点推进九江经济技术开发区创新型产业集群建设，支持湖口、德安省级高新区打造创新型经济发展新高地。积极推动中科院庐山植物园、瑞昌核物理研究院等国家级共建研究院建设，加快成立江西省电子信息产业装备技术研究院，支持九江学院创建国家级大学科技园。积极推动九江精密测试"惯性测试工程技术研究中心"、九七科技"流体污染控制工程技术研究中心"、中船九江"低真空磁悬浮高速飞车智能安全技术创新中心(江西)"等创建国家重点实验室。

(二)加快构建现代产业体系

把发展经济着力点放在实体经济上，以先进制造业和现代服务业为"两轮"，以数字经济为引擎，以高水平现代化产业平台为载体，全面提高产业发展质量效益和核心竞争力，推动九江走在长江经济带高质量发展前列。

推动传统优势产业转型升级，大力发展战略性新兴产业。深入实施工业强市战略，争当我省重塑"江西制造"辉煌的主力军。全面贯通供应链、扩张延伸产业链、升级重塑价值链，推动石油化工、钢铁有色、绿色食品、纺织服装等传统产业高端化、智能化、绿色化、精深化、集群化发展，打造全国传统产业转型升级示范区。加快建成长江经济带千亿级石化芳烃产业基地、千万吨级炼化一体产业基地。扩展特钢在新基建、装备制造和军工等领域的应用范围，打造中部地区重要的钨产业园、模具钢产业园。聚焦水产、粮油、畜禽、茶桑、休闲食品等绿色食品特色优势领域，推动产业由初级产品、粗加工向精深加工、系列加工延伸。充分发挥化学纤维、茧丝绸、棉纺织、羽绒服装等纺织服装产业优势，打造中国最大化学纤维产业基地、中部地区最大羽绒服装产业基地。聚焦电子信息、新材料、装备制造等优势领域，提前布局人工智能、高端装备、生命健康、节能环保等前沿领域，加快推动战略新兴产业创新发展、集群发展、融合发展。以京九(江西)电子信息产业带为载体，推动电子信息优势产业规模扩张。加快建成世界硅都、中国最大玻纤及复合材料产业基地。以船舶制造、轨道交通、新能源汽车、无人驾驶汽车、汽车零部件等为主导，建成全省有重要影响力的装备制造基地。

打造数字经济新平台，加快发展数字经济。九江市"十四五"发展规划中提出深入实施数字经济倍增行动，以产业数字化和数字产业化为主线，以鄱阳湖生态科技城为主战场，推动数字经济与实体经济深度融合。以大数据与云计算、5G 与物联网、人工智能、电子信息制造、软件和信息服务、区块链为主攻方向。聚焦十大主导产业集群，实施智能制造升级工程，推动智能生产线、智能车间、智能工厂建设，促进企业生产管理关键环节数字化、网络化、智能化升级。聚焦生活性服务业，促进线上线下资源的有效整合，开拓餐饮、零售、旅游、健康、养老、教育、家政等智慧服务新场景，提高服务便利化、智能化水平。

优化产业空间布局，促进产城融合发展。依托九江"山江湖城"的资源禀赋和产业特色，进一步优化产业空间布局和功能定位，持续提升产业发展层次和能级。在九江市"十四五"规划中，明确了要加快形成"一带一轴多点"的产业空间布局(见图 5-3)，"一带"是万亿临港产业带，"一轴"是昌九新型工业发展轴，

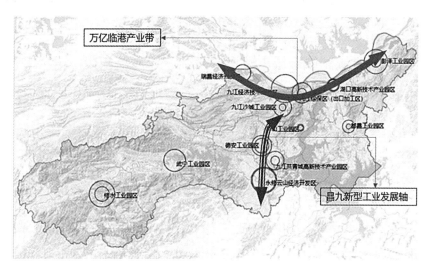

图 5-3　九江"一带一轴多点"产业空间布局图

"多点"是若干各具特色的工业园。统筹产业和城市空间布局,坚持以产兴城、以城带产、产城融合、城乡一体,加快完善生活配套空间,构建"大园区+小城市"公共服务网络,完善商务、休闲、居住等城市配套功能,提升园区承载能力和综合服务水平。

第三节 赣州省域副中心城市建设

赣州,简称"虔",别称"虔城""赣南",是江西省的南大门。赣州是国家历史文化名城、全国文明城市、国家卫生城市、国家森林城市、国家园林城市、中国优秀旅游城市、全国双拥模范城市,是中国魅力城市之一,有着千里赣江第一城、江南宋城、红色故都、客家摇篮、世界橙乡、世界钨都、稀土王国和世界风水堪舆文化发源地等美誉。全市总面积 3.94 万平方千米,占全省总面积的23.6%,是江西省面积最大的行政区。2020 年年末,赣州市辖赣县区、章贡区、南康区 3 个市辖区,以及大余、上犹、崇义、信丰、龙南、定南、全南、安远、宁都、于都、兴国、会昌、石城、寻乌 14 个县,代管瑞金 1 个县级市,共 18 个县级行政区。① 人口总量位居全省首位,"七普"全市常住人口为 897 万人。② 但经济发展水平整体上较为落后,人均地区生产总值长期居全省后列,致使江西省内经济一直呈现北强南弱格局,因此,将赣州定为副中心城市加快建设,显然至关重要。

一、赣州省域副中心城市建设的基础

(一)综合经济实力较强

"十三五"期间,赣州市主要经济指标增速保持全省"第一方阵",地区生产总值增速实现"十三五"时期全省"五连冠"。2020 年全市 GDP 在省内排名第二,仅次于省会南昌,在全省占比 14.19%(见表 5-2)。经济总量在全国地级及以上城市排位由 2015 年的第 101 位跃升至第 66 位,提前三年实现在 2010 年基础上翻

---

① 整理自赣州市人民政府官方网站"市情"一栏相关资料。
② 数据来源于赣州市统计局。

一番。人均地区生产总值跨越 6000 美元大关，在全省排位前移 2 位，摆脱长期全省垫底的局面，达到中等偏上收入水平。连续四年荣获全省高质量发展考评第一名。赣州市中心城区发展势头良好。依据《赣州市城市总体规划（2017—2035年）》，中心城区（城市规划区）包括章贡区、赣州经开区和蓉江新区全域；南康区蓉江街道、东山街道，龙岭镇、镜坝镇、太窝乡全域以及唐江镇、朱坊乡、龙华乡的部分行政村（居委会）；赣县区梅林镇全域以及茅店镇、储潭镇和五云镇的部分行政村（居委会）。截至 2020 年中心城区常住人口规模超过 210 万人，完成该规划中的 200 万人目标；赣州市主攻工业，建设新能源汽车科技城、现代家居城、中国稀金谷、青峰药谷、赣粤电子信息产业带，以及结合"一带一路"打造赣州国际陆港等。

（二）历史文化资源优势

独特的城市文化特色和文化底蕴支撑着现代城市的生命力。对一座城市而言，现代化的商业、楼宇等都是可以被复制的，但是其固有的生态环境、自然资源和独特的文化特色是独一无二的。赣州是国家历史文化名城，有着 2200 多年的建城史，历来为江南政治、经济、军事、文化、交通重镇。文天祥、周敦颐、海瑞、王阳明、辛弃疾等皆在赣州主政过。

红色文化。赣州是毛泽东思想的重要发祥地，是全国著名的革命老区，有"红色故都""共和国摇篮"之称。赣南是中央苏区的核心区域、中华苏维埃临时中央政府的诞生地、红军长征集结出发地，发生了五次反围剿和三年游击战争，红色资源十分丰富，有 134 位开国将军和 4.8 万名有名有姓的革命烈士，现保存有革命遗址 688 处，还有大量的红色标语等红色遗迹。在共和国的第一代将帅中，十大元帅中有 9 位、十大将中有 7 位曾在赣南这块土地上生活过、战斗过。赣州被列为全国 12 大重点红色旅游区、30 条红色旅游精品线路和 100 个红色旅游经典景区之一。

客家文化。赣州是客家先民南迁第一站，是客家民系的发祥地和客家人的主要聚居地之一，客家人占赣州市总人口的 95% 以上，有"客家摇篮"之称。赣州有客家文化城，也有许多客家古村落如白鹭村。2013 年 1 月 6 日，原文化部正式发文，同意在江西赣州市设立国家级"客家文化（赣南）生态保护实验区"。

宋城文化。赣州是中国当今保存最完好的北宋城，尤其是宋代文物最多的一座滨水城市，走进赣州古城如置身"宋城博物馆"，故有"江南宋城"之誉。这里有"江南第一石窟"——通天岩，有全国唯一的宋代铭文砖城墙，有沿用了近900年历史、由100条木舟用铁索连环而成的古代水上交通要道——古浮桥，有中国唯一仍在使用的古代下水道系统——古福寿沟，有中国八景文化的发祥地——八境台、南宋词人辛弃疾留下千古绝唱《菩萨蛮·书江西造口壁》的郁孤台等。

(三) 交通运输便捷

赣州市在2010年年初启动编制了《赣州城市快速轨道交通线网规划》；2017年2月，赣州被国家《"十三五"现代综合交通运输体系发展规划》定位为全国性综合交通枢纽。

航空。赣州黄金机场是江西省第二大机场，按4D级民用机场规划，能满足波音757、空客A320等机型起降，2019年9月29日开通国际航站楼。赣州还被列为全国支线航空发展试点城市，引进了航空公司地级市基地。

铁路。赣州市境内已建成的铁路有京九铁路、赣龙铁路、赣韶铁路、赣龙铁路复线、昌赣客运专线，还有已经开工建设的赣深客运专线、兴泉铁路，列入规划的长赣铁路、赣郴铁路、赣韶铁路复线、赣广铁路、瑞梅铁路、赣龙厦高铁等将与现有铁路构成赣州四通八达的铁路网络。其中赣州港已经成为"一带一路"重要物流节点和国家铁路物流重要节点枢纽，开通多条内贸和铁海联运班列、中欧(亚)班列等，通达中亚五国和欧洲经济腹地，全面对接融入"一带一路"。

公路。赣州市境内公路运输已基本形成以市区为中心，105国道、323国道、319国道、206国道为骨架通达四面八方的公路网络，建成以G35济广高速、G45赣粤高速、G76厦蓉高速、G45大广高速、G72泉南高速石吉段、S66赣韶高速、G6011兴赣高速、S4503赣州绕城高速公路等为骨架的高速公路交通。

水运。赣州市境内位于赣江源头的赣州港是江西六大港口之一。赣州港码头分布于贡江、章江及合流后的赣江河段。港区流域面积50万平方米，水域面积467万平方米。生产用码头泊位34个，总延长1350米，最大靠泊能力500吨，其中客运泊位1个，货运泊位33个，包括石油泊位2个，杂货泊位16个，散货泊位15个。

二、城市定位与空间布局

赣州与九江 2005 年同时被明确为江西省域副中心城市。赣州市是珠江三角洲、闽东南三角区的腹地，是内地通向东南沿海的重要通道，也是连接长江经济区与华南经济区的纽带。《赣州市国民经济和社会发展第十四个五年规划和二〇三五年远景目标纲要》，明确赣州市城市功能定位为省域副中心城市和国家区域中心城市。

按照建设省域副中心城市的功能定位，加快构建"一核、三区、五镇、六门户"的城市发展新格局。策应省域副中心城市建设和"五区一体化"发展，进一步优化城市发展空间布局，着力提升城市功能与品质，推进产城融合、城乡协调发展，不断提升新型城镇化水平。

按照赣州中心城区规划建设要求（见图 5-4），以及建设"宜居宜业宜游、最

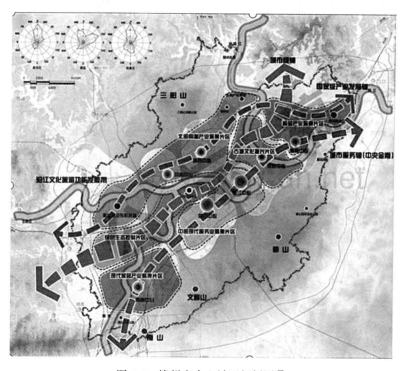

图 5-4　赣州市中心城区规划图①

――――――――

① 图来源于 2018 年赣州市政府公示的《赣州市城市总体规划（2017—2035 年）》。

具创新创业活力都市新区"的城市定位，突出"一核、三区、五镇、六门户"城市
规划设计和开发建设。"一核"即东山、南水、蓉江主城区。重点发展商贸、金
融、总部经济、研发设计等现代服务业，提升吸引力和竞争力，着力打造转型发
展、创新创业的核心引领区。"三区"即赣粤产业合作区南康片区、深赣"港产
城"特别合作区、赣州国际陆港综合保税区。"五镇"即家居小镇、格力小镇、汽
车小镇、健康小镇、唐江千年古镇。家居小镇要继续引进一批高端要素和创新人
才，加快打造成国家级工业（家具）设计中心和上市公司、总部经济集聚地；格
力小镇要对标国际一流水准，着力打造"湾区品质"产业新城；汽车小镇要加快
打造成集进口汽车展示展销、二手车出口、汽车检测、维修、上牌以及驾考服务
为一体的"一站式"综合性服务平台；健康小镇要加快运营好康养中心一期，推
进二期建设，提升"医、养、康、护"一体化服务水平；唐江千年古镇要加快建
设成为赣州中心城区卫星城，再现千年古镇辉煌。"六门户"，即横市、唐江、
朱坊、龙岭、龙回和赤土横寨六大门户。立足自身区位优势和产业基础，加快建
设特色产业兴旺、城镇功能完善、镇村治理有效的示范乡镇。

"十三五"期间，通过优化城镇空间布局，赣州城镇化水平大幅提高（见图
5-5）。截至 2020 年，赣州市常住人口 870.8 万人，其中城镇常住人口 451.51 万
人，常住人口城镇化率 51.85%。

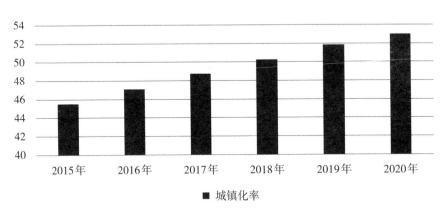

图 5-5　赣州市十三五期间常住人口城镇化率变化

三、赣州副中心城市建设的发展建议

落实江西省政府《支持赣州建设省域副中心城市的若干意见》，聚焦"六个区

域性中心"建设，加快形成与省域副中心城市相匹配的城市体量、经济实力和辐射带动力，建设经济繁荣、宜居宜业、生态优美、特色鲜明的国家区域中心城市。

（一）建强"六个区域性中心"

"六个区域性中心"是指省域金融次中心、区域性商贸物流中心、区域性文化旅游中心、区域性教育中心、区域性医疗养老中心、区域性科研创新中心。引进国内优质教育资源到赣州设立分校或合作办学，建设国内乃至世界"一流学科"。建强用好高能级创新平台，创建稀土领域国家实验室、稀土新材料国家技术创新中心。吸引国内外金融机构设立区域总部和分支机构，培育机构多元、功能完备的综合性金融机构聚集地。引进大型物流企业到赣州设立营运中心、转运中心、分拨中心等机构，积极承接沿海发达地区物流集散和仓储功能。建设富有文化底蕴的世界级旅游景区和度假区，打造文化特色鲜明的国家级旅游休闲城市和街区。组建市人民医院医疗集团，打造国家级临床重点专科，引进国内知名养老投资集团投资建设康养综合体。

（二）增强资源集聚和辐射带动能力

持续扩大城市规模，提升城市功能品质，不断吸引优质产业向赣州转移、要素向赣州集聚、人才向赣州流动，加快打造江西南部重要增长板块。加快构建内畅外通立体综合运输网络，打造区域流通效率最高、物流成本最低、服务体系最完善的商贸物流网络。加强与吉安电子信息、抚州生物医药等特色产业协作，辐射带动省内周边设区市特色发展、联动协同。充分发挥区域比较优势，强化与粤港澳大湾区、大南昌都市圈、海西经济区、长株潭城市群等区域板块经贸合作，实现互融共促。

（三）加快产业平台建设

推进重大产业平台建设。加快推动京九高铁经济带建设，发挥高铁经济对赣州城市经济的带动作用，增强高铁沿线县（市、区）产业聚集能力。推进新能源汽车科技城、"中国稀金谷"、现代家居城、"青峰药谷"、电子信息产业带"两城两谷一带"建设，在用地指标和项目等方面向"两城两谷一带"倾斜。

加强内陆口岸建设。按照"一核两翼"空间布局，大力打造内陆口岸，加快建设以赣州铁路口岸、航空口岸、国检监管试验区和赣州综合保税区为主体的口岸核心功能区，以龙南保税物流中心为主体的南翼口岸功能扩展区和以瑞金陆路口岸作业区为主体的东翼口岸功能扩展区。支持赣州建设"一带一路"重要节点城市，增强对省际周边城市辐射影响能力。支持依托赣州铁路口岸（赣州港）、航空口岸（航空港）两个国家级开放口岸，着力打造临港经济区。

优化产业平台布局。支持赣南承接产业转移示范区、赣州加工贸易承接转移示范地、瑞兴于经济振兴试验区、瑞金和龙南经济技术开发区的建设；加快赣州都市区核心区、瑞兴于经济振兴试验区、三南地区"一核两极"三大增长板块发展，推进赣粤、赣闽产业合作区建设，支持瑞兴于经济振兴试验区、三南地区融入赣粤、赣闽产业合作区的建设。

大力发展特色农业。加快建设面向"一带一路"、东南沿海和港澳地区优质蔬菜基地；推进实施脐橙产业发展升级行动计划，建设具有国际影响力和市场话语权的优质脐橙产业基地；支持江西省油茶产业综合开发工程研究中心、国家油茶产品质量监督检验中心、油茶产品电子商务交易中心、油茶良种繁育基地、油茶高产种植基地、油茶产业加工基地"三个中心、三个基地"建设；积极申报国家生态原产地产品保护认定，支持生猪、草食畜、特色家禽、水产、白莲、烟叶、茶叶、毛竹、花卉苗木、刺葡萄、甜叶菊等区域特色产业建设。支持申报创建国家现代农业示范区、粮食生产功能区、重要农产品生产保护区、特色农产品优势区、农业可持续发展试验示范区和现代农业产业园。

第四节　上饶省域副中心城市建设

上饶位于江西省东北部，全市总面积 22791 平方千米。上饶市属内陆区域。东联浙江、南挺福建、北接安徽，处于长三角经济区、海西经济区、鄱阳湖生态经济区三区交汇处。有"上乘富饶、生态之都""八方通衢"和"豫章第一门户"之称。先后入选"中国最具幸福感城市""中国最佳浙商投资城市""中国最佳粤商投资城市""中国最佳闽商投资城市""中国优秀旅游城市"和 2018 年度《中国国家旅游》最佳生态旅游目的地。

一、上饶省域副中心城市发展的基础

(一) 自然资源和文化资源优势

上饶是江西省重点矿产资源产地,地下已探明的工业矿藏达 70 余种,铜、银、金、钽铌、磷等矿产储量在全省乃至全国都占有重要地位。铜储量占全省的 73.1%、占全国的 16.8%,拥有亚洲最大的铜矿德兴铜矿。黄金储量占全省的 80%,占全国的 9%。银储量占全省的 56%,占全国的 5%。铅、锌、磷、蛇纹石、硫铁矿等均居全省首位,蛇纹石和稀有金属钽铌储量位居亚洲第一。上饶旅游资源分布的密度和丰富度在全省名列前茅,境内有世界自然遗产 2 处,国家重点风景名胜区 3 处,国家 4A 级旅游区 10 处,全国红色旅游经典景区 2 处,国家森林公园 8 处,国家湿地公园 1 处,国家级自然保护区 2 处,国家历史文化名村 2 处。上饶旅游景点品质领先,诸如世界自然遗产——三清山和龟峰、世界稻作源头——万年仙人洞吊桶环遗址、中国最美的乡村——婺源、中国最大淡水湖——鄱阳湖、华东最高峰——黄岗山、江南四大书院——鹅湖书院、道教洞天福地——灵山以及中国优秀旅游城市、中国旅游强县等世界级、国家级的品牌不仅在华东地区首屈一指,在全国也非常罕见。

上饶是历史文化名城,文化积淀深厚,内涵丰富。既有全球重要农业文化遗产——万年稻作文化系统,又有国家级非物质文化遗产——傩舞(婺源傩舞部分)、弋阳腔、徽剧(婺源)、徽州三雕(婺源三雕)、铅山连四纸制作技艺、歙砚制作技艺、夏布织造技艺、鄱阳脱胎漆器髹饰技艺。

(二) 交通网络优势

国家一批重大项目开始实施给上饶的交通格局带来了根本性变化,为上饶建设赣浙闽皖四省交界区域性交通枢纽城市创造了条件。

公路。上饶市构建了"三纵三横"的国道路网和"十纵、三横、十六联"的省道路网,建设了一批城区绕城通道、景区旅游通道、两城快速通道,形成了以上饶为中心,覆盖县域、辐射城乡、连通闽浙皖的普通国省道路网体系,实现了县县通国道,重要乡镇、旅游景点、重要经济节点通干线公路,打造了以上饶市区为中心的"2 小时行政圈、1 小时经济圈、半小时生活圈"。截至 2020 年年底,上饶市公路通车总里程 21665.1 千米,其中:高速公路 683.709 千米、一级公路 459.146 千米。上饶市公路密度为 95 千米/百平方千米,乡镇、行政村通公路率、通水泥(油)路率均达 100%。

水运。上饶市共有港口 9 个(鄱阳港、余干港、万年港、弋阳港、铅山港、上饶港、信州港、玉山港、横峰港);码头 168 个,其中客运码头 20 个,货运码头 148 个;运输船舶 330 艘,其中客船 48 艘,1166 个座位,货船 282 艘,16029 个吨位。

铁路。上饶境内主要有浙赣铁路、皖赣铁路、横福铁路穿过,京福高速铁路(2015 年 6 月 28 日通车)、沪昆高速铁路(2014 年 12 月 10 日通车)、九景衢铁路(2017 年 12 月 28 日通车)等铁路线均从上饶经过。主要有上饶站、玉山站、弋阳东站、横峰站、婺源站、德兴站、五府山站等火车站。

航空。上饶建有三清山机场,距市中心直线距离 8 千米,为 4C 级民用支线机场,定位为旅游服务机场。2017 年 5 月 28 日上饶三清山机场正式通航,已开通成都、青岛—上饶—深圳、北京—上饶—佛山 3 条航线,旅客吞吐量过万人。

(三)经济发展优势

上饶现代工业经过持续的发展和积淀,主导产业不断壮大,有色金属、新能源、机电光学、新型建材已成为推动工业发展的主要力量。全市有色金属产业集聚了规模以上企业 119 户,成为四大主导产业中企业户数及规模最大的产业;新能源产业成长最快。以太阳能光伏电池及其材料生产为主的新能源产业,是上饶市大力培育的新兴产业,在短短的几年里,迅速做大做强,现已成为全省光伏产业三大板块之一。机电光学产业效益增幅最大。在国家拉动内需措施的推动下,机电光学产业抓住内需市场扩大和原材料价格较低的有利时机,大力开拓市场,增加品种,提高效益。此外,新型建材产业也积极抓住国家产业调整振兴及拉动内需政策的机遇,成功化经济波动期为经济机遇期,取得了积极发展成效。

上饶市"十三五"期间经济发展取得里程碑式成就,经济发展进位提质,主要经济指标持续排在全省第一方阵,排位逐渐提升。2020 年主要经济指标增速位居全省"第一方阵",地区生产总值达到 2624.3 亿元,接近 2010 年的 3 倍,提前 2 年实现比 2010 年翻一番的目标;三次产业结构调整为 11.3∶38.2∶50.5,实现了由"二三一"到"三二一"的转变。以晶科能源、凤凰光学、爱驰汽车为代表的"两光一车"产业发展壮大。数字经济、康养、文旅、物流等产业全面发力。财政总收入 377.3 亿元,比上年增长 1.0%,其中税收收入突破 300 亿元、达到 301.9 亿元,增长 1.3%,增速全省第一;规模以上工业增加值增长 5.0%,增速全省第一;固定资产投资增长 9.3%,增速全省第三,其中工业固定资产投资增长 17%,增速全省第一;社会消费品零售总额增长 3.5%,增速全省第二;城镇居民人均可支配收入 3.96 万元,增长 5.9%,增速全省第四;农村居民人均可支配收入 1.59 万元,增长 8.3%,增速全省第二。

(四)科教资源优势

科学技术。截至 2019 年,上饶市共有省工程(技术)研究中心 29 个;省级重点实验室 1 个。获省部级以上科技成果 28 项,通过省级科技主管部门验收的科技成果 11 项,获得国家科学技术奖的科技成果 1 项,其中国家技术发明奖 1 项;获得省级科学技术奖 4 项,其中科技进步奖 3 项,自然科学奖 1 项。受理专利申请 7888 件,授权专利 5068 件。签订技术合同 275 项,技术市场合同成交金额 98361.1 万元。

截至 2020 年,上饶市有普通高校 5 所:上饶师范学院、上饶职业技术学院、江西医学高等专科学校、上饶幼儿师范高等专科学校(2017 年 2 月获批)、江西婺源茶业职业学院。

二、上饶城市定位与空间布局

2017 年 8 月 10 日,江西省住建厅公示了《环鄱阳湖生态城市群规划(2015—2030)》。该规划是国务院批复的《长江中游城市群发展规划》的江西省实施规划。该规划首次明确将上饶市定位为"省域副中心城市"。

《上饶市城市总体规划(2016—2030 年)》中明确,上饶城市发展目标为"大美上饶",力争把上饶建设成为新兴经济门户、旅游营运中心和最美田园城市。规划确定的城市性质为国家著名的旅游城市、四省交界区域中心城市和交通枢纽、省域副中心城市。市域空间结构为"一核两轴两板块"（见图5-6）。"一核"指上饶规划区，是上饶的市域政治、经济、文化中心；"两轴"指沪昆城镇发展轴和京福城镇发展轴；"两板块"指东部信江板块和西部滨湖板块。

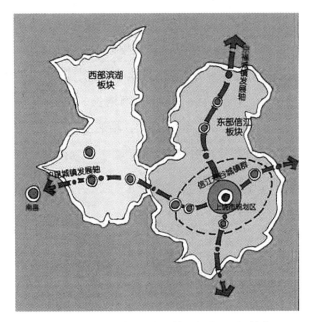

图 5-6　上饶市域"一核两轴两板块"空间结构

中心城区空间结构为"一心双轴带、四片两组团"。一心：云碧峰生态绿心；双轴带：信江城市发展带与丰溪河城市发展带；四片：带湖片区、旭日片区、三江水南片区和高铁新区；两组团：高丘湖产业组团和广丰综合城市组团。

三、上饶省域副中心城市发展建议

顺应全球产业变革和国内外产业分工变动趋势，以新型工业化为核心，以建设旅游强市为重点，协同推进服务业和现代农业加快发展，推动产业转型升级，促进经济发展扩量提质。

（一）着力构建新型工业体系

以传统优势产业为基础，以战略性新兴产业为先导，以制造业智能化、数字化、品牌化、集群化为主攻方向，打造中部地区重要的先进制造业基地。改造提升传统产业，以有色金属、机械、建材、光学等行业为重点，实施传统产业技术装备改造升级和质量品牌提升行动。培育战略性新兴产业，以高端化、特色化、绿色化为导向，引进培育骨干企业，搭建公共服务平台。实施战略性新兴产业倍增计划，做大做强节能环保、先进装备、新能源、新型建材、生物医药、绿色食品等新兴产业，加快建设国家级新能源产业基地、江西省重要的汽车生产基地。推动优势产业集聚集群发展，推进大中小企业加强合作。

(二)加快发展现代服务业

坚持生产性服务业与制造业融合发展、生活性服务业与扩大居民消费相互促进，推动服务业发展提档提速，打造"上饶服务"品牌。提升物流商贸业发展水平，加快现代综合物流园建设，培育大型现代物流企业，完善现代物流服务体系。加强优质农产品和特色工业品交易中心建设，大力发展总部经济，强化中心城市商贸集聚功能，建设四省交界区域物流节点城市和商贸中心城市。打造区域大数据中心，加快"智慧上饶""宽带中国"示范城市、信息惠民国家试点城市建设，促进互联网与各领域深度融合发展，大力发展云计算、大数据、物联网等产业，建成区域大数据中心。促进传统服务业转型升级，鼓励和支持金融服务、文化创意、服务外包、健康养老、家庭服务等其他新兴服务业发展。

(三)积极培育发展新动力

把创新驱动摆在更加突出的位置，推进以科技创新为核心的全面创新，激发全社会创新活力和创造潜能，建设创新型城市。提升科技创新能力。围绕产业链布局创新链、畅通资金链、提升价值链，促进科技与经济深度融合、创新成果与产业紧密对接，推动经济发展更多依靠科技创新引领和支持。强化科技创新主体和平台。鼓励企业与高校、科研院所建立科技创新协同中心，组建产业创新联盟。鼓励有条件的企业牵头和参与制定国家标准、行业标准。强化科技创新支撑。重点建设国家级光学高新技术产业化基地、国家级光伏高新技术产业化基地，大力推进国家级光学、新能源、汽车、干细胞、生物发酵食品添加剂等研发中心和产品检测中心建设。打造"一主一副多节点、两轴两板块"总体空间格局，构建"一大一新六园区"的多元产业体系，进而实现上饶既有大板块的风景工业园区、又有小微化的创新创业空间，还有主题旅游休闲带，使中心城区由过去"小马拉大车"变为"大马拉大车"。

第六章　甘肃省域副中心城市建设

甘肃位于黄河上游，地处黄土高原、内蒙古高原和青藏高原交汇处，是中华民族和华夏文明的重要发祥地之一，是最早开展东西方文化经贸交流合作的地区之一，举世闻名的丝绸之路在甘肃境内绵延 1600 千米。甘肃总面积 42.58 万平方千米，"七普"常住人口 2501.98 万人。甘肃也是唯一联通西北六省区的行政区域，为其在西北区域协同联动提供了独特条件。鉴于省域面积大，特别是东西狭长，为促进区域协调发展，甘肃建设省域副中心城市就显得更为必要。

第一节　甘肃省城镇化布局及其实施

一、实施"一廊四轴多中心"布局

《甘肃省城镇体系规划（2013—2030 年）》确定了"一廊四轴多中心"布局（见图 6-1）。其中"一廊"，是指丝绸之路经济带甘肃段城镇综合发展廊道；"四轴"为四条特色发展轴；"多中心"则分为五级：兰州作为省域中心城市，天水、酒泉—嘉峪关、平凉—庆阳为省域副中心城市，白银、陇南、合作、金昌、武威、张掖、定西、临夏市、敦煌、陇西、岷县、夏河、成县、静宁为地区中心城市，另外还有"县域中心""重点镇（乡）"两级。到 2030 年，全省常住人口达到 2830 万人，常住人口城镇化率达到 62% 左右，户籍人口城镇化率达到 55% 左右。形成以都市圈、都市区等现代城镇簇群为主体形态，"核心突出、特色多元、城乡美丽、功能协调"的城乡统筹协调发展新格局。

二、建设"一主三副"和兰西城市群

与别的省份不太一样，甘肃率先在全国推进两城市联合建设"省域副中心"

图 6-1　甘肃省"一廊四轴多中心"城镇空间布局

的模式。其"省域副中心城市"涉及三处五市：酒泉、嘉峪关两市在甘肃西部地区联合建设一处"省域副中心"，平凉、庆阳两市在陇东地区联合建设一处"省域副中心"，天水则在陇东南单独建设一个"省域副中心城市"。概括起来，甘肃省域中心的布局与江西省类似，也是"一主三副"（见图 6-2）。

加快建设兰州—西宁城市群。2018 年 2 月 22 日，国务院批复《兰州—西宁城市群发展规划》。① 2020 年 1 月，习近平总书记在中央财经委员会第六次会议上强调"要推进兰州—西宁城市群发展，推进黄河'几'字弯都市圈协同发展"。② 2020 年 5 月，甘肃与青海签订《深化甘青合作共同推动兰州—西宁城市群高质量协同发展框架协议》，共同建设兰西城市群"1 小时经济圈"。多措并举推动兰西城市群加快发展步伐，提升兰西双城发展的层次和水平。

①　国务院关于兰州—西宁城市群发展规划的批复. 国务院公报，2018（8）.

②　习近平主持召开中央财经委员会第六次会议［EB/OL］. 人民网，2020-01-03.

图 6-2　甘肃省"一主三副"中心城市布局图

三、进一步提升沟通东西、贯穿南北的交通枢纽地位

公路。2014 年 12 月 31 日，连霍高速全线通车，作为全国最长的高速公路，连接江苏、安徽、河南、陕西、甘肃、新疆六省区，开辟了西部地区陆上新通道。2020 年 7 月 1 日，抵达敦煌的便捷快速通道柳敦高速公路通车运营；2020 年 11 月 20 日，作为连接甘青两省的重要通道、连霍高速和京藏高速的重要联络线的敦当高速公路正式通车运营，对推进甘肃落实"一带一路"倡议和"大敦煌文化旅游经济圈"建设具有重要的意义。

铁路。2014 年 12 月，兰新高速铁路全线开通运营，完善了中国向西开放格局，为构建丝绸之路经济带大通道奠定了坚实基础；2017 年 7 月，宝兰高铁正式开通运营，推动兰新高速铁路全面融入中国高速铁路网。兰渝铁路于 2017 年 9 月全线正式开通运营，它北连兰新、包兰、兰青、陇海铁路，形成重庆、四川等省市北上的快速通道，推动西南地区加快融入丝绸之路经济带；兰渝铁路又东接渝怀、沪汉蓉铁路，打通了西北、西南地区融入长江经济带的运输通道；还南下与渝贵铁路相连，形成兰州至广州的南北铁路大干线，成为中国西部连接沿海地区、融入"21世纪海上丝绸之路"的一条新通道。

航空。全省14个市州中已有9个建成民航机场，已开通24条国际和地区航线，2019年共完成旅客吞吐量1744.0336万人次，同比增长11.3%，增速居全国第7位；完成货邮吞吐量7.56146万吨，同比增长18.3%，增速居全国第6位，充分凸显了"一带一路"政策红利。兰州中川国际机场是西北地区的重要航空港、国际航空口岸。嘉峪关机场坐落在省域副中心城市，其飞行区等级为4D，是与澳大利亚、南非滑翔基地齐名的世界著名三大滑翔基地之一。庆阳也是省域副中心城市，其机场早在1977年10月就正式通航，飞行区等级为4C，通航城市10个。

第二节　天水省域副中心城市建设

天水是甘肃东部桥头堡，在丝绸之路经济带中处于承东启西的战略地位，也是古丝绸之路西出关中的第一重镇、亚欧大陆桥的重要中转站、关中平原城市群向西开放的前沿、甘肃承接东部产业梯次转移的重要基地，在辉煌而漫长的历史上发挥了重要的门户和驿站作用。现辖秦州、麦积两区和武山县、甘谷县、秦安县、清水县、张家川回族自治县五县，总面积1.4431万平方千米，"七普"常住人口298.47万人；市辖区（秦州、麦积）人口138.48万人。天水市区建成区面积约60平方千米，人口70万人，为甘肃省城区人口第二多城市。天水坚持以人为核心的新型城镇化，科学谋划生产、生活、生态空间，省域副中心城市建设取得可喜进展。

一、壮大中心城区，带动全域发展

天水市文化底蕴深厚，古称秦州、上邽，有8000多年的文明史、3000多年的文字记载史、2700多年的建城史，有"羲皇故里"之称。以伏羲文化、大地湾文化、秦早期文化、麦积山石窟文化和三国古战场文化为代表的"五大文化"，构成了天水丰富的历史文化资源。近年来，天水市积极推动中心城市建设。2013年4月，天水市提出"五区三县"的发展构想，搬迁天水机场，扩大秦州、麦积两区的城市空间，开发三阳川新区，将甘谷、秦安两县纳入中心城区组团。2014年 4 月 29 日，天水市人民政府宣布首先启动成纪新城建设，并将其定位为"商贸中心、滨水新城，时代门户、活力中枢"；目前成纪新城已粗具规模，建成后将是聚集生产、生活、旅游、交通等多元服务功能的天水新城中心区。2015 年 12月 18 日，中共天水市第六届委员会第十次全体会议通过《关于制定国民经济和社会发展第十三个五年规划的建议》，确定继续坚持"东西延伸、南北优化、相向对接"的总体思路，打造"一核、三轴、两区"城镇区域空间布局，加快构建秦州、麦积、甘谷、秦安、三阳新区五区和武山、清水、张家川三县的"五区三县"大城市框架。2017 年 5 月，天水市启动麦积新城控规修编工作，明确其发展定位为麦积地标区、商贸居住区，将打造为麦积战略的核心区、现代服务业发展的新高地，成为推动天水区域化中心城市发展的核心引擎。此外，社棠工业新城已基本建成，秦州新城、颖川新城和东柯新城建设已启动，中梁空港新城和三阳川新城建设正有序推进。天水市按照"东西延伸、相向对接、南北优化、旧城更新"的城市建设思路，城市面貌发生巨变，历史与现代交汇、传统文化与现代科技融合的现代化中心城市正加速建成。

2021 年 3 月 22 日，天水市人民政府印发《天水市国民经济和社会发展第十四个五年规划和二〇三五年远景目标纲要》，确定形成秦州、麦积、三阳新区为中心城区，甘谷、秦安撤县设区(市)以及武山、清水、张家川三县的"五区(市)三县"城市发展格局(见图 6-3)。把秦州区建成为全市的政治经济文化中心，把麦积区建成为全市的文化旅游和娱乐休闲中心；积极采取行动，提升甘谷、秦安的经济发展能级和公共服务水平，推动撤县设区(市)工作；支持武山县打造成天水的"菜篮子"基地和冷链物流基地，支持清水县打造成天水的"后花园"，支持张家川县打造成民族地区转型升级示范区。

《甘肃省城镇体系规划》提出打造天水都市区。天水都市区是以天水中心城区、三阳川地区、甘谷地区、秦安城区为核心构建的城乡高度融合的一体化功能空间。以天水都市区建设为突破口，建设甘肃省域副中心城市、甘陕合作的核心门户城市、丝绸之路经济带重要物流贸易枢纽和文化节点城市。

二、加强区域基础设施互联互通和功能共建共享

加快构建现代综合交通网络体系。铁路方面，根据《甘肃省人民政府丝绸之

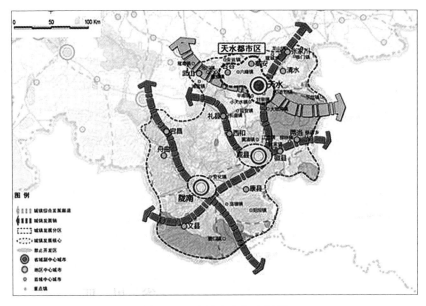

图 6-3 天水城市空间布局图

路经济带甘肃段"6873"交通突破行动实施方案》，推动兰州—天水—汉中铁路客运专线纳入国家"十四五"及中长期铁路网规划，建设西北沟通华中、西南的最快捷高速铁路通道；积极建设天水至陇南铁路，加快推进天水、陇南融入成渝经济区产业发展，促进陇南与陇东优化产业布局。公路方面，天平高速公路是G8513平凉至绵阳国家高速公路的重要组成路段，与G85银昆国家高速公路相接，打通了天水市的北向高速通道，使得天水至平凉的行车时间缩短至3小时以内；静宁—天水高速公路北接G22青兰高速，南接G30连霍高速，间接与G70福银高速、G85银昆高速、G7011十天高速相接，有效打通了天水与宁夏、平凉、陇南等地的便捷快速通道，对于完善国家及甘肃省高速公路网，促进甘肃省中东部地区经济快速发展至关重要；启动天水市乡村振兴南北两山片区基础设施项目(城区中环路)，跳出河谷局限，增强城市发展活力；积极推进景泰至礼县、陇县—清水段、天水—两当、天水—成县、S03天水绕城高速等项目前期工作，加快谋划并启动连通陇南、成渝的旅游公路项目建设。民航方面，加快天水军民合用机场迁建进度，积极推动预可研批复及试验段开工建设4C级新机场，进一步改善天水市交通出行条件，拓展城市发展空间。航运方面，2019年12月25日，天水海关正式开关运行，推动天水对外开放迈上新台阶。

提升城市生活品质。近年来，天水市因地制宜发展地下综合管廊，统筹实施供水、供气、供热、供电、通信、清洁能源改造、排水防涝、污水收集处理、垃圾无害化资源化处理等设施建设。此外，着力解决中心城区交通拥堵难题，推进市政道路扩幅升级、市政立体化交通建设，大力发展城市公共交通系统、轨道交通系统、立体停车场(库)、"三行系统"及行人过街设施，并合理布局新能源加注站点，确保停车位、充电桩满足城市发展需求。

三、依托经济区和城市群促进产业联动发展

按照一般习惯认知，"经济区"比"城市群"范围要大。比如"长江中游经济区"包括湖北、湖南、江西三省行政区内所有市州，而"长江中游城市群"只是三省中的 31 个城市。但关中先后所涉及的经济区和城市群却不是这样。2009 年 6 月，国务院批准了由国家发改委制定的《关中—天水经济区发展规划》，关中—天水经济区包括西安、宝鸡、铜川、咸阳、渭南、杨凌、商洛和甘肃省天水所辖行政区域(见图 6-4)，面积 7.98 万平方千米。经国务院批准，国家发改委和住房城乡建设部 2018 年 2 月 7 日发布《关中平原城市群发展规划》，规划名称中少了"天水"，范围却扩大了不少，增加了山西运城市(除平陆县、垣曲县)、临汾市尧都区、侯马市、襄汾县、霍州市、曲沃县、翼城县、洪洞县、浮山县，甘肃平凉市的崆峒区、华亭县、泾川县、崇信县、灵台县和庆阳市区，总面积达到 10.71 万平方千米。

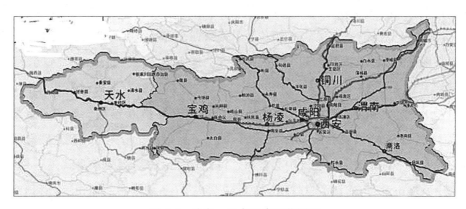

图 6-4　关中—天水经济区范围图

天水被确定为关中—天水经济区和关中平原城市群的重要节点城市，要加快实施关中—天水经济区、关中平原城市群重大项目。2018年8月10日，甘肃省人民政府印发《关中平原城市群发展规划实施方案》，确定天水要加强与西安、咸阳、宝鸡等城市旅游线路共建、优势产业衔接互补，打造文化旅游高地、国家先进制造和高新技术产业转化基地。围绕天水军民融合创新示范区建设，强化与关中地区城市在航天产业领域的对接协作，争取国家在天水布局飞机航空维修整机修理基地，发展飞机托管、维修服务等业务，打造飞机零部件及服务产业基地。以天水国家级经济技术开发区为平台，重点发展微电子设计、封装测试、芯片制造、电子测量仪器、通信终端、行波管、磁控管、超微开关产品，加快发展新一代超高压、智能化、高可靠性输配电产品，培育智能电网设备产业。持续提升天水网络接入能力，率先实现光纤网络、无线网络全覆盖，推动区域节点数据中心建设。推进天水国家农业科技园区向国家农业高新技术产业示范区转型升级。

第三节　酒泉—嘉峪关省域副中心城市建设

2014年8月，《甘肃省城镇体系规划（2013—2030年）》发布，酒泉被甘肃省要求与嘉峪关打造组合型的"省域副中心城市"。酒泉市是我国西部土地开发利用最早的区域之一，辖肃州区、玉门市、敦煌市、金塔县、瓜州县、肃北县和阿克塞县，共一区两市四县，面积19.2万平方千米，占甘肃省面积的42%，"七普"常住人口105.57万。嘉峪关市位于甘肃省西北部，东临河西重镇酒泉市，中部为酒泉绿洲西缘，是我国四个不设市辖区的地级市之一，面积2935平方千米，"七普"常住人口31.27万人。2017年7月31日，甘肃省人民政府以"甘政函〔2017〕95号"文批复的《酒泉市城市总体规划（2016—2030年）》，确定酒泉是丝绸之路经济带甘肃段重要节点城市、省域副中心城市；嘉峪关是丝绸之路经济带甘肃段重要节点城市、省域次中心城市。可以这样理解，酒泉本身就是一个"省域副中心城市"，但嘉峪关自身不能单独成为一个"省域副中心城市"，必须对接融入酒泉，成为组合型的"酒泉—嘉峪关省域副中心城市"的一部分。根据《酒嘉一体化城市总体规划纲要（2011—2030）》，建设酒泉—嘉峪关省域副中心城市具有重大的现实意义和深远的战略意义。

一、全力打造酒嘉双城经济圈

酒泉和嘉峪关两市地域相连、人缘相亲、文脉相通、民心相融，是我国距离最近的两个地级市，中心城区相距仅 20 千米左右。近年来，两市积极合作探索，打造双城经济圈。2010 年 9 月，甘肃省人民政府办公厅发布《酒泉—嘉峪关区域经济一体化发展规划》，提出加快区域资源整合与产业创新发展，统筹区域基础设施和生态建设，实现区域经济一体化和可持续发展。2011 年发布的《酒嘉一体化城市总体规划纲要（2011—2030）》以酒泉、嘉峪关市经济和城市一体化为目标，确定酒嘉中心城区是甘肃省次中心城市、国家重要的新能源装备制造基地及研发中心、全国区域性的交通枢纽和物流中心等。2019 年 3 月 22 日，两市签订的《嘉峪关市酒泉市加快推进协同发展战略合作框架协议》提出，打破两地的行政区划限制，推行公交卡互认互通，构建便捷高效的公共交通网络；加强两地产业配套协作，联合打造先进装备制造业基地、风光新能源基地、石油化工基地、循环产业基地等，加快形成千亿元级双城经济圈和省域副中心城市，辐射带动河西其他市州发展；此外，加强两地在教育、医疗、卫生、就业、社会保障、人才等社会事业领域的合作，共建"优质生活圈"。2019 年 5 月 24 日，双方举行人大工作交流合作座谈，并形成《嘉峪关市人大常委会、酒泉市人大常委会落实〈嘉峪关市酒泉市加快推进协同发展战略合作框架协议〉交流合作座谈会会议纪要》。2020 年 12 月 3 日，建设嘉峪关—酒泉双城经济圈合作洽谈会召开，提出要提升酒嘉双城经济圈的整体辐射带动作用，共同争取省上支持；注重两地"十四五"规划编制的有效衔接和区域协同发展规划的有机融合，共建甘肃西部高质量发展重要支撑极和样板区；充分发挥国企的引领带动作用，为酒泉市"两极四点"高质量发展思路、嘉峪关市"两高三城"建设和酒嘉区域经济高质量发展作出应有贡献。2021 年 4 月，两市签订《商事登记"跨市通办"合作框架协议》，进一步释放市场活力，推动酒嘉区域经济深度融合发展。

酒嘉双城经济圈在共建"省域副中心"过程中，可以发挥自身优势，联手建成国家重要的新能源装备制造基地及研发中心。酒泉风能资源储备丰富，境内的瓜州县被称为"世界风库"、下辖的玉门市被称为"世界风口"，总风能资源储量约为 1.5 亿千瓦，可开发量超过 4000 万千瓦。自 2008 年年初启动建设酒泉新能源装备制造产业园以来，园内风电装备制造产业、光伏制造产业、新能源关联制造产业和配套服务业等逐渐发展成熟，集研发、制造、认证、测试、培训、配件供应、高科技服务为一体，成为全国重要的新能源装备制造基地。2020 年，酒泉风光电上网率分别为 92.8% 和 97.6%，达到历史最高水平；新能源装备制造业同比增长 1.6 倍，继续保持高位增长。酒泉卫星发射基地是我国创建最早、规模最大的综合型导弹、卫星发射中心；总部位于嘉峪关市的中核四〇四有限公司，是我国规模最大、体系最完整、集军民品生产科研为一体的特大型核工业生产科研基地。2020 年酒泉市委、市政府出台的《关于抢抓"一带一路"最大机遇　打造新的增长极培育新的增长点　推动全市经济高质量发展的实施意见》提出，依托酒泉市的玉门油田、嘉峪关市的酒钢公司等大型国企，加快发展新能源综合利用、冶金制造业、石油化工、精细化工和煤化工等优势支柱产业，形成产业集群；加强与中核四〇四工业基地联动发展，全力保障酒泉核技术产业园建设，把核技术产业作为打造酒嘉双城经济圈的重要支撑点，推动酒嘉新能源以及核产业的协同发展，建成国家重要的新能源装备制造基地及研发中心。

二、合力打造酒嘉都市区

由于酒嘉两市相距仅 20 多千米，加之地理位置特殊，酒泉和嘉峪关一直被视为甘肃省乃至全国向西开放的重要节点城市。打造"酒嘉都市区"，有利于吸引外资，促进产业结构调整和转型升级，形成发展合力。酒嘉联合省域副中心城市空间布局见图 6-5。

2014 年 8 月，甘肃省住建厅发布的《甘肃省城镇体系规划（2013—2030 年）》明确规划建设"酒嘉都市区"，其包括酒泉市肃州区、嘉峪关市区和金塔县。推动酒泉、嘉峪关同城化发展，提升国际化和区域服务功能，发展壮大新能源、新能源装备制造、农产品加工等特色产业。该规划还提出要"合并酒泉、嘉峪关两市"，这是首次在省级战略层面为两市合并指出了方向。发展"酒嘉都市区"，打造甘肃向西开放门户综合发展区，建设成为支撑西陇海兰新经济带发展的区域性中心城市，有利于国内外经济一体化发展，也有利于培育带动河西地区经济迅速成长的增长极。随着酒嘉区域合作的不断推进，酒嘉一体化发展、酒嘉都市区、

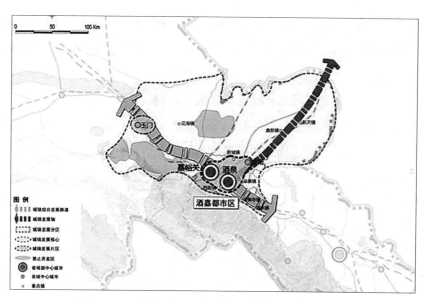

图 6-5　酒嘉联合省域副中心城市空间布局图

省域副中心城市、城市融合互动发展的新格局逐渐形成。

无论是否合并，打造"酒嘉都市区"、建设"省域副中心城市"，最终目的都是提升人民群众幸福指数。2020年"五一""十一"长假期间，酒嘉双城互免城际公交车票，让两市市民享受了优惠。9月4日，"最丝路·游酒嘉"酒泉嘉峪关文化旅游长三角宣传推介会在南京举办。此次活动，让长三角地区游客更加了解酒泉嘉峪关旅游，也将开启两地文化旅游合作共进新篇章。

三、加快建设国内国际"双循环"枢纽

建设全国性综合交通枢纽。2019年3月22日，酒嘉两市共建区域交通枢纽的标志性工程——S06酒嘉绕城高速公路项目举行开工仪式，该工程建成后将进一步完善酒嘉地区路网结构，促进酒嘉国家级公路运输枢纽建设，带动酒嘉经济一体化发展。此外，G312线酒泉城区过境段项目加速推进，酒泉城际轨道交通、酒泉城区途经西峰镇至嘉峪关南站道路、酒泉城区途经果园镇至嘉峪关机场道路等项目正谋划实施，将为促进酒嘉两市的人流、物流、商流便捷高效互动奠定坚实基础。

建设国家级陆港型物流枢纽。2019年6月17日，酒泉市人民政府办公室印

发《酒泉市建设国家陆港型物流枢纽示范城市工作方案》，确定推进酒泉国际港务区(保税中心)建设，加强与东南亚、中亚、南亚的经贸合作；以酒嘉综合物流园区等大型园区为基础，建设辐射甘肃、青海、新疆、内蒙古等省区，东联内地，西接新疆乃至中亚、西亚的超大型煤炭综合物流枢纽；积极申请国家和省上设立"敦煌内陆自由贸易港"试验区，开辟直飞"一带一路"沿线国家货运航线。通过区域协调、内联外通，推动酒嘉建成面向中亚、西亚以及俄蒙互联互通的国家陆港枢纽重要节点。

建设丝绸之路经济带重要的国际文化交往门户。酒泉是我国西部最具影响力的国际旅游目的地，孕育其中的敦煌文化，被称为东方世界的艺术博物馆，凝聚了汉文化以及来自印度、西亚、中亚等地的多种文化。敦煌莫高窟藏经洞文献连同敦煌石窟艺术的实物遗存，被称为打开世界中世纪历史大门的钥匙，并产生了一门世界性的学科——"敦煌学"。近年来，敦煌依托丝绸之路(敦煌)国际文化博览会等平台，积极推进与丝路沿线国家和地区的文化旅游交流合作，旅游龙头作用凸显，逐步形成大敦煌文化旅游经济圈，与丝路沿线50多个市州、国内70多个景区(点)建立了旅游产业联盟，与2个国外城市、4个国内城市缔结为友好城市。此外，甘肃在"十三五"期间，以敦煌文化为引领，赴韩国、俄罗斯、马耳他、摩洛哥等国举办《朝圣·敦煌》美术作品展览、"数字敦煌"展览，赴英国参加第十五届世界华商大会《绝色敦煌之夜》演出，举办"纪念敦煌莫高窟藏经洞发现120周年国际书法邀请展"等，进一步扩大了敦煌品牌的影响力，为推动酒嘉建设丝绸之路经济带国际文化交往门户打下了坚实基础。

第四节 平凉—庆阳省域副中心城市建设

平凉市位于甘肃省东部，地处陕、甘、宁三省(区)交汇处，素有"陇上旱码头"之称。现辖崆峒区、华亭市和泾川县、灵台县、崇信县、庄浪县、静宁县1区1市5县，总面积1.1169万平方千米，"七普"常住人口184.86万人，居全省第七位。2015年5月29日，甘肃省人民政府批复《平凉市城市总体规划(2014—2030)》，确定平凉市为甘肃省域副中心城市、丝绸之路经济带重要节点城市、陕甘宁结合部以文化旅游和工贸物流为主的生态宜居城市。2020年平凉市完成

GDP476.16 亿元，居全省第七位。庆阳市东、西、北与陕西、宁夏相接，仅南面与省内相连，被誉为"红色圣地、岐黄故里、农耕之源、能源新都"。现辖庆城、环县、华池、合水、正宁、宁县、镇原 7 县和西峰区，总面积 2.7119 万平方千米，"七普"常住人口 217.97 万，居全省第五位。2010 年 7 月 31 日，甘肃省人民政府批复实施《庆阳市城市总体规划（2009—2025）》，确定庆阳市为区域中心城市、发展活力城市、人文魅力城市、黄土生态城市。2020 年，庆阳市完成 GDP754.73 亿元，居全省第二位。

　　平凉、庆阳相距 100 余千米，地理相邻，人文相亲。2020 年两市 GDP 占全省比重为 13.65%，人口占全省比重为 16.1%。2014 年 8 月，甘肃省住建厅发布《甘肃省城镇体系规划（2013—2030 年）》，规划平凉、庆阳联合建设省域副中心城市。2021 年甘肃省政府工作报告提出促进庆阳、平凉建设陕甘宁区域性中心城市。建设平凉—庆阳省域副中心城市，对落实全省"中心带动、两翼齐飞、组团发展、整体推进"战略至关重要。甘肃省委、省政府对此高度重视，目前将两市市委书记"高配"，均由省政协副主席兼任。希望以这种非常规手段，形成更好的发展态势，带动陇东地区进而全省实现跨越式发展。平凉—庆阳联合省域副中心城市空间布局见图 6-6。

一、推动陇东新型城镇化建设

　　平凉、庆阳习称陇东地区。2015 年 4 月 15 日，平凉市人民政府印发《平凉市新型城镇化发展规划（2014—2020 年）》，提出按照"一主三副三节点、两轴三区双通道"的空间布局，到 2020 年常住人口城镇化率超过 48%，户籍人口城镇化率超过 34%。在规划的引领下，平凉市全力打造平凉都市综合发展区，加快建设东部丝路文明与现代资源特色城镇发展区，努力提升西部特色农业城镇发展区，积极推进重点小城镇协调发展，进一步凸显了全市的城镇化综合效应。2017 年 12 月 1 日，平凉市委市政府印发《关于加快新型城镇化建设的实施意见》，提出到 2020 年实现全市城镇常住人口 110 万人以上，常住人口城镇化率 50% 以上，基本形成以中心城市为龙头、6 县县城为节点、80 个建制镇为纽带、500 个中心村为基点的市域城镇发展体系，进一步带动陇东地区的新型城镇化建设。2020 年 7 月 2 日，庆阳市人民政府印发《庆阳市加快推进新型城镇化和城乡融合发展

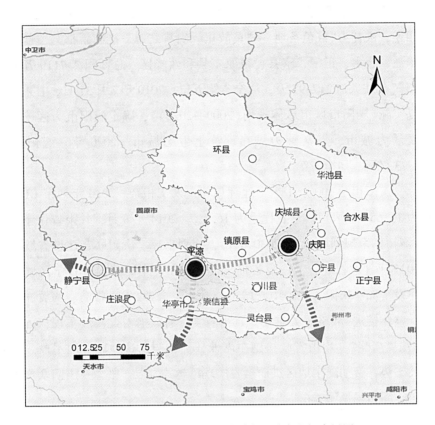

图 6-6 平凉—庆阳联合省域副中心城市空间布局图

实施方案》，提出构建"中心城市 + 县级城市 + 重点城镇"的城镇发展体系，到 2020 年实现户籍人口城镇化率 28.28% 以上，到 2025 年实现户籍人口城镇化率 45% 以上，城镇人口达到 125 万人。平凉、庆阳两市较大的户籍人口城镇化率发展缺口，为陇东地区的新型城镇化建设提供了较大发展空间。

二、助力甘肃跨越发展

积极建设陇东能源基地。2014 年 2 月，国家能源局批复《陇东能源基地开发规划》，提出将陇东能源基地建设成国家重要的能源生产基地、西北地区重要的石油炼化基地、传统能源和新能源综合利用示范基地。随后，平凉市、庆阳市积极展开行动，依托区域内丰富优质的煤炭、石油、天然气等自然资源，推动陇东能源基地建设，并取得显著成果。"十二五"期间，平凉市建成投产全省第一个

60万吨煤制甲醇项目，20万吨聚丙烯、180万吨甲醇及70万吨烯烃等现代煤化工项目有序推进。2019年3月2日，华能集团与甘肃签署《关于推进陇东能源基地建设合作协议》，目标是新增电力装机超过1000万千瓦、新增煤炭外运超过1000万吨、基地资产规模超过1000亿元，帮助陇东能源基地建设成为我国最大的单一主体综合能源基地，发挥能源变革的引领和示范作用。正在规划建设的起点位于庆阳的陇东至山东±800千伏特高压直流外送工程，将推动甘肃由能源大省向能源强省转型。陇东能源基地的快速发展将带动甘肃经济实现跨越式发展。

基础设施建设加速完善。公路方面，平庆高速纳入全省"两纵两横一枢纽"规划，并积极推动纳入全省"十四五"交通运输规划，建设进程加快，建成后将打通陇东地区的西向通道，进一步缩短平凉、庆阳与省会兰州的时空距离，带动区域一体化发展。铁路方面，支持建设平凉至陇南煤炭运输通道，满足陇东煤炭外运川渝等地区的需求；积极争取将兰州—定西—平凉高铁列入国家"十四五"铁路建设规划；银西高铁通车则打破了庆阳不通高铁的历史，使得庆阳更好地融入省会城市经济圈，体现其位于陕甘宁（西兰银）中间点的区位优势。航空方面，按军用二级永备机场和民航4C级标准新建平凉机场，将与庆阳机场一起完善陇东地区的临空经济。公铁空逐渐完备的立体化交通网络帮助陇东地区经济迈向发展快车道，进而带动全省经济实现跨越式发展。

三、推进陕甘宁区域合作

由平凉、庆阳构成的陇东地区，东、南与陕西宝鸡、咸阳接壤，北连宁夏，是国家重要的能源化工基地。2012年3月25日，国家发改委印发《陕甘宁革命老区振兴规划》，确定庆阳建设能源化工基地和区域性中心城市，平凉建设现代商贸物流中心和生态文化名城。2018年2月2日国家发改委公布《关中平原城市群发展规划》，庆阳、平凉被纳入其中（见图6-7）。2020年12月26日，纵贯陕甘宁的大动脉银西高铁开通，打通了庆阳北上南进的大动脉，庆阳革命老区与银川、西安两大省会城市分别构建起1小时、2小时"经济圈"。相关规划保障和基础设施的完善为陕甘宁区域合作按下加速键。能源方面，甘肃省庆阳市、平凉市与陕西省咸阳市同属国家大型煤炭基地之一的黄陇（华亭）煤炭基地，煤炭资源丰富，而水资源等要素的制约为区域内展开能源合作、互补发展提供可能。"十二五""十三五"期间，庆阳、平凉与咸阳积极展开探索，建立跨区域合作机制，共同打造国家甘陕大型能源化工基地和循环经济示范区。旅游方面，庆阳市作为甘肃省唯一的革命老区，主动加强与陕甘宁周边红色景区的合作交流，大力开发红色旅游产业，打造了东接延安、西连会宁的两条红色经典线路。2020年8月，在环西部火车游旅游专列1+5跨省宣传推介活动中，庆阳市相关文化旅游企业与西安、银川旅行社签订"引客入庆"游客互送协议，在客源互推、市场共享、人才加持、信息赋能等方面加强合作，推动跨区域文化旅游实现跨越式发展。2020年9月29日，陕甘宁蒙晋沿黄地区文化旅游经济合作交流会在榆林召开，共签订6个总引资20.44亿元的文化旅游项目。"十四五"期间，平凉、庆阳将更加积极主动地参与区域合作，为陕甘宁老区高质量发展增添新的活力。

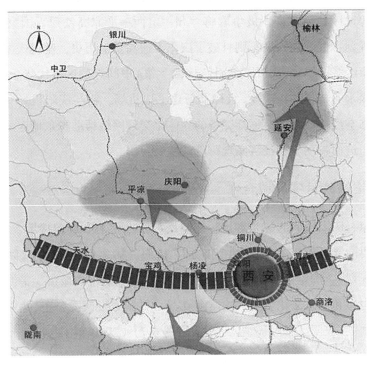

图 6-7　庆阳、平凉被纳入关中平原城市群发展规划

第七章 广东省域副中心城市建设

广东省东邻福建，北接江西、湖南，西连广西，南临南海，珠江口东西两侧分别与香港、澳门特别行政区接壤，西南部雷州半岛隔琼州海峡与海南省相望。境内陆地面积为 17.98 万平方千米，约占全国陆地面积的 1.87%。自 1989 年起，广东国内生产总值连续居全国第一位，成为中国第一经济大省，经济总量占全国的 1/8，已达到中上等收入国家水平、中等发达国家水平。广东省域经济综合竞争力居全国第一。广东珠三角 9 市联手港澳建设的粤港澳大湾区，已成为与纽约湾区、旧金山湾区、东京湾区并肩的世界四大湾区之一。为了缩小粤东粤西与珠三角差距，近年来，广东在沿海地区率先打造省域副中心城市，有力地促进了全省区域协调发展。

第一节 城镇化布局与省域副中心城市

一、广东省区域发展格局

从地理位置来说，广东省可划分为珠三角、粤东、粤西和粤北四个地区。其中，珠三角地区包括广州、深圳、佛山、东莞、中山、珠海、江门、肇庆、惠州等 9 个城市；粤东地区包括汕头、潮州、揭阳、汕尾等 4 个城市；粤西地区包括湛江、茂名、阳江、云浮等 4 个城市；粤北地区包括韶关、清远、梅州、河源等 4 个城市。从行政等级来说，上述 21 个城市中广州和深圳为副省级市，其余 19 个为地级市。

广东省经济发展速度较快，但区域发展不协调问题较为突出。自改革开放以来，广东省作为沿海省份积极发展外向型经济，伴随着工业化和城市化进程的推进，实现了经济社会发展的飞跃，省域经济综合实力位居全国第一名。然而，广东省珠三角和粤东西北区域发展不协调问题仍较为突出，一体化发展格局尚未形成。其中，珠三角地区已经成为我国经济增长最快、最富生机活力的地区之一，以占不到全省1/3的面积，集聚了全省五成以上的人口和八成以上的经济总量，但是，粤东、粤西和粤北地区与珠三角地区对比发展差距明显，城镇化水平较低。据《2020年广东省国民经济和社会发展统计公报》，珠三角地区生产总值占全省比重为80.8%，粤东、粤西和粤北分别占6.4%、7.0%、5.8%。

党的十八大以来，广东省委省政府高度重视区域协调发展。2013年8月，中共广东省委、省政府印发《关于进一步促进粤东西北地区振兴发展的决定》，大力实施粤东西北振兴发展战略，以交通建设、产业转移与新型城镇化三大抓手强力推动粤东西北振兴发展。2017年12月，广东省人民政府印发《广东省沿海经济带综合发展规划（2017—2030年）》，提出构建"一心两极双支点"发展总体格局，形成以珠三角世界级湾区城市群为引领、汕潮揭城市群和湛茂阳城市带为支撑的世界级沿海都市带。2019年7月，中共广东省委、省政府印发《关于构建"一核一带一区"区域发展新格局促进全省区域协调发展的意见》，强调以功能区战略定位为引领，将全省区域发展格局明确为三大板块："一核"——推动珠三角核心区优化发展；"一带"——把粤东、粤西打造成新增长极，与珠三角城市串珠成链形成沿海经济带；"一区"——把粤北山区建设成为生态发展区，以生态优先和绿色发展为引领，在高水平保护中实现高质量发展。

"十四五"时期，高质量构建"一核一带一区"区域发展格局（见图7-1），形成"一群五圈"的城镇化布局。《广东省国民经济和社会发展第十四个五年规划和2035年远景目标纲要》提出，着力推动珠三角核心区优化发展、沿海经济带加快发展、北部生态发展区绿色发展；优化"一群五圈"城镇空间格局，加快建设珠三角世界级城市群，构建现代化都市圈体系，加快形成以城市群为主要形态的增长动力源。具体地说，就是要将珠三角城市群全面建成具有国际影响力和竞争力的世界级城市群，培育壮大广州、深圳、珠江口西岸、汕潮揭、湛茂等五大都市圈，增强中心城市和城市群、都市圈经济和人口承载能力及资源优化配置等核心功能，推进大中小城市协调发展。

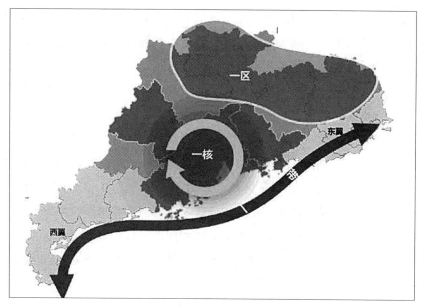

图 7-1　广东省"一核一带一区"格局示意图

二、省域副中心城市的确立

打造广东省域副中心城市是解决区域发展不协调的主动选择。改革开放以来，广东省经济发展取得显著成就，逐步形成了以广州、深圳为核心的珠三角世界级城市群，但也存在明显的区域发展不平衡问题，粤东西北地区显著落后于珠三角地区，且呈现进一步扩大趋势。党的十九大报告指出，我国社会主要矛盾已经转化为人民日益增长的美好生活需要和不平衡不充分的发展之间的矛盾。2017年 12 月，广东省人民政府印发的《广东省沿海经济带综合发展规划（2017—2030年）》提出，充分发挥汕头、湛江市作为省域副中心城市的带头作用，打造粤东、粤西各具特色的区域创新极，推动粤东、粤西沿海地区加快创新发展转型。这是首次明确湛江、汕头作为省域副中心城市的广东省政府文件。

打造广东省域副中心城市是加快培育新增长极的战略举措。当前，我国经济已进入高质量发展阶段，广东作为全国经济大省，在经济总量超 11 万亿元的大体量上推进高质量发展，单靠珠三角这一核心区"一枝独秀"特别是广州、深圳"双城引领"是不够的。同时，近年来贸易保护主义抬头，经济全球化遭遇逆流，新冠肺炎疫情影响深远，不稳定性不确定性增加。因此，必须尽快培育新的区域经济增长极，加快构建优势互补、高质量发展的动力系统，打造汕头、湛江省域副中心城市，这给湛江、汕头带来巨大发展机遇，将在粤东和粤西地区形成新增长极，从而带动沿海经济带协调发展。

打造广东省域副中心城市是加快形成区域发展新格局的内在要求。中共广东省委十二届四次全会提出，突破行政区划局限，全面实施以功能区为引领的区域发展新战略，形成由珠三角核心区、沿海经济带、北部生态发展区构成的发展新格局。立足区域的基础条件、资源禀赋、发展潜力，把湛江、汕头打造成为省域副中心城市，通过精准差异化及区域功能分工，助推广东省形成"一核一带一区"的区域发展新格局。将汕头、湛江打造成为承担东西两翼振兴发展历史使命的省域副中心城市，牢牢把握粤港澳大湾区和深圳先行示范区建设重大机遇，立足把汕头、湛江两市改革发展放到全省区域发展格局中系统谋划，将推动两市在"一核一带一区"区域发展格局中发挥更大作用。

第二节　湛江省域副中心城市建设

湛江位于中国大陆南端、广东省西南部，包括整个雷州半岛及毗邻半岛北部的一部分。东濒南海，南隔琼州海峡与海南省相望，西临北部湾，西北与广西壮族自治区的合浦、博白、陆川县毗邻，东北与本省茂名市的茂南区和电白、化州市接壤。市区位于雷州半岛东北部，辖区总面积 13225.44 平方千米。2017 年 12 月，广东省发布的《广东省沿海经济带综合发展规划》将湛江定位为广东省域副中心城市。2018 年 10 月，习近平总书记视察广东，要求把湛江作为重要发展极，打造现代化沿海经济带。①

一、湛江省域副中心城市发展的基础

（一）综合实力优势

2020 年，湛江市实现地区生产总值 3100.22 亿元，其中，第一产业增加值 622.06 亿元，第二产业增加值 1051.80 亿元，第三产业增加值 1426.36 亿元，三

---

① 时隔六年再赴广东　习近平行程全纪录［EB/OL］.人民网—中国共产党新闻网，2018-10-27.

次产业结构为 20.1∶33.9∶46.0。"十三五"时期主要宏观经济指标增长明显，其中，地区生产总值年均增长 5%；规模以上工业增加值年均增长 5.9%；固定资产投资连续 5 年超 1000 亿元，年均增长 5.3%；外贸进出口总额年均增长 6.8%；社会消费品零售总额年均增长 6.5%；一般公共预算收入年均增长 3.3%；税收收入年均增长 7.2%；居民人均可支配收入年均增长 8.5%。湛江市的 GDP、人均工资水平、人均存款等指标，在广东省珠三角以外地区居于前列。

(二) 交通网络优势

湛江市具有铁路、公路、海运、航空的立体交通体系，"十四五"时期将加快建设全国性综合交通枢纽，构建以大交通、大港口、大航空为主骨架的陆海空现代化立体交通枢纽。

铁路方面，黎湛铁路、河茂铁路、粤海铁路、洛湛铁路、深湛铁路在湛江交汇，铁路交通发达。"十三五"时期新增干线铁路运营里程 143 千米，其中高铁里程 85.7 千米。2018 年 6 月，深圳—湛江高铁建成开通，湛江进入高铁时代。目前正规划建设时速 350 千米的合浦—湛江高铁、张家界—海口高铁、湛江—海口高铁和广州—湛江高铁，未来 5 条高铁将汇聚湛江。

公路方面，207 国道、228 国道、325 国道贯穿湛江全境，广(州)湛(江)、渝(重庆)湛(江)、湛(江)徐(闻)、汕(头)湛(江)四条高速公路交汇境内，湛徐高速徐闻港支线已通过交工验收，玉(林)湛(江)高速、东海岛至雷州高速、汕湛高速吴川支线正在建设。

海运方面，湛江港是天然深水良港，是中华人民共和国成立后自行设计和建造的第一个现代化港口、国家 12 个主枢纽港之一，是"一带一路"支点港口、西南沿海港口群的主体港、中西部地区货物进出口的主通道和中国南方能源、原材料等大宗散货的主要流通中心，与世界 150 多个国家和地区直接通航。湛江港正推进 40 万吨级航道建设工程，完工后将成为西部陆海新通道沿海地区通航等级最高的港口枢纽。2020 年，湛江港实现货物吞吐量 2.34 亿吨，同比增长 8.4%，港口集装箱吞吐量 123 万标准箱，同比增长 9.9%①。

---

① 交通部官网，https://xxgk.mot.gov.cn/2020/jigou/zhghs/202101/t20210121_35173 83.html。

航空方面，湛江机场位于市区西北部，距离市区大约 5 千米，为国家 4D 级机场，2020 年完成旅客吞吐量 223 万人次，全年共保障运输航班 2.23 万架次，进出港货邮 5747 吨①。正在建设中的湛江国际机场，占地面积 6700 亩，总投资 54.25 亿元，建成后将会是广东的第三大干线机场。

（三）区域合作优势

湛江位于"一带一路"、粤港澳大湾区、深圳中国特色社会主义先行示范区、海南自由贸易港、北部湾城市群等国家战略衔接处。从世界范围来说，湛江面向东南亚，是中国大陆沿海通往东南亚、非洲、欧洲、大洋洲、中东航程最短的港口城市，且湛江又处于亚太经济圈的重要位置，有条件成为中国大陆与环太平洋区域物流运输的中转基地和贸易中心，是"一带一路"支点港口。从全国范围来说，湛江市位于中国大陆最南端的雷州半岛，是我国南大门，地处粤琼桂三省区交汇点。湛江东有粤港澳大湾区，南有海南自贸区，西北部有北部湾城市群，是粤港澳大湾区、海南自由贸易区、北部湾城市群等区域经济圈交流的桥梁和纽带。从广东范围来说，湛江市位于广东的西南部，是广东经济发展"两翼"中西翼的政治、经济和文化中心。在紧抓粤港澳大湾区、深圳中国特色社会主义先行示范区"双区"建设的基础上，湛江将在推动广东全面建设社会主义现代化国家新征程中走在全国前列、创造新的辉煌上作出新的更大贡献。

（四）自然资源丰富

土地资源方面，湛江市土地总面积 132.63 万公顷，其中，国有土地 39.26 万公顷，集体土地 93.37 万公顷。土地利用情况：耕地 46.6 万公顷，林地 29.74 万公顷，园地 14.76 万公顷。

水资源方面，湛江多年平均地表径流量 89.85 亿立方米，入境径流量 97.37 亿立方米，总径流量 187.22 亿立方米，人均 2553 立方米，耕地亩均 2675 立方米。全市水资源总量为 190.17 亿立方米，人均 2594 立方米，亩均 2717 立方米。全市可供开采地下水 30.03 亿立方米。

---

① 中国民航官网，http：//zn. caac. gov. cn/ZN＿XXGK/ZN＿HYDT/202101/t20210107＿205992. html.

植物资源方面，湛江热带亚热带作物资源极其丰富，是我国重要的糖蔗、水果、蔬菜和最大的桉树、剑麻等热带作物生产基地，著名的菠萝、香蕉、杧果、红橙之乡。

动物资源方面，湛江主要的脊椎野生动物种类有 25 种以上。其中，爬行动物纲如鳖、龟、蛤蚧、马鬃蛇、金环蛇、南蛇、银环蛇、眼镜蛇、蟒蛇等；动物鸟纲如禾花雀、毛鸡、斑鸠、麻雀、野鸡、鹧鸪、猫头鹰、翠鸟等；哺乳动物纲如华南虎、山猪、水獭、穿山甲、刺猬、松鼠、黄鼠狼、狐狸等。

矿藏资源方面，湛江矿产资源较丰富，已发现矿产 42 种，矿产地 337 处，其中探明资源储量的矿产 34 种，矿产地 319 处。能源矿产 4 种，金属矿产 12 种，非金属矿产 15 种，水气矿产 3 种。优势矿产有滨海稀有稀土砂矿、玻璃用砂、银矿、高岭土、泥炭、硅藻土、玄武岩、地下水、矿泉水、地热等。最有开发价值的是硅藻土、膨润土、泥炭土、高岭土等"四土"资源，濒临湛江的南海北部大陆架盆地是世界四大海洋油气聚集中心之一。

(五)文化资源优势

湛江历史悠久，文化底蕴深厚，传统文化资源十分丰富。湛江雷州市、遂溪县和徐闻县以及湛江市区和廉江市、吴川市的部分地区，形成独特的以闽语雷州话为通用语言的区域文化（"雷州文化"）。雷州文化是广东文化版图中不可或缺并具有独特魅力的重要文化，是岭南地区古老、持续时间长的文明之一，与广府文化、潮汕文化、客家文化并列为"岭南四大文化"。雷州市是国家级历史文化名城，享有"中国民间文化艺术之乡""中国书法之乡"美誉；遂溪县被命名为"中国醒狮之乡"；吴川市被人们誉为"粤剧之乡"。

二、湛江省域副中心城市建设与城镇化

湛江是广东省域副中心城市，是粤西和北部湾城市群中心城市、首批"一带一路"海上合作支点城市、全国综合实力百强城市、国家卫生城市、国家园林城市、中国优秀旅游城市、全国双拥模范城市、中国特色魅力城市、广东省卫生城市、广东省文明城市。2012 年发布的《湛江市城市总体规划（2011—2020 年）》将湛江市的城市性质定为东南沿海重要的港口城市、北部湾中心城市之一。2021

年3月29日，广东省委、省政府发布《关于支持湛江加快建设省域副中心城市打造现代化沿海经济带重要发展极的意见》，将湛江定位为服务重大战略高质量发展区、陆海联动发展重要节点城市、现代化区域性海洋城市、全省区域协调发展重要引擎。

湛江市域城镇空间结构（见图7-2），规划为"一主四副，两区两轴"。具体而言："一主"，是指一个主中心，以湛江市中心城区和遂溪同城化地区、东海岛、奋勇经济区作为湛江市域最具辐射力的主中心。"四副"，是指四个副中心，分别为吴川城区、雷州城区、廉江城区和徐闻县城，作为湛江市域对接国家级战略区域的重要门户。"两区"，是指生态保护区和生态发展区，生态保护区为湛江市北部水源保护地区，主要包括廉江北部山区、鹤地水库保护区等。生态发展区为湛江市西部、南部滨海地区。"两轴"，是325国道发展轴和207国道—黎湛铁

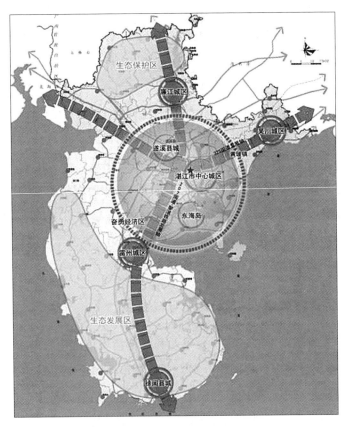

图7-2　湛江市域城镇空间格局

路发展轴，其中 325 国道发展轴是湛江向东和茂名、珠三角等地，向西与广西北部湾各城市相连通的主要空间发展轴线。207 国道—黎湛铁路发展轴是湛江向南联结海南国际旅游岛，向北辐射大西南的主要空间发展轴线。

2019 年，湛江市常住总人口为 736 万人，其中城镇人口 323.55 万人，城镇化率为 43.96%（见图 7-3），而同期全国城镇化率和广东省城镇化率分别为 60.6% 和 71.4%，湛江市远低于全国和广东省平均水平，城镇化进程远远落后。

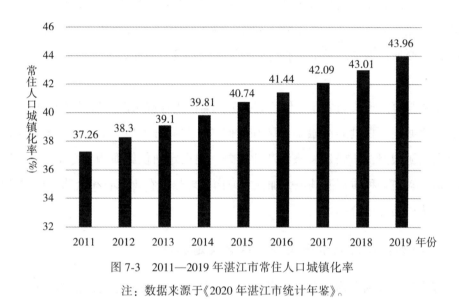

图 7-3 2011—2019 年湛江市常住人口城镇化率

注：数据来源于《2020 年湛江市统计年鉴》。

三、湛江副中心城市建设的发展对策

2021 年 2 月，中共广东省委、省政府出台《关于支持湛江加快建设省域副中心城市打造现代化沿海经济带重要发展极的意见》。《湛江市国民经济和社会发展第十四个五年规划和 2035 年远景目标纲要》提出：要提升湛江省域副中心城市能级，优化经济结构，提升创新能力，充分发挥增长潜力，提高产业链现代化水平，基本建立以临港产业、滨海旅游、特色优势农业、军民融合发展为重点的湛江特色现代产业体系，加快发展现代服务业，增强城市综合服务功能，进一步提升区域性经济中心、科教文卫中心、金融中心、商贸中心的地位。湛江综合实力在广东沿海经济带西翼处于引领地位，要进一步增强其辐射带动力。

(一)深度对接海南自由贸易港建设

加强与海南自由贸易港联动融合发展。深化湛江港口与海南港口的战略合作,加快推进琼州海峡港航一体化进程,推动湛海高铁引入徐闻港区南山作业区,支持湛江在雷州港区布局对接海南的专业货运通道。加强与海南开展国际能源和大宗商品交易、航运等合作。

联动海南建设先进制造业基地。加快琼州海峡经济带建设,支持湛江深化与海南在石化、能源等领域产业协同共建。探索与海南在徐闻共建产业合作园区。强化海洋交通运输、海洋生物制药、海洋能源开发利用和海工装备制造等海洋产业合作。

加强与海南现代服务业合作。支持湛江与海南在健康医养等领域开展深度合作,携手共建一批世界级旅游景区和度假区,共同开发"一程多站、优势互补"的特色旅游线路,拓展延长旅游产业链条。建设定向供给海南"菜篮子"基地和服务海南动植物种质资源基地,加强与海南全球热带农业中心和全球动植物种质资源引进中转基地合作。

(二)加快建设高水平全国性综合交通枢纽

建设港口型国家物流枢纽承载城市。支持湛江加快推进湛江港 30 万吨级航道改扩建工程,规划建设 40 万吨铁矿石码头,加快疏港铁路和公路建设,提升港航和集疏运能力。支持湛江港加强与粤港澳大湾区主要港口、海南港口合作,巩固湛江港区域性货运枢纽港地位。

建设陆海经济大通道。支持湛江参与西部陆海新通道建设并开展中欧班列业务。加快建设湛江吴川机场及机场高速公路,推进深湛铁路湛江吴川机场支线等重大集疏运通道建设。加快广湛高铁、合湛高铁、湛海高铁规划建设,加快推动湛江铁路枢纽规划建设。研究利用深湛铁路富余能力开行粤西片区城际列车。谋划研究河茂铁路西延线及湛江北上轨道交通建设。

构建内通外畅的高快速路网。支持湛江加快开工建设湛徐高速乌石支线,规划建设南宁至湛江高速广东段、玉湛高速雷州支线、环城高速南三岛至东海岛跨海通道、玉湛高速二期工程、汕湛高速吴川支线东延线、湛徐高速调风支线、东雷高速西延线等一批高速公路项目。加强高速公路与沿线重要开发区、产业园区、重要城镇的连接，提升与周边城市的互联互通水平。加快广东滨海旅游公路雷州半岛段建设。

(三) 全力打造现代化沿海经济带重要发展极

加快建设世界级产业集群。支持湛江推动绿色钢铁、绿色石化、海工装备、清洁能源等重大产业集群建设。加快建设宝钢湛江钢铁、巴斯夫 (广东) 一体化基地、廉江清洁能源等重大项目，大力提升产业链上下游配套能力。引导和推动新能源汽车制造产业布局湛江。集中力量重点建设大型产业园区，打造一批重大产业发展平台，以东海岛为主战场建设现代化世界级临港产业集聚基地，引入高端制造业，推动产业链现代化。规划建设钢铁、汽车、森工等专业园区。

推动新兴产业集聚发展。支持湛江发展海洋新兴产业，加快推进乌石 17-2 油田群开发项目建设。设立海洋生物基因资源、药物资源库，建设海洋科技产业创新基地。发展氢能产业。规划建设"粤西数谷"大数据产业园，推动 5G、工业互联网、大数据、软件与信息服务、数字创意等产业发展，打造数字经济产业集聚区。打造一批产业特色鲜明的隐形冠军企业、瞪羚企业、独角兽企业和灯塔工厂。

提升特色优势产业竞争力。支持湛江充分发挥热带农业资源优势，全产业链布局发展热带农业。推动农产品精深加工，提高附加值和竞争力。高标准建设深远海海洋牧场，培育壮大深海网箱养殖优势产业，积极扶持远洋渔业发展。布局建设农产品物流骨干枢纽，加快建设区域性农产品交易市场。加快发展中医药产业，建设现代化医药生产基地。推动水产品加工、特色食品、羽绒、医药等产业转型升级，建设出口型绿色家电基地。鼓励企业加大数字化、网络化、智能化和绿色化等技术改造投入。大力发展全域旅游，挖掘红色旅游资源，规划建设雷州半岛滨海旅游文化体育产业带。

(四) 加快提升省域副中心城市综合服务功能

建设区域创新中心。支持湛江经济技术开发区、湛江海东新区、湛江高新技术产业开发区等重大平台高质量发展，加快培育形成促进区域创新发展的核心引擎。加快推进湛江南方海洋科学与工程广东省实验室建设。建设一批工程中心、企业技术中心、重点实验室、农业创新中心等创新平台。省重点领域研发计划加大对湛江项目的支持力度。推动湛江加强与粤港澳大湾区的人才交流合作。

建设区域文化教育中心。支持湛江加强文化遗产保护与活化利用，加快推进湛江文化中心项目建设。提升湛江基础教育发展水平。加强与知名大学合作办学，推动省内高水平大学对湛江高等学校开展对口协作，支持广东海洋大学、广东医科大学、岭南师范学院纳入省高等教育"冲一流、补短板、强特色"提升计划。提高湛江职业教育发展质量，建设高水平职业院校和专业（群）。提升广东文理职业学院办学水平。研究推动中医药类高职院校建设。创建高水平技师学院。增加群众健身场地设施供给，提升公共体育服务水平。

建设区域医疗中心。加大对湛江公共卫生服务体系建设支持力度，布局建设区域公共卫生应急中心和紧急医学救援基地。支持广东医科大学附属医院、湛江中心人民医院加大高层次人才的培养和引进力度，做强传统优势专科，加快建设高水平医院。支持广东医科大学附属医院海东院区建设。支持湛江推进中医药综合改革。

打造区域商贸服务中心。支持湛江加强新型消费基础设施建设，促进消费升级，培育建设地区特色突出、有效衔接琼桂、辐射粤西的区域消费中心城市。完善"夜间经济"配套设施，推动步行街特色化改造、成熟商圈上档升级。加快布局数字化消费网络。加快建设大型城市综合体，打造商务中心区，集聚发展总部经济、信息咨询、商务会展、设计创意等现代服务业。

加快金融资源集聚发展。支持湛江增强金融服务区域经济发展能力。鼓励金融机构区域总部落地湛江，促进地方性法人金融机构持续健康发展，引导产业投资基金等各类专业化投资机构在湛江发展，争取新设地方资产管理公司。大力发展海洋金融，探索省市共同设立海洋发展基金，创新海洋信贷、海洋保险业务。推动新技术在农村金融领域应用推广，加快发展特色农业保险。

加强生态保护。支持湛江加强大气污染防治。统筹城乡全域推进黑臭水体整治修复，加强饮用水源水体保护。有效控制入海污染物排放，改善近海水域水体质量。推进美丽海湾建设，加强红树林保护修复。建设海岸带保护与利用综合示范区。加快韧性城市建设。加快实施环北部湾广东水资源配置工程，推进九洲江—鹤地水库等重点流域综合整治工程。深化流域联防联治，完善横向生态补偿机制。

（五）推动形成高水平开放合作新格局

建立健全广州与湛江深度协作机制。推动广州支持湛江教育、医疗、金融、人才、科技创新等领域加快发展。支持两市在空港、海港、轨道交通等方面开展务实合作。推动广州港与湛江港建立分拨中转合作机制。强化两市在重化工业产业链、供应链方面的合作，支持广州在湛江建设新能源汽车产业基地。推动两市加强县域合作，建立产业园区共建机制，促进产业集团式承接和集群式发展。

加快融入粤港澳大湾区建设。支持500强企业、省属国有企业和粤港澳大湾区知名企业落户湛江。支持湛江与珠三角各市加强产业链分工协作，与粤港澳大湾区深化产业共建与科技创新合作，与深圳在科技创新、海洋经济、资本市场等领域深化合作，与珠海、佛山、东莞、江门等地在高端装备制造、精细化工等产业开展深度合作。加快建设湛江服务粤港澳大湾区的"菜篮子"。

积极参与共建"一带一路"。支持湛江充分利用区域全面经济伙伴关系协定（RCEP）等自由贸易协定优惠条款，开拓国际贸易合作新空间，推进广东奋勇东盟产业园等重大平台建设，鼓励有条件的农林渔等产业龙头企业走出去，加大外资引进力度，强化与"一带一路"沿线国家和地区合作。推动跨境电商新业态发展，做大跨境电商产业规模，加快湛江跨境电子商务综合试验区和国家级电子商务进农村综合示范县建设。加快建设湛江综合保税区，加强智慧口岸建设。充分发挥中国(广东)自由贸易试验区示范引领作用，辐射带动湛江深化改革开放发展。支持湛江开展进口贸易促进创新工作，加快发展水产品进出口交易。办好广东国际海洋装备博览会和广东·东盟农产品交易博览会。

努力打造市场化法治化国际化营商环境。支持湛江对标世界银行和中国营商环境评价指标体系，深化营商环境综合改革。持续提升投资建设便利度，依法精简企业生产经营审批事项，提升政务服务效能，持续改善就业创业发展环境，加强社会信用体系建设。支持湛江在法治框架内结合实际探索创新性、特色化的优化营商环境具体措施，打造阳光法治服务型政府。

第三节　汕头省域副中心城市建设

汕头位于韩江三角洲南端，东北接潮州饶平，北邻潮州潮安，西邻揭阳、普宁，西南接揭阳惠来，东南濒临南海，面积2064.4平方千米。

一、汕头省域副中心城市发展的基础

(一)经济综合优势

汕头处于"大珠三角"和"泛珠三角"经济圈的重要节点，是厦漳泉三角区、珠三角和海峡西岸经济带的重要连接点，拥有亚太地缘门户的独特区位优势。市区距香港187海里，距台湾高雄180海里。汕头港临近西太平洋国际黄金航道，距香港、台湾高雄均不足200海里。作为我国首批经济特区之一，汕头市先后成立了汕头市保税区、汕头国家高新区、中国(汕头)华侨经济文化合作试验区、汕头龙湖高新技术产业开发区等国家级和省级平台。2020年，汕头实现地区生产总值2730.58亿元，"十三五"期间年均增长率为6.5%，分别高于全国、全省同期水平0.8和0.5个百分点。汕头充分发挥投资关键性作用，固定资产投资年均增长14.7%。"十三五"期间完成固定资产投资超1万亿元，是"十二五"时期的2.5倍，一定程度扭转了长期以来投资不足制约发展的被动局面。

(二)交通网络优势

汕头市具有包含铁路、公路、海运、航空的立体交通体系，"十四五"时期将加快建设高水平全国性综合交通枢纽，构建以汕头高铁站、汕头港为枢纽的"承湾启西、北联腹地"的综合交通运输体系。

铁路方面。广梅汕增建二线及厦深联络线建成运营，动车正式开进汕头。汕汕高铁全面开工，项目建成后将推动汕头与大湾区形成一小时交通圈，汕头站逐步融入全国高铁网络。汕头高铁站及枢纽一体化工程、汕头南站、潮南站动工建设，漳汕铁路、粤东城际铁路、广澳港疏港铁路加快前期工作。

公路方面。高速公路有深汕高速、汕汾高速、汕梅高速、潮惠高速、揭惠高速、汕湛高速、潮汕环线高速；干线公路有国道福昆线、烟汕线，省道官汕线、潮汕线等，通往广州、深圳、厦门、潮州、揭阳、汕尾、梅州等市。

海运方面。汕头港位于广东省东部沿海，是中国沿海5个港口群中的主要港口之一，拥有5000吨级以上泊位38个，其中万吨级以上泊位16个。与世界58

个国家和地区的 272 个港口有货运往来，担负着粤东、闽西南、赣南地区对外贸易进出货物的运输。2020 年，完成集装箱吞吐量 159.38 万标箱，比 2015 年增长 35.2%。

航空方面。揭阳潮汕国际机场，地处粤东地区汕头、潮州、揭阳三个主要城市中心位置，距汕头市中心 37 千米左右，是我国南部沿海地区重要的干线机场，是连接"21 世纪海上丝绸之路"的重要空中节点，是广东省东翼的骨干机场。2019 年，揭阳潮汕国际机场旅客吞吐量 735.35 万人次，同比增长 13.2%；货邮吞吐量 2.78 万吨，同比增长 10.1%；起降 5.59 万架次，同比增长 0.6%；分别位居中国第 43、第 47、第 56 位。

（三）自然资源丰富

土地资源方面。汕头市土地总面积 326.99 万亩，其中，城镇、工矿及交通运输用地 85.15 万亩，耕地 57.02 万亩，园地、林地、草地 115.15 万亩，水域、水利设施用地及其他土地 69.66 万亩。

矿产资源方面。汕头市已找到矿产 42 种，共有矿产地 180 处。其中，钨、稀土、玻璃用砂、建筑用花岗岩、饰面用花岗岩及矿泉水、地下热水等资源相对比较丰富，勘查开发前景甚好。锡、金、钛铁矿、锆英石、独居石及高岭土、耐火黏土等具有找矿潜力。广泛分布的花岗岩及石英砂、黏土是重要的建筑原料资源。

水资源方面。汕头市地处韩江、榕江、练江三江下游，水量充沛。尤其是韩江，为汕头市带来了丰富的过境水，历来是汕头市的生活、工业、农田灌溉的主要水源，弥补了本地水资源的不足。汕头市的多年平均降水量为 1515 毫米。全市水利工程年供水量达 15.44 亿立方米，有效灌溉面积 71.99 万亩。

海洋资源方面。汕头市可供开发的港口有 103 处，仅南澳岛可供开发的深水港就有 7 处，市区的珠池、马山、苏埃、广澳等 4 处港址可建 1 万~10 万吨级码头泊位 69 个。有多处港湾和大片浅海滩涂，10 米等深线内浅海滩涂面积 74.3 万亩，可利用面积 46.8 万亩，200 米等深线内渔场面积 5.3 万平方千米，适宜海水养殖，滨海盛产海盐。近海已知的鱼类有 471 种、虾蟹类 17 种、贝类 30 多种、藻类近 20 种。

风力资源方面。汕头南澳岛是广东省第一大岛，海峡的喉道效应和迎风地形的突起受到的动力抬升作用，使南澳岛具有十分丰富的风力资源，史有"风县"之称，是全国三大风力发电场之一。其年平均风速 8.54 米/秒，年有效风速累计时数 7215 小时，年平均有效风能功率密度 678 瓦/平方米；尤其是东半岛果老山的平均风速高达 10.14 米/秒，计得年平均风能功率 1153 瓦/平方米，其风速之大在全国所有风场中居首位，其风能之强高于北欧、北美 100~500 瓦/平方米的均值，风场电力资源实测值达到世界气象组织对全球风能资源划定的 10 个等级中的第 7 等级。

(四)特色文化优势

汕头毗邻南海之滨，孕育了独特的潮汕文明和优良的多元文化基因。

潮汕文化。汕头身处核心潮汕地区，是潮汕文化、潮学的核心载体。潮汕文化传统悠久，文化积淀深厚，宋时就有"海滨邹鲁"之称。潮剧、潮乐、潮菜和潮汕工夫茶等传统文化富有浓郁的地方特色。

侨乡文化。汕头是全国著名侨乡，这是汕头发展的核心竞争力所在。据不完全统计，汕头市现有海外华侨、华人和港澳台同胞 500 多万人，遍布世界 100 多个国家和地区。海外交往的独特人缘、地缘、亲缘优势，使汕头具有浓厚的"侨乡文化"烙印，如岭南第一侨宅陈慈黉故居、海外华人第一国王郑信故里、李嘉诚先生捐资建成的汕头大学、以现代侨乡潮人为主题的华侨公园等。汕头市在中外文化交流中发挥了重要的桥梁与纽带作用，是华侨华人文化传播的重要载体、通道、平台。

海洋文化。汕头市自然条件优越，北回归线横贯市区，冬无严寒，夏无酷暑。汕头市是北回归线与海岸线相交的唯一城市。海岸线长 289 千米，有许多优质海滩，如青澳湾、北山湾、龙虎滩。南澳岛是广东全省唯一海岛县，正朝着生态旅游岛目标建设。汕头既有内海又有外海，汕头内海面积是杭州西湖面积的 10 倍，以其为中心的环汕头港景区是汕头八景之一。

二、汕头省域副中心城市建设与城镇化

根据《汕头城市总体规划(2002—2020)(2017 年修订)》和《汕头市新型城镇

化规划（2016—2020 年）》，汕头是海上丝绸之路重要的交通枢纽，面向海外华侨华人经济、文化合作试验基地；粤东新兴产业和精细制造业基地；粤东金融、商贸、信息、会展、物流等现代服务业中心；粤东文化、教育、科技研发和医疗、体育中心；粤东旅游服务中心。城市发展目标为：结合汕头特点，坚定改革创新，探索根植性发展、精致型开发、包容性增长发展模式，承担好在新一轮发展周期中，试验转型发展、科学发展的国家特区职能，将汕头市建设成为经济繁荣、社会文明、环境优良和潮汕文化特色浓郁的潮人都会、精致汕头、滨海国际化山水人文都市。在《汕头城市总体规划（2002—2020 年）（2017 年修订）》中，汕头的城市性质被定义为："海上丝绸之路重要门户，国家经济特区，粤东中心城市"。而在《汕头市新型城镇化（2016—2020 年）》中，确立以"海上丝绸之路重要门户，创新型国家经济特区，东南沿海重要港口城市，粤东中心城市"作为汕头未来发展的定位，更新了汕头市的城市发展定位。广东省人民政府印发的《广东省沿海经济带综合发展规划（2017—2030 年）》提出将汕头打造为省域副中心城市，其市域城乡空间结构为"1 心 6 组团"生态带形都市+"3 个生态与乡村片区"①。汕头市域城镇体系规划见图 7-4。

"1 心 6 组团"指以金平—龙湖城区为核心，依托带形都市交通走廊串联和构建濠江、潮阳、潮南、澄海、东里—盐鸿和南澳六个紧凑型的城市建设发展组团。金平—龙湖城区打造富于潮汕文化特色的国际化中心城区；濠江都市组团定义为国际深水港，生态优越的国际化生产、居住、旅游组团；潮阳都市组团是市域次中心城区，历史文化名城；潮南都市组团是承担汕（头）揭（阳）区域中心服务职能的市域次中心城区，区域性家居全产业链基地和特色金融中心；澄海都市组团规划为市域次中心城区，国家玩具动漫全产业链基地；东里—盐鸿都市组团打造国家锆产业基地，海上丝绸之路文化遗产集中展示区；南澳都市组团打造国际商务旅游休闲生态岛，海上丝绸之路文化遗产集中展示区。

"3 个生态与乡村片区"指澄海西部、潮阳西部和潮南南部三个片区。澄海西部生态与乡村片区打造市域生态与水源涵养区，潮侨文化、生态农业、乡村旅游和城乡统筹发展示范区；潮阳西部生态与乡村片区打造汕（头）揭（阳）区域生态

---

① 在《汕头市新型城镇化（2016—2020 年）》中，城乡空间布局为："一脊一带，一体两翼，一岛三片"的"11-12-13"总体格局和"一湾两岸"的新中心格局。

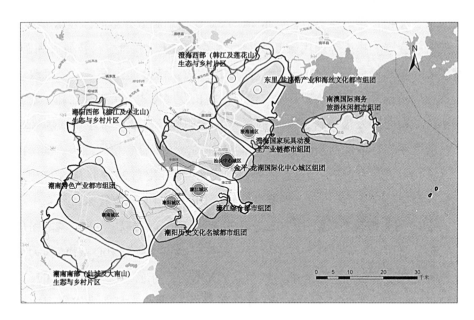

图 7-4　汕头市域城镇体系规划图

保育与涵养区，特色农产品生产和城乡统筹发展示范区；潮南南部生态与乡村片区打造汕(头)揭(阳)区域生态保育与涵养区，特色农产品生产和山地休闲度假旅游区。

汕头市城镇化水平较高，处于相对稳定状态，总体上呈现缓慢上升态势。2019 年，汕头市常住总人口为 566.48 万人，其中城镇人口 399 万人，城镇化率为 70.44%，仅比 2015 年提高 0.22 个百分点。而同期全国城镇化率和广东省城镇化率分别为 60.6% 和 71.4%，汕头市城镇化水平高于全国平均水平约 10 个百分点，和广东省平均水平相差不大，其城镇化进程快于全国平均水平。

三、汕头副中心城市建设的发展对策

中共广东省委、广东省人民政府《关于支持汕头建设新时代中国特色社会主义现代化活力经济特区的意见》中设立了明确的发展目标：到 2035 年，省域副中心城市基本建成。基于现阶段汕头建设省域副中心城市存在的问题，笔者建议从提升城市发展能级、提升区域基础设施均衡通达程度、建设现代化经济体系和坚

持创新驱动发展四个方面着手，推动打造广东省域副中心城市和现代化沿海经济带重要发展极。

（一）打造区域教育、医疗、文化、商贸高地

围绕构建"一核一带一区"区域发展格局，加快打造区域教育、医疗、文化、商贸"四大高地"，进一步提升城市发展能级。

打造区域教育高地。全力支持汕头大学、广东以色列理工学院加强学科建设和人才引进，努力建设"双一流"高校。推动汕头大学东校区一期建成使用，广东汕头幼儿师范高等专科学校招生办学，广东以色列理工学院南校区一、三期工程建成，加快筹建汕头大学南校区，启动汕头健康护理职业学院三期建设。着力提高基础教育生均占地和建筑面积，建成金中海湾学校、龙湖金湾学校等一批中小学校，落实住宅小区配套幼儿园建设"四同步"。推动义务教育优质均衡发展和普通高中教育多样化有特色发展，提升办学品质。启动中职教育园区规划建设，打造一批高水平中职学校和"双精准"示范专业，提升职业教育服务产业发展能力。大力发展特殊教育，推动聋哑学校迁址办学。支持和规范民办教育发展。突出师德师风建设，加大中高端人才引进力度，加强教师队伍建设。

打造区域医疗高地。加快优质医疗资源扩容，支持汕大医学院附一院、市中心医院加快建设高水平医院。依托汕大医学院附一院、市中心医院建设心血管、神经、儿童、肿瘤和呼吸等5个国家区域医疗中心省级分中心。

打造区域文化高地。建设普惠性、高质量、可持续的公共文化服务体系，推动潮汕历史文化博览中心和郑正秋、蔡楚生电影博物馆建成使用，规划建设美术馆、华侨馆等一批重大公共文化设施。加强潮汕文化、红色文化、华侨文化、海丝文化的保护利用，组织实施国民革命军东征军总指挥部政治部旧址、陈慈黉故居、龟山建筑遗址等一批文物保护项目，持续推进小公园专题博物馆群建设，加强侨批档案的保护、研究和开发利用，加大非遗保护传承与创新力度。鼓励文化艺术创作，组织一批弘扬民族精神、传承红色基因的文化精品创作和演出。

打造区域商贸中心。建设区域消费中心城市，研究出台更具针对性的促消费政策，持续开展促消费和出口转内销系列活动，提质扩容"夜间经济"，扩大节

假日消费，推动消费体验化、品质化和数字化。建设完善核心商业集聚区，围绕龙湖中央商务区打造高铁经济圈，加快建设城市级核心商圈、区级商圈及特色商圈。加快发展现代物流，积极培育外贸供应链综合服务和商贸流通龙头企业，推进建设大宗商品交易市场、大宗商品物流集散基地和冷链物流体系，加快建设天环冷链物流仓储、粤东物流新城、粤东江南国际农产品交易中心等项目。积极探索展会新模式，发挥电子商务及"云展厅"优势，筹划举办本地优势产业展会，引导企业开拓国际国内两个市场。

(二)提升区域基础设施均衡通达程度

打造省域副中心城市，着力提升城市基础设施均衡通达程度是关键一环，而交通基础设施建设是重中之重。2019 年中共广东省委、省政府出台的《关于构建"一核一带一区"区域发展新格局促进全省区域协调发展的意见》提出了"八项行动"，其中第二大行动，即是"提升区域基础设施均衡通达程度"。

加快连通粤港澳大湾区。加快建设汕汕铁路，加快推进汕漳铁路前期工作，全力推进汕湛高速、潮汕环线等省内干线高速公路建设，完善汕头及粤东地区通往珠三角地区的高速公路网。携手汕尾、潮州、揭阳加快推进高速公路、高速铁路等重大项目建设，形成连通粤港澳大湾区的快速通道。全力加快南澳联络线高速、广东滨海旅游公路规划建设。加快与粤港澳大湾区基础设施的"硬联通"，加快形成"广汕汕""厦深"沿海高铁双通道，让人员、技术、资金、货物等生产要素便捷流通、有效聚集。

打造汕潮揭半小时交通圈。加快分别连接潮州、揭阳市的新国道 228 线凤东路建设和汕南大道、潮汕大桥、汕揭大桥项目前期工作，着力打造汕潮揭半小时交通圈。加快汕潮揭临港空铁合作区建设，促进汕头广澳港、揭阳潮汕国际机场、厦深铁路潮汕站三大枢纽联动发展，发挥资源集聚优势。远期规划"两线两环两射线"城际铁路网络，总里程 460 千米。

推进信息及能源基础设施建设。加快 5G 网络、云计算、大数据、人工智能等新型基础设施建设，加强传统基础设施"数字+""智能+"升级，以"城市大脑"为核心，创新运行组织和管理方式，加快建设智慧城市，探索建设具有深度学习能力、全球领先的数字孪生城市。构建坚强高效的智能电网，积极建设太阳能发电基地，部署建设天然气分布式能源站、充电桩等新型能源基础设施。

(三)推进产业高端发展，构建更具竞争力的现代产业体系

坚持把发展经济着力点放在实体经济上，坚持陆海统筹、港产联动，全要素、全产业链、全地域谋划产业发展，建设制造强市、质量强市、网络强市、数字汕头，提高经济质量效益和核心竞争力。

促进传统产业转型升级、提质增效。积极"嫁接"工业互联网、数字经济等新业态，加快技术改造、品质提升和品牌创建，推动数字化、网络化、智能化转型，把纺织服装、工艺玩具、化工塑料等传统优势产业打造成为千亿元级产业集群，稳住传统优势产业"压舱石"。实施中小企业"专精特新"培育计划，着力培育一批具有核心竞争力的龙头企业、一批行业"单项冠军"和"隐形冠军"。

推动新兴产业做大做强。大力发展以海上风电为重点的先进装备制造产业，打造千万千瓦级海上风电基地和千亿元级先进装备制造业产业集群；发展金融、物流、电商、5G产业，打造千亿元级现代服务业产业集群；以潮汕美食、潮汕文化、潮汕风光为依托，打造百亿元级文旅产业集群和全国旅游目的地；突出精细化、规模化、品牌化、高端化，打造百亿元级现代农业产业集群，擎起新兴支柱产业"顶梁柱"。积极发展绿色石化、生物医药、新材料、新一代信息技术等战略性新兴产业。

优化提升产业空间布局。规划建设"3+8+N"重大产业发展平台，进一步发挥国家高新区、综合保税区和华侨试验区3个功能区核心引领作用；加快建设澄海六合围和莲花山、龙湖东部、濠江滨海、潮阳海门和金浦、潮南两英和井都等8大重点产业新片区，打造"万亩千亿"新产业平台；整合提升现有产业园区和产业集聚地，建设若干个"专精特新"特色化产业园区。加快建设深圳汕头协同创新科技园、东牛田洋产城融合示范区。

推动镇域经济高质量发展。加快简政放权，通过体制创新、资源下沉、赋能提效，做大做强全市镇域经济，支撑区(县)域经济高质量发展。鼓励镇(街道)加宽拉长产业链，增强产业集群配套能力，积极打造一批工业重镇、商贸名镇、文旅强镇、农业大镇。支持镇(街道)规划建设产业功能区，推进镇村工业集聚区改造升级，在土地整合、招商引资、利益共享等方面形成工作机制，拓展产业

升级空间。

提升产业链供应链现代化水平。实施稳链补链强链控链工程，加快形成一批本土"链主"式领军型企业，大力培育供应链企业，锻造产业链供应链长板。抓住省优化产业链布局的重大机遇，积极争取国家和省重大产业项目落户，全力引进世界 500 强、中国 500 强企业。坚持政府投资撬动，激发社会投资活力，优化投资结构，积极扩大有效投资。以新发展理念指导招商引资工作，瞄准重点区域、重点城市、重点产业、龙头企业开展招商。把现有项目增资扩产与新项目落地同等看待、整体部署、统筹推进。

建设区域金融中心。持续优化金融生态环境，完善信用数据共享机制，推动融资降门槛、减成本，增强金融服务实体经济能力。推进"引金入汕"工程，吸引符合条件的银行、证券、保险机构、基金管理公司、期货公司、创投企业等落户汕头或设立法人分支机构，探索设立科技型证券公司，增强金融集聚效应。深化与沪、深等交易所合作，推动符合条件的企业在主板、中小板、创业板、科创板及境外上市，引导上市公司提高发展质量。持续深化地方金融改革，依托华侨试验区、综合保税区等平台，争取开展跨境人民币、资本项目创新试点以及保单贴现业务，发展贸易融资跨境转让业务。

加快发展数字经济。推动省市共同打造数字经济新高地，加快数字经济和实体经济深度融合，推动制造业与信息技术融合发展。加快关键核心技术突破，深化互联网、大数据、云计算和 5G 技术、人工智能等研发应用，培育数据要素市场，推进数字应用新业态和数字创意产业发展。加快 5G 产业园招商引资和项目落地，打造 5G 产业联盟，推动中国移动华南 AI 中心、汕头联通 5G 联合实验室等项目落地，数字化、智能化产品可优先在汕头应用推广。

（四）坚持创新驱动发展，打造区域科创中心

坚持创新在现代化建设全局中的核心地位，深入实施创新驱动发展战略、人才强市战略，在重大科技基础设施、重大科研平台、重大科技项目攻关上集中发力，在科研人才、科研经费上倾斜资源，完善创新体系，提高创新能力，加快建设区域科创中心。

聚集科技创新资源。加强基础研究与应用基础研究，健全政府投入为主、社

会多渠道投入机制，加大研发投入。建好用好化学与精细化工广东省实验室、高等级生物安全实验室，着力引进大院大所建设高水平创新研究院、技术创新中心、重点实验室、临床医学研究中心、医学科学院等创新平台。加强国际科技交流合作，积极参与粤港澳大湾区国际科技创新中心建设，深化与广州、深圳等地的科技合作，吸引集聚更多境内外高端科技创新资源落户汕头。推进国家高新区建设创新驱动发展示范区和高质量发展先行区，积极争取设立更多省级高新区。

提升自主创新能力。强化企业创新主体地位，加快构建以企业为主体、市场为导向、产学研深度融合的科技创新体系。增强高校创新支撑能力，支持企业牵头组建创新联合体，推进科研院所、高校、企业科研力量优化配置和资源共享。推动高新技术企业数量与规模做大做强，大力培育科技型中小企业。建设广东省智能化超声成像技术装备创新中心，推进规模以上高新技术企业普遍建立工程技术研究中心、企业技术中心等研发机构。推动创新孵化载体建设，引进先进地区孵化器运营企业在汕设立创新创业平台。推动创新链和产业链有效对接，围绕提升传统优势产业和培育新兴支柱产业，实施一批重大科技项目，突破一批关键核心和共性技术。完善科技创新体制机制，制定出台科技创新促进条例，探索建立重大科技项目、重大关键核心技术攻关"揭榜挂帅"制度。加强知识产权保护，大幅提高科技成果转移转化成效。

激发人才创新活力。实行更加开放的人才政策，探索复制粤港澳大湾区吸引人才优惠政策，拓宽港澳产业人士在汕执业范围，争取适用国际人才管理改革试点政策。

第八章 山西省域副中心城市建设

山西省下辖 11 个地级市，总面积 15.67 万平方千米。作为中国乃至世界上典型的资源型地区，山西一直以来以矿产资源经济为主。2017 年 6 月，习近平总书记视察山西，十分关注"实现资源型地区经济转型发展"；2020 年 5 月，习近平总书记再次视察山西，赋予山西"在转型发展上率先蹚出一条新路来"的重大历史使命。山西省积极优化城镇空间布局、推进省域副中心城市建设，作为空间转型推动经济增长的尝试，必将加快推动山西转型发展，真正走出一条产业优、质量高、效益好、可持续的发展新路。

第一节 城镇化布局与省域副中心城市

一、城镇化布局："一主三副六市域中心"

在碳达峰碳中和的大背景下，山西经济由外延粗放型向内涵集约型转变，资源和要素转向投入效益较高的区域和产业，从"一煤独大"到多元支撑，打造新的经济增长极，转型经济结构、优化空间布局是山西发展的根本出路。"十三五"期间，山西转型发展入轨并呈现强劲态势，经济总量大幅提升，经济质量效益稳步向好。但全省仍然存在发展不充分、不平衡、不协调的问题。有鉴于此，山西省确定了以大都市大县城建设统筹城乡发展的区域协调发展新思路，2019年 12 月提出建设"一主三副六市域中心"空间布局(见图 8-1)，以太原都市区、省域副中心城市、市域中心城市建设为载体，构建"一主引领、三副联动、六心协同"的区域新格局。

"一主"即太原都市区，打造成为山西省参与国际国内竞争、带动全省社会

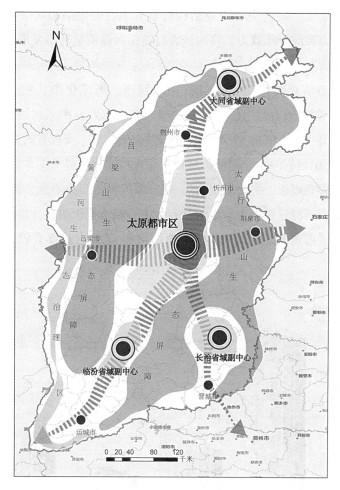

图 8-1 山西省"一主三副六市域中心"布局

经济和城镇化发展的核心地区。

"三副"即地处山西北部的大同、南部的长治和临汾三个省域副中心，作为山西省次区域经济发展的核心区，也是山西省开放对接、融入国家战略区域的重要门户和载体。大同、长治、临汾三个地级市定位为"省域副中心城市"，将为山西的区域经济均衡发展奠定基础。

"六市域中心"即运城、晋城、阳泉、朔州、忻州、吕梁六个市域中心，积极推进城乡协调发展，打造成为全省重要的增长极。

按照"一主三副六市域中心"发展新格局，坚持以人民为中心，着力提升新型城镇化质量规模，促进全省产业结构转型升级，强化中心城市要素集聚辐射力、核心竞争力和综合承载力，将为聚力打造山西高质量转型发展强大核心引擎打开广阔空间。

山西省着力培育壮大"一主三副"中心城市，城镇化步伐明显加快。截至2019年山西省常住人口城镇化率达59.55%，在中部六省中名列第二，仅次于湖北省的61%，高于江西省的57.4%、湖南省的57.22%、安徽省的55.81%、河南省的53.21%。山西省一主三副城市城镇常住人口变化趋势见图8-2。但是，山西省城市发展仍存在短板，主要表现为"一主三副"整体实力不强，四市GDP合计不足全省一半。同时存在副中心城市与省会中心城市差距明显，集聚辐射力不够等问题，各市城市规模、人口规模、产业结构和GDP占比都有较大的提升空间（见图8-3）。

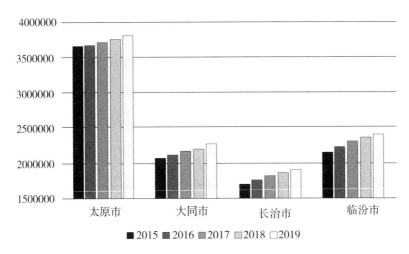

图8-2　山西省一主三副城市城镇常住人口变化趋势（单位：人）

二、加快省域副中心城市联动发展

2020年5月，习近平总书记视察山西时作出大力加强科技创新，在新基建、新技术、新材料、新装备、新产品、新业态上不断取得突破的重要指示。① 以习

---

① 习近平在山西考察时强调：全国建成小康社会　乘势而上书写新时代中国特色社会主义新篇章．人民日报，2020-05-13.

图 8-3 山西省一主三副城市 GDP 占全省 GDP 比重变化趋势(%)

近平总书记讲话为指导，山西省依托省内"一主三副六市域中心"各自的资源优势，在六个新领域打造 14 个战略性新兴产业集群，重点推动高端装备制造业发展，即煤机智能制造装备、先进轨道交通、通用航空 3 大标志性、引领性产业集群发展，建设一批全国重要的新兴产业制造基地。同时以黄河、长城、太行三大旅游品牌促进全省旅游产业转型升级，为山西在转型发展上蹚出一条新路来。大同、长治和临汾三个省域副中心城市，坚决贯彻习近平总书记视察山西重要讲话精神和省委省政府决策，主动融入全省发展大格局，加快联动发展。

(一)培育煤机智能制造装备产业子集群

山西以打造全国最大、世界知名的煤机装备研发和制造基地为目标，目前已经形成了较为完善的煤机装备现代化产业体系和具有全国竞争力的煤机装备制造业集群。2020 年 8 月山西省工业和信息化厅印发《山西省煤机智能制造装备产业集群创新生态建设 2020 年行动计划》，规划依托晋中、晋东南和晋北三个区域，通过强化与领军企业深度合作，加大关键技术研发和市场开拓力度，进一步提升煤机智能成套装备市场占有率。大同市加强与忻州市联系，形成以大同煤矿集团机电装备约翰芬雷洗选技术设备有限公司、同煤同力采掘机械制造公司、阳煤忻州通用机械有限责任公司为龙头，以主运输设备、煤炭洗选设备为主导的晋北智能煤机装备产业集群；长治市加强与晋城市的合作，形成以山西潞安机械有限责任公司、山西晋煤集团金鼎煤机矿业有限责任公司、山西潞安华亿实业有限公司、山西潞安安易电气有限公司为龙头，以"三机一架"（煤矿掘进机、采煤机、刮板运输机和液压支架）为主导的晋东南智能煤机装备产业集群。

（二）联合布局先进轨道交通装备产业

山西作为铁路货运大省，轨道交通装备产业起步较早，有深厚的产业基础和产业创新链，成为中国乃至世界重要轨道交通装备研发制造基地之一，拥有国家级和省级先进轨道创新平台。轨道交通装备产业是先进装备制造的主体和生力军，大力发展轨道交通装备制造，不仅可以加快培育战略新兴产业，也是山西优化产业结构和加快高端装备走出去的闪亮名片。

大同与太原、运城三市均获批轨道交通装备制造业基地建设规划。以重载电力机车为主导的大同产业集群，聚集优势，抱团发展。此外，山西省轨道交通产业技术创新战略联盟的成立，将促进政、产、学、研、用、金深度融合，有助于优化轨道交通产业链布局和联盟成员间的协同分工，推动行业关键共性技术的研发，提升轨道交通产业自主核心技术水平。着力推进中车大同电力机车有限公司等国家级企业技术中心建设，发挥创新型领军企业带动作用。通过加强合作，山西制造将挺进全国轨道交通大产业，成为山西转型发展的一支主流力量。

（三）通用航空产业集群迅速发展

根据山西省政府规划，通用航空产业集群重点培育大同、太原、长治三市。打造大同通航产业发展示范市，建设太原通航产业基地，构建长治通航产业基地。大同发展集通用航空产业研发、制造、运营、服务为一体的大同通用航空产业集群；太原发展以禧佑源太原飞机拆解基地为承载、以航空新材料研发生产、飞机拆解业务为主的通用航空产业集群；长治发展以长治市高新区为承载、以飞机维修改装、产业配套服务为主导的长治通用航空产业集群。

通用航空产业与多领域融合发展。同时推进通用航空专业培训教育，为本地航空高等专业人才的业务培训和就业提供重要保障；开发航空体育及私人消费市场，通航运营企业与国内外知名机构联合开展空中跳伞、滑翔机、动力三角翼、热气球、航空模型等航空体育运动，为私人飞行爱好者提供体验飞行、飞机租赁、飞机销售、飞机管家等综合服务；培育特色低空旅游项目，结合"黄河之魂在山西、长城博览在山西、大美太行在山西"的三大旅游品牌，规划低空旅游线路，推进通用航空与旅游业融合发展，利用"空中观光+飞行体验"模式打开饱览三晋风光的新大门，推进山西旅游资源的深度开发。

（四）三大旅游板块加速全省旅游产业转型升级

山西根据其地理优势，立足黄河、长城、太行三大品牌集聚的独特禀赋，在全省锻造黄河、长城、太行三大旅游板块，加速全省旅游产业转型升级，将文化旅游业加快培育成全省战略性支柱产业。从历史文化为主的单一传统旅游目的地转型为山水、休闲、康养、度假等复合功能为一体的旅游目的地，提升"游山西·读历史"的文化旅游整体形象。

山西旅游业在三大板块的建设下融合发展，将山西连接在一起构建全域旅游发展格局，推动全省产业转型升级实现绿色高质量发展。三大板块具体部署如下：

黄河板块：以山西省黄河一号国家旅游专用公路及相关道路为骨架，推动旅游开发建设与生态环境保护协调发展。省域副中心城市临汾要主动与山西黄河板块内忻州、吕梁、运城、河津、永济等市串联，建构起一条黄河廊道、四大旅游核心、四个旅游名县、六大主题游线、八大特色景区的空间大格局，推动美丽城乡建设和增加旅游就业。

长城板块：覆盖主体区大同、朔州、忻州3市，关联区长治、吕梁、阳泉、晋中、晋城5市。大同、长治两个省域副中心城市要联合其他6市，共建长城板块1条主线长城1号旅游公路，83条支线，256条连接线，形成"一主一副多点、两轴一带四片"的总体布局，推动长城沿线整体经济、社会、文化、生态全方位发展。

太行板块：主体区包括长治、临汾等6市，面积4万多平方千米，涉及人口800多万人。关联区包括除主体区外，汾河以东的6个市县的大部分地区。近年来，整个太行板块旅游收入占全省旅游总收入的70%以上。长治、临汾2个省域副中心城市要联手与其他4市加强合作，集聚形成南太行、中太行、北太行3个特色旅游片区，共同打造世界知名黄金旅游带。

充分释放"旅游+交通"新业态优势。3条一号旅游公路连接三大板块,其支线共387条,连接线356条,规划总里程1.3万余千米。截至2020年年底,累计开工4540千米,建成3469千米,完成投资322亿元。预计2022年全线通车后,山西将实现连点成线、串线成面的旅游网络结构,极大带动沿线村庄和景点的快速发展。

第二节　大同省域副中心城市建设

大同辖7县4区,是国家新型能源基地、现代先进制造业基地、多元文化融合的国家历史文化名城、世界文化遗产旅游城市、中部地区重要的区域性中心城市、全国性综合交通枢纽城市之一,同时也是东向对接京津冀、融入环渤海的门户,晋冀蒙交界地区乌大张长城金三角合作区核心枢纽城市。根据"七普"数据,全市常住人口为310.56万人,与2010年第六次全国人口普查的331.81万人相比,10年间减少了21.25万人,减少6.40%。

一、大同省域副中心发展的基础

(一)经济发展有较强实力

"十三五"时期,全市地区生产总值由2015年的984.98亿元增加到1369.9亿元,年均增长5.0%;规上工业增加值增速达到7.7%,由2016年全省末位逐步前移到全省第二;战略性新兴产业增加值占规上工业比重达到16.9%;固定资产投资年均增长9.2%;一般公共预算收入年均增长7.9%;社会消费品零售总额年均增长4.8%。三次产业结构优化为5.1∶37.0∶57.9。2020年全市常住居民人均可支配收入24988元,比上年增长6.2%;规模以上工业企业实现营业收入1064.2亿元,比上年增长4.6%;社会消费品零售总额655.4亿元,比上年下降4.7%。大同高质量发展的基础更加稳固。

2020年4月27日,中国(大同)跨境电子商务综合试验区获批建设。保税物流中心(B型)通过验收。大同综试区建设突出大同特色和优势,依托山西区域中心城市和全国物流枢纽城市地位,发挥大同国际陆港保税物流中心(B型)、大同进口肉类指定监管场地、大同航空口岸、大同市国家进口示范区、大同跨境电商综试区多功能合一的整体效能，推进大同商务经济高质量发展。

(二)区位交通优越

大同市位于山西省北部，内外长城之间，地处温带大陆性季风气候区，四季鲜明，是山西省第二大城市，国务院批复确定的中国晋冀蒙交界地区中心城市之一。东临河北，公路里程距北京约 330 千米，北与内蒙古接壤，距呼和浩特约 300 千米，南与本省朔州市相邻，到太原约 290 千米，是全国 42 个综合交通枢纽城市之一。为首都之屏障、全晋北方之门户，山西、河北、内蒙古之咽喉要道，是历代兵家必争之地，有"北方锁钥"之称。

2019 年 11 月 8 日，国务院下发《关于同意山西云岗机场对外开放的批复》，正式同意大同航空口岸对外开放。对外贸易拓展至 64 个国家和地区。民用航空航线 28 条，通航城市 31 个。

(三)自然资源丰富

大同土地资源丰富，总土地面积 140.6 万公顷，其中耕地约 36.47 万公顷，工业用地充足。建设项目用地成本不足全国平均水平的一半。大同是中国最大的煤炭能源基地之一，煤炭探明储量约 380 亿吨，优质的非金属和金属矿藏储量丰富。2020 年全年一次能源生产折标准煤 0.7 亿吨，比上年增长 7.9%；二次能源生产折标准煤 0.7 亿吨，增长 27.3%。

大同是京津冀能源供应地。国家西气东输主要管线经过大同地区。作为能源战略储备的中海油年产 40 亿方煤制气项目即将开工，能够保障京津冀能源需求。电力总装机达 1200 万千瓦，在山西省排名第一，其中新能源装机总量达 337 万千瓦，风电发电 165 万千瓦，光伏电站 163 万千瓦。大同二电厂的 500 千伏超高压输变电站是华北电网重要通道枢纽，汇集内蒙古和山西的电力，通过大房三回线 500 千伏超高压输电线路送往京津唐电网。2020 年，外输电力 318.6 亿千瓦时，比上年增长 4.4%，外输电量占发电量比重为 65.0%。

(四)人文历史悠久

大同是国务院公布的首批全国 24 座历史文化名城之一，历史悠久，人文荟萃。有 2300 多年的建城史，曾是两汉名郡、北魏首都、辽金陪都、明清重镇，赵武灵王胡服骑射、白登之战、昭君出塞、孝文帝改革、杨家将大战金沙滩、平型关大捷等许多重大事件发生于此。境内名胜古迹众多，世界文化遗产云冈石窟已有 1500 多年的历史，"人天北柱"——北岳恒山、辽金艺术博物馆华严寺、被誉为世界级"危观"建筑的悬空寺、全国最大的九龙壁等享誉世界。大同是中国九大古都之一和中国优秀旅游城市，被誉为"雕塑之都""塞北明珠"。

二、大同城市空间布局与城镇化

根据 2017 年修订版《大同市城市总体规划(2006—2020 年)》，大同市规划形成"一主三副，一轴一带"的市域城镇空间结构(见图 8-4)。"一主"即大同市中心

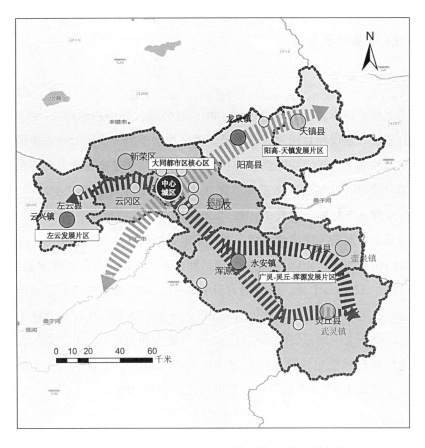

图 8-4 大同市"一主三副，一轴一带"城镇空间布局

城区，是带动大同全市转型跨越发展的主中心；"三副"指左云县城云兴镇、阳高县城龙泉镇、浑源县城永安镇三个市域副中心城市；"一轴"即区域中轴，是山西省大运一级城镇发展主轴线在大同市域的延伸，是支撑大同市产业转型和新型城镇化发展的重要战略空间，也是全市对外开放和区域合作的重要载体；"一带"即特色城镇发展带，是整合市域特色资源，带动市域特色小城镇发展，推动大同市绿色崛起的战略空间。

大同城市空间和产业格局进一步优化，中心城区辐射带动能力全面提升。根据第七次全国人口普查数据，全市城镇常住人口为225.75万人，常住人口城镇化率达到72.69%，远高于全省和全国平均水平。与2010年第六次全国人口普查相比，城镇人口增加43.54万人，乡村人口减少64.79万人，常住人口城镇化率上升了17.77个百分点。全市四个市辖区常住人口189.42万人，占全市总人口的60.99%。

三、提升大同省域副中心城市能级

全面推进高速飞车大同试验线工程。超高速低真空管道磁浮交通系统（高速飞车）项目是具有颠覆性、标志性、战略性意义的试验工程，低真空、磁悬浮两大特点，使得其在速度方面拥有远远超过目前高铁每小时350千米的潜力。研发成功后将与航空、高铁共同构成世界一流现代立体综合交通体系，对我国在轨道交通领域领跑世界具有重要意义。高速飞车山西省实验室服务于国家科技创新战略，由中北大学和中国航天科工集团第三研究院联合共建，先期建设一条全尺寸试验线，确保每小时1000千米速度的高速飞车试验成功，早日实现工程化、产业化，将为未来超高速飞车提供低真空管道磁悬浮关键技术试验平台，为山西转型发展作出贡献，为国家未来轨道交通发展提供重大技术支撑。

不断加大开发区建设力度。2020年12月29日，国家级大同经济技术开发区被确定为"绿色产业示范基地"。开发区以"三个一批"（项目签约一批、开工一批、投产一批）为牵引，掀起"六新"项目建设新高潮。通用航空器研发基地等项目签约落地；现代医药产业园、浑源抽水蓄能、上海重塑北方总部基地等项目开工建设；隆基绿能、新研氢能等项目竣工投产，经济转型呈现出良好态势。2021年第二期"三个一批"活动，共签约45个项目，总投资287.555亿元，预计年产值 191.416 亿元。

做大做强现代农业优势产业。实施农业特优战略，加快发展特色现代农业。大同黄花国家现代农业产业园和大同国家农业科技示范园区全面创建。2020 年大同黄花产业全产业链产值达到 18.4 亿元，规模质量效益显著提升。北肉平台、骏腾肉鸡、恒宗黄芪精深加工等 83 个重点项目有力推进，在全省起到了示范引领作用。2020 年 5 月习近平总书记视察山西，对大同的黄花产业助力脱贫攻坚给予充分肯定，鼓励发扬黄花系列产品特色和功效，将小产品做成大产业，为乡村振兴助力。[①]

融合发展大数据与新能源产业。坚持大数据与新能源联动发展，打造千亿级规模的数字产业集群，能源革命成数字经济换道领跑的最强引擎。氢能、光伏全产业链、"新能源+储能"全产业链、压缩空气储能、抽水蓄能等转型重大项目建设加快；晋北风电项目 2021 年年底全部建成并网；国电电力大同湖东电厂 2×100 万千瓦"上大压小"项目开工建设；大同—北京 1000 千伏特高压电力外送通道以及调峰电源点项目争取列入国家规划。能源结构进一步优化，全市新能源装机占全市电力总装机的 50% 以上，全力建设成为京津地区绿色能源供应基地。

推动文化旅游示范区提档升级。国务院支持大同建设全国综合康养产业区，文化旅游资源加快融合。举办"游山西·读历史"文化旅游体验活动，通过剪纸、结艺、铜器等优秀非物质文化遗产产品，讲述大同故事、山西故事。云冈国际知名文化旅游目的地、古城项目、长城国家文化公园、长城 1 号旅游公路建设加快。以县域自然生态和旅游资源为基础，以景区旅游、休闲康养、产业聚集为支撑，以恒山、神溪湿地、汤头温泉三大旅游品牌为核心的生态文化旅游提档升级。2019 年全市旅游总收入 762.1 亿元，比上年增长 22.7%。其中，国内旅游收入 758.8 亿元，增长 22.9%。旅游外汇收入 5496.8 万美元，比上年增长 12.4%。全年全市接待国内游客 8386.3 万人次，比上年增长 21.3%；接待入境旅游者 9.1 万人次，比上年增长 11.1%。

加快发展现代医药和大健康产业集群。大同正在加快建设成为中国良药港。依托国药集团威奇达药业有限公司、山西普德药业有限公司两个医药园区，新国

---

① 习近平在山西考察时强调：全国建成小康社会　乘势而上书写新时代中国特色社会主义新篇章．人民日报，2020-05-13.

大现代医药健康产业园、库邦医药中间体等项目建设加快，国药威奇达青霉素绿色产业链升级，年产值有望达到 100 亿元。

突破性发展节能环保产业集群。以瑞城装配式绿色建筑集成产业基地、宏鑫绿色装配式金属维护一体板、正方利民装配式建筑产业园等项目为引领，推进碧水源环保设备生产研发基地、亿晨环保资源循环利用基地项目建设，积极引进环保先进设备制造、高效节能产品生产项目，加快实现废弃物资源化和环保产品专业化，建设晋北节能环保产业示范区。

四、发挥大同省域副中心城市辐射带动作用

（一）打造乌大张长城金三角合作区核心枢纽城市

"蒙晋冀长城金三角经济合作区"是位于蒙晋冀三省交界处的内蒙古乌兰察布市、山西大同市、河北张家口市三地区域合作的统称，也称"乌大张合作区"。通过探索我国欠发达地区的经济合作模式，创新引领跨行政区域合作示范促进民族团结繁荣，更好地服务首都经济圈。

高铁建设成为大同走向世界的大通道。大同提出"大开放"战略，规划完善大同对外开放的大交通网络。2019 年年末，大张高铁全线开通运营，同步实现与京张、张呼、大西全线贯通。大张高铁从东北方向打通对外开放通道，大同至北京通行时间缩短至 100 分钟。大西高铁从西南方向上打通对外开放通道，大同至西安旅客列车运行时间压缩至 4 小时左右，北京、张家口、大同、太原、西安的全线贯通，不但缩短了山西与京津唐环渤海经济圈的时空距离，推动晋北融入环渤海经济圈，建立承东启西的高速铁路大通道，打造首都"后花园"，同时助推大同由资源型城市向绿色宜居开放型城市转型，对大同实施旅游强市、交通强市、经济强市战略具有重要意义。

乌大张长城金三角合作区建设进程加快。为构建"一带一路"高铁新格局，继而连接二连、莫斯科，大同推进大同—乌兰察布高铁项目，加快乌大张长城金三角合作区建设进程，助力大同走向世界。加快大同—保定高铁工作推进，打通大同与河北的"断头路"，形成东西直连、南北贯通的交通大格局，将大同与京津冀高速铁路骨干网络融为一体，构建对接京津冀地区畅通、高效的交通网络

体系。

借势首都，振兴大同。2020 年大同公路通车里程 12749 千米。其中高速公路 589 千米。全市公路密度 90.4 千米/百平方千米。京大高速公路、大运高速公路在大同交汇，大呼、荣乌、天大、灵山、同源、广源 6 条高速公路和大同绕城高速公路连通运营，与北京、太原、呼和浩特、张家口等城市已实现 3 小时公路互通。大同融入首都 2 小时经济圈和"一带一路"2 小时经济圈指日可待。这对积极承接首都资源外溢，引进北京大型企业发展总部经济，在科技研发、数字经济、文旅融合、绿色发展等方面开展务实合作，吸引更多的人流、物流、信息流、资金流在大同集聚具有重要作用。

(二)联合吕梁、阳泉积极推进大数据产业

发展大数据产业的多种优势齐聚。山西气温较低，具有节约能耗运行成本的天然优势；煤电资源丰富，《山西省促进大数据发展应用的若干政策》提出，对大型以上数据中心设定 0.35 元/度的目标电价，与全国平均水平相比降低电价成本一半以上；产业基础雄厚，省际出口带宽达到 19000G，为数字经济提供了信息通道；新基建能力突出，山西百度云计算中心、天河二号超算中心、大同秦淮数据中心等提供从数据存储到算力支撑的新基建能力。

三市联合发展大数据产业。近年来，吕梁、大同、阳泉三市加快秦淮数据、中联数据、普云数据、华为数据中心项目扩能步伐，加快推动百度云计算中心二期、环首都·太行山能源信息技术产业基地、阳泉智能驾驶车路协同示范基地、精英安全生产智能感知系统产业化项目等重大项目建设。以企业上云、智能制造、智慧矿山为抓手，推动传统产业数字化、网络化、智能化转型，将促进三市及周边地区数字经济与实体经济深度融合发展。

第三节　长治省域副中心城市建设

长治市位于山西省东南部，平均海拔 1000 米，东倚太行山，与河北、河南两省为邻，西屏太岳山，与临汾市接壤，南部与晋城市毗邻，北部与晋中市交界。东西长 150 千米，南北宽 140 千米，2019 年土地面积为 1.41 万平方千米，

占全省总面积的 8.90%。下辖 4 区、8 县、1 个国家级开发区。

一、长治省域副中心城市发展的基础

(一)经济实力

"十三五"以来,长治经济综合实力有较快提升。全市 GDP 从 2015 年的 1195.1 亿元增长到 2020 年的 1711.6 亿元,年均增长 6.0%,经济总量保持全省第二。一般公共预算收入从 2015 年的 96.4 亿元增长到 2020 年的 166.4 亿元,年均增长 11.5%,规模以上工业企业增加值年均增长 5.7%,固定资产投资年均增长 8.0%。

产业转型升级成效明显,传统产业压减过剩产能全面完成。共关闭煤矿 12 座,化解过剩产能 660 万吨。化解钢铁产能 190 万吨,压减焦炭过剩产能 642 万吨。全市新能源装机达到 216 万千瓦,占电力总装机容量的 24.2%。新兴产业逐步壮大,初步形成了半导体光电、光伏新材料、先进装备制造、生物医药等产业,LED 产值占全省的 95%,光伏产业产值占全省的 53%,生物医药产值占全省的 50%。因老工业基地整改力度较大,长治 2017—2019 年连续三年受到国务院督查激励。

(二)区位交通条件

长治,地处晋东南,晋冀豫三省交界,为太行山、太岳山所环绕,构成高原地形,平川、丘陵、山地分别占总面积的 15.9%、33.4% 和 50.7%。长治市地处被誉为"黄金人居带"的北纬 36°~37°,属典型的暖温带半湿润大陆性季风气候。冬无严寒、夏无酷暑,被誉为"北方的南方,南方的北方"和"夏季的无扇之城"。市区东有 50 平方千米的老顶山国家森林公园,西有 27 平方千米的漳泽湖和 32 平方千米的长治湿地,内有 20 千米长的环城水系,非常适宜人居人游。

区域综合交通运输体系基本形成。境内有高速公路 3 条、5 条普通国道、9 条普通省道、县道 28 条、乡道 106 条、村道 856 条,公路通车里程达 2931 千米,公路密度 111.4 千米/百平方千米。所有乡镇、建制村实现了水泥(沥青)路和客车(公交)全覆盖,全部实现了城市公交和镇村公交一体化。

(三)矿产和旅游资源

长治地区的地下矿藏种类有 40 多种，煤、铁藏量尤为丰富，此外还有大理石、白云岩、铝土矿、耐火黏土、铁矾土、硅石、石膏等。长治市是国家重点产煤市之一。2019 年，长治市原煤产量 1.3 亿吨；已探明的煤层气储量 5700 多亿立方米，埋层浅，开采条件较好。

长治市地跨海河、黄河两大流域。其中，海河流域面积 11103 平方千米，占79.9%；黄河流域面积 2793 平方千米，占 20.1%。有国家 5A 级旅游景区 1 处（壶关太行山大峡谷八泉峡景区），国家地质公园 2 处（壶关太行山大峡谷国家地质公园、平顺天脊山国家地质公园），国家水利风景区 1 处（平顺县太行水乡风景区），国家森林公园 3 处（太行峡谷国家森林公园、老顶山国家森林公园、黄崖洞国家森林公园），特色旅游名县 4 个（黎城、平顺、壶关、武乡）。生物资源丰富，境内野生动物 243 种，植物资源以针阔混交林为主，沁源灵空山保存有二三百年的天然林群落。长治被评为中国优秀旅游城市。

(四)历史文化资源

长治有"与天为党"之说，史称"上党"，苏东坡曾在这里留下"上党从来天下脊"的美丽诗篇。

长治属于黄河流域的中原文化，是华夏文明的最早发祥地之一，这里孕育过播谷稼穑的民族祖先，文明的曙光最早在这里初现。大约一万年前，这里就成为中华先民们开荒创世、繁衍生息的"伊甸园"。6000 多年前，炎黄始祖炎帝神农氏在这里完成了从游牧到定居、从渔猎到农耕的重大转折。中华人民共和国第一具完整的恐龙化石，向世人昭示了上党文明的亘古和绵长。数不尽的遗址，道不尽的陈迹，仿佛散落在上党大地上的颗颗明珠，印证着数千年长治文明的邈远悠长，诉说着上党文化的源远流长。此外，上党还是神话的故乡，在中华史前神话传说中，上党神话以其源流之原始、密度之集中、内容之详备，占据着举足轻重的地位。传说中的"后羿射日""精卫填海""愚公移山""山海经"等故事就发端于此。这一篇篇奠定中华文明基础的神话传说，已带着诞生它们的一座座大山，高高矗立于中华民族的心灵深处，折射出长治古代文明的源远流长，印证着上党历史文化的博大久远。

长治是集北方城市粗犷豪放与南国城市阴柔秀美于一体的"红色之都,绿色之城,神话之乡",以"神农定居地,长治久安城"的熠熠风采向世界展示着其传统文化与现代文明交相辉映的人文魅力。长治,被评为中国十大魅力城市、中国曲艺名城。

二、长治省域副中心城市建设与城镇化

(一)长治城市定位与空间布局

长治是全国首批国家智慧城市试点市、首批国家公共文化服务体系示范区、首批全国全民健身示范市、首个中国曲艺名城,也是山西省第一个国家卫生城市、国家园林城市、国家森林城市。根据《长治市国民经济和社会发展第十四个五年规划和2035年远景目标纲要》,长治市准确把握在全省全国所处的历史方位,提出经济社会发展的三大战略定位,即"全国创新驱动转型的示范城市、生态引领的太行宜居山水名城、向东开放和承接中原城市群的枢纽型城市"。

2014年1月,山西省政府批准实施《长治市城市总体规划(2011—2030)》,规划长治市域城镇体系空间布局结构为"一核、一轴、双圈"(见图8-5)。"一核":中心城市。"一轴":南北向城镇与产业发展轴。"双圈":核心圈层和拓展圈层。目前,长治市尚未提出新的城镇空间格局或国土空间格局。2018年,为适应"打造全省重要增长极、建设省域副中心城市"的新形势,长治市提出了《长治市城市总体规划(2011—2030)调整方案》。2018年4月2日,该调整方案获得山西省政府第3次常务会议审议通过,并得到时任省长楼阳生的高度评价,其主要对产业布局、部分土地用途及城区规划进行了调整。① 而"一核、一轴、双圈"布局未做调整,应视为仍在实施中。

"双圈"中的核心圈层建设取得长足进步,这一进步是通过布局实施"一城四区"大手笔完成的。2018年11月,设立潞州区、上党区、潞城区、屯留区4个市辖区,撤销长治市城区、郊区,合并设立长治市潞州区;撤销长治县,设立长

① 山西通过长治市城市总体规划(2011—2030)调整方案[EB/OL]. 中国网,2018-04-08.

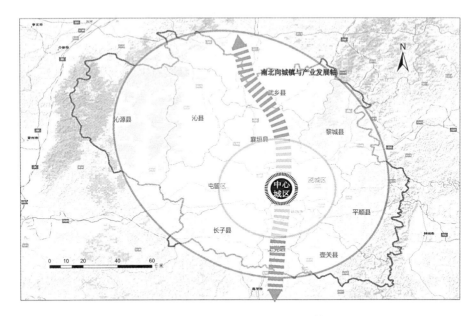

图 8-5 长治市"一核、一轴、双圈"城镇体系布局图

治市上党区；撤销潞城市，设立长治市潞城区；撤销屯留县，设立长治市屯留区。截至 2020 年，"一城四区"行政区划调整完成，市辖区面积扩大为原来的 8 倍，达 2631 平方千米，居全省第二；城镇常住人口居全省第三。市政道路三环八纵十二横路网基本成型，中心城区提质扩容，城市框架不断拉大。

(二)城镇化发展水平

城镇化水平显著提升。根据第七次全国人口普查数据，长治市城镇化水平与全省差距进一步缩小。长治市 2020 年常住人口 318.09 万人，在山西排第六位。与 2010 年第六次全国人口普查的 333.46 万人相比，10 年间减少了 15.37 万人，减少 4.61%。市主城区常住人口为 89.53 万人，与 2010 年第六次全国人口普查的 76.48 万人相比，10 年间增加了 13.05 万人，增长 17.06%。全市常住人口中，居住在城镇的人口为 179.61 万人，占全市常住人口的 56.47%。

城市和重大基础设施建设取得历史性突破。围绕建设"省域副中心城市"目标，完成"一城四区"行政区划调整，大同从此有了 4 个区，市辖区面积达到

2631 平方千米，城市骨架拉开。同时，城市品质明显提升，上党城镇群快速连接线全线贯通。主城区道路长度达到 413.6 千米，水气热管长度达到 2387.4 千米。主城区新增绿地面积 67 万平方米，人均公园绿地面积达到 12.2 平方米。连续四届蝉联"全国文明城市"。

城乡面貌持续改善。基础设施建设全面加强，长临高速、黎左高速建成通车，黎霍高速加速建设，"三河一渠"综合治理工程全面完工。建立生活垃圾分类、收运、处置体系，主城区生活垃圾焚烧发电厂、污泥餐厨垃圾处置项目建成投运，4 区 2 县建成区生活垃圾基本实现循环利用。完成营造林 120 万亩。为适应农村城镇化，全面开展并村行动，全市行政村由 3441 个减少到 2439 个。

三、提升长治省域副中心城市能级

（一）建设生态引领的太行山水名城

长治地处山西太行板块南部，山水风光雄奇秀丽，生态环境优越，避暑康养优势突出，太行山品牌形象鲜明。2019 年市政府印发《长治市全域旅游规划》，提出依托长治旅游的自然禀赋，打造以太行山水文化为特色的国际休闲度假目的地。

文旅康养深度融合发展。壶关县和武乡县经验收认定为第二批国家全域旅游示范区。壶关县隶属于长治市，地处太行山东南端，东与河南省林州、辉县二市相连，西与长治市为邻，北与平顺县隔界，南与陵川县接壤，公元前 206 年开始置县，距今已有 2200 多年的历史。县域内有国家 5A 级景区 1 个，4A 级景区 2 个，中国传统古村落 9 个，国家森林乡村 4 个，国家文物保护单位 3 个，先后荣获全国文明县城、国家卫生县城、国家园林县城、全国森林旅游示范县、中国绿色名县、全国最佳生态宜居旅游名县等生态旅游相关荣誉称号 100 余项。作为壶关县高质量发展的支柱产业，旅游业以国家 5A 级景区八泉峡为核心打造全国著名生态旅游目的地。2019 年共接待游客 652.71 万人次，旅游收入达到 66.09 亿元。武乡县，2019 年 3 月入选第一批革命文物保护利用片区县，2020 年 12 月入选第二批国家全域旅游示范区，地跨太行、太岳两山，是全国著名的革命老区和红色旅游基地、全国最大的八路军文化基地和全国青少年太行革命传统教育基地，蕴含丰富的爱国主义教育和革命传统教育资源。武乡县依托太行少年军校，打造了独具特色的"武乡红色军事研学"品牌。

中药材产业高质量发展持续推进。长治大力实施特优战略，加快推进传统农业发展方式向现代农业转变，巩固拓展脱贫攻坚成果，促进农民持续增收。建设上党中药材中国特色农产品优势区、现代农业产业园，以上党党参、上党连翘和山西药茶为重点，持续推进全市中药材产业高质量发展。全市共建设屯留民康、屯留屯德、沁县沁晖、黎城利民等党参育苗基地 12 个共 3500 亩，平顺天福久、武乡红星、长子建忠等连翘育苗基地 1000 亩，柴胡种子种植基地 5000 余亩；在平顺县、沁源县、壶关县、屯留区建设党参、黄芩、柴胡、板蓝根、菊花等中药材标准化种植基地 26188 亩。重点打造了以连翘叶、党参、桑叶、蒲公英、菊花、金银花等药食同源品种为主的 58 个药茶原料标准化生产基地 10 万亩以上。在平顺等 5 个县区建设了 10 个有机药茶园，打造了壶关石坡、平顺龙溪镇、沁源长征村等一批药茶小镇(村)。持续推进党参、连翘、苦参、菊花、金银花等中药材深加工，培育药茶生产基地 41 个，建设生产中药饮片、中成药、口服液等精深加工基地 5 个。

(二)创建全国创新驱动转型示范城市

整体转型发展态势强劲。长治市紧抓列为首批国家老工业城市和资源型城市产业转型升级示范区的重大机遇，持续改造提升传统产业，煤炭先进产能占比达到 70%。大力培育新兴产业，初步形成了半导体光电、光伏、新材料、先进装备制造、医药健康等产业集群，LED、光伏、生物医药产值分别占到全省的 95%、53%、50%。先进制造业、战略性新兴产业增加值占全市工业增加值比重分别达到 31.1%、5.6%。外向型经济加快发展，长治海关正式开关，新增进出口实绩企业 60 家，实现县区出口全覆盖。服务业发展态势良好，服务业增加值由 2015 年的 525.6 亿元增加到 2020 年的 751.5 亿元，增长 42.98%。

经济高度依赖煤炭产业的长治，2008 年年底将 LED 产业作为产业转型升级的"突破口"，成立面积达 10.58 平方千米的"长治光电产业园"，开始对外招商引资。领军企业长治高科拥有国家级光电检测中心，形成国内唯一的垂直型 LED 产业集群和全产业链条，成为全国电子产业巨头的供货商和中国 LED 产品出口的重要基地，2018 年销售收入突破 20 亿元，在南烨集团的主营业务收入中首次超过煤炭经营收入。长治高科从煤炭行业转型发展 LED 产业，为资源型企业转型探索了一条优化产业结构、实现多元化持续发展的路径，成为山西省资源型企业和民营企业家转型高科技产业的标杆和我国 LED 产业典范。

四、发挥长治省域副中心城市辐射带动作用

（一）集群布局新能源汽车产业

节能与新能源汽车产业是关联度高、规模效益显著、资金和技术密集的重要产业，也是推动新一轮科技革命和产业变革的重要力量。加快长治节能与新能源汽车产业集聚区建设，发挥成功汽车等龙头领军企业的示范和带动作用，进一步推动节能与新能源汽车产业快速健康发展。

依靠现有氢燃料电池汽车相关产业，围绕纯电动、氢燃料等方向集群发展，加强与国内外大型企业的合作，加快纯电动乘用车、氢燃料电池汽车开发，构建"零部件—系统总成—整车"产业链，加快新能源汽车规模化量产，提高汽车产能利用率，打造出具有区域特色的新能源汽车产业集群。依托长治成功汽车、襄垣互通新能源汽车、恒昌元等龙头企业，围绕新能源汽车电池、电机、电控"三电"核心开展关键技术研发攻关，培育提升整车生产、动力电池、充电桩及相关产品的生产能力、产品档次，打造集整车生产、汽车零部件、动力电池为一体的新能源汽车产业集群。

（二）突破性发展半导体光电产业

以紫外 LED 和 LED 显示为核心，以打造全国示范性紫外 LED 产业集群为目标，夯实产业基础，构建产业生态，扩大产业规模，增强产业竞争力。完善产业链条，依托高科华烨、中科潞安等龙头企业，大力引进国内外紫外 LED 器件封装和紫外 LED 应用的行业领军企业和项目，形成第三代半导体衬底材料—芯片—封装—应用产业链。突破关键技术，发挥中科潞安半导体技术研究院、瑞昌源光电产品检测中心等科研优势，攻克氮化铝单晶衬底、紫外 LED 外延及芯片、MOCVD 核心装备、高清 LED 小间距显示和封装等关键技术，使长治成为第三代

半导体紫外 LED 的创新策源地、技术辐射地。推动示范应用，充分挖掘紫外 LED 在杀菌消毒、生化探测、聚合物固化及工业光催化等诸多领域的市场潜力，加大紫外 LED 应用产品开发推广力度，鼓励公共机构优先采购应用紫外 LED 净化消毒产品、设备和服务，促进应用市场发展。促进产业集聚，加快推进高新区半导体光电产业园等项目建设，完善园区公共基础设施和公共服务设施，提高园区承载能力，推动半导体光电产业项目集聚发展，把半导体光电产业打造成为长治新的主导产业。

（三）培育壮大新兴数字产业

积极引进行业领军企业和关键核心技术，构建良好的产业生态，全力推动 5G 网络、大数据、云计算、物联网、工业互联网、人工智能、区块链等信创产业发展，力争形成局部领先优势。大力推进 5G 宏基站、5G 微基站、室内楼宇站及管线、电力等配套设施建设。建成一批支撑企业数字化、网络化、智能化转型的工业互联网平台，推动全产业链要素整合优化，实现企业内部及产业上下游、跨领域生产设备与信息系统互联互通，促进制造资源、数据等集成共享。优化大型云计算数据中心的建设布局，积极推进数据中心从存储型到计算型的提升，为信创产业发展壮大提供基础支撑和数字化、网络化保障。支持发展云计算产品、服务和解决方案，鼓励建设一批高质量的行业公共云服务平台，打造协同共赢的云服务环境。依托科大讯飞优势资源，合作共建科大讯飞中原经济区总部、长治研究中心、人工智能产业加速中心、人工智能学院等平台，建设尚卓人工智能创新实验中心，打造人工智能产业战略高地。建设基于区块链的政务服务共性基础设施，推动政务服务数据共享、业务协同，助力政务数据跨部门、跨区域可信共享。

（四）大力发展医药健康产业

以生物医药和中医药现代化为发展方向，挖掘资源、创新研发、培育龙头，推动医药健康产业高质量发展。做优生物医药产业，依托康宝等龙头企业，发挥康宝山西省血液制品与基因工程药物工程研究中心、长治大健康产业研究院的科研优势，加快幽门螺杆菌疫苗、高效抗艾滋病多肽药物、新型抗肿瘤靶向药物、纳米制剂及创新药物研发，加快在研产品产业化生产，建成国内一流的生物制药基地。积极发展中医药产业，依托振东制药、开元制药等龙头企业，立足长治丰富的植物资源和道地中药材资源优势，以"上党中药材中国特色农产品优势区"建设为契机，加强连翘、苦参、党参、黄芩等道地中药材标准化种植基地建设，加大植物萃取技术、药食同源产品研发力度，深入推进中成药大品种、经典方剂二次开发，加强创新中药及复方中药研发，建设国家级道地药材种植加工基地和中药现代化科技产业基地。大力发展防疫防护产业，支持山西速康、红雨伞等企业发展壮大，弥补医疗产业短板。

第四节　临汾省域副中心城市建设

临汾市，古称平阳，系唐尧古都，因地处汾水之滨而得名。位于山西省境西南部，西以黄河为界与陕西延安市毗邻，东与省内长治市、晋城市接壤，北与省内吕梁市、晋中市相邻，南与省内运城市交界。下辖1区14县2市。总面积2.03万平方千米，占全省的13%。矿产资源丰富，矿产资源综合优势度为0.73，居全省第二；煤炭探明储量占全省的14%，是我国优质主焦煤基地之一。根据第七次全国人口普查数据，全市常住人口397.65万人，占全省总人口的11.4%，在全省11个市中排第3位。

一、临汾省域副中心城市发展的基础

(一)经济概况

"十三五"时期，全市地区生产总值从1070.3亿元增长到1505.2亿元，年均增长4.1%；城乡居民人均可支配收入分别为34408元、13782元，年均分别增长6.2%、8.0%，持续高于经济增速，综合实力跃上新的台阶。2020年，第一产业增加值113.4亿元，增长4.0%，占生产总值的比重为7.5%；第二产业增加值645.6亿元，增长6.2%，占生产总值的比重为42.9%；第三产业增加值746.2亿元，增长1.7%，占生产总值的比重为49.6%。规模以上工业企业439家，实现营业收入2014.7亿元，比上年增长5.5%。全市规模以上原煤产量6723.4万吨，增长 5.2%；向省外运输煤炭 1312.4 万吨，增长 22.1%；焦炭产量 1819.3 万吨，增长 7.8%；发电量 243.0 亿千瓦小时，下降 0.6%；非常规天然气产量 7.4 亿立方米。邮电业务总量 312.4 亿元，增长 32.0%。海关进出口总额 18.15 亿元，增长 19.9%。

(二)区位交通条件

临汾地处太原、郑州、西安三个省会城市连接中点，区位优势突出，交通通信便捷。临汾"东临雷霍，西控河汾，南通秦蜀，北达幽并"，地理位置重要，自古为兵家必争之地。

公路、铁路、航空立体化的大交通格局逐步形成。2019 年年末，全市公路通车里程达 19167 千米、高速公路里程达 663 千米，均位居全省前列；临汾尧都机场旅客吞吐量突破 70 余万人次；长临高速、霍永高速等高速公路相继开通，临汾全市公路通车里程达 19167 千米，其中国道 1653 千米、省道 718 千米、县道 2422 千米、乡道 5566 千米、村道 8778 千米；全市境内铁路里程达 650 千米，其中铁路货运线里程达 500 千米、客运专线 150 千米；临汾尧都机场共开通 15 条航线，通达北京、上海、广州、深圳等 20 余座城市。侯马市方略保税国际陆港口岸园区 6 条铁路专用线与华北最大的铁路编组站——侯马北编组站接轨，拉近了临汾与"一带一路"沿线国家的距离；2019 年，临汾被确立为国家级陆港型物流枢纽承载城市，加快了由传统物流业向现代物流业转型升级的铿锵步伐。

(三)矿产和旅游资源

临汾市矿产资源丰富。目前已探明的矿种有 38 余种，其中燃料矿产 2 种、金属矿产 12 种、非金属矿产 24 种，煤、铁、石膏、石灰岩、白云岩、膨润土、花岗石、大理石、油页岩、耐火黏土等在省内及全国均占有重要地位。煤炭是全市第一大矿产资源，探明储量 398 亿吨，占全省的 14%。主要煤种有主焦煤、气肥煤、贫煤、瘦煤、无烟煤等，其中乡宁为全国三大主焦煤基地之一，且煤层厚，埋藏浅，易开采。铁矿是临汾市第二大矿产资源，总储量 4.2 亿吨，其中磁铁矿储量为 1.8 亿吨，富矿比例高，占全省富矿的 70% 以上。大理石储量 1.5 亿立方米，石英石储量 2000 万吨，石膏的远景储量为 234 亿吨，被誉为"有千种用途黏土"的膨润土分布在本市永和县、大宁县和吉县。

相传临汾是上古贤君尧的都城，后人为祭祀尧王的功绩于是在这里修建了尧庙等建筑，尧庙始建于晋代，后经历代重修增建。每年的十月份这里还会举办热闹的庙会。洪洞大槐树是历史上元末明初大移民的出发地，如今成为寻根祭祖的圣地。现汉代古槐已枯，但第三代古槐已生长得高达数丈，枝繁叶茂。旅游区的主题是"寻根"，每年公历4月1日—10日举办"寻根祭祖节"，海内外华裔子孙人潮涌动。滔滔黄河水在流经吉县龙王山附近时，由300米乍缩为50米，飞流直下，猛跌深槽，如壶水注然，故曰"壶口"。骇浪翻滚，惊涛拍岸，云雾排空，其雄壮之势，无与伦比，令无数游人流连忘返。

(四)历史文化资源

临汾历史文化悠久。五千年文化看临汾。尧王让贤，大禹治水，康衢击壤，仓颉造字，都是脍炙人口的千古美谈；丁村文化，陶寺遗址，晋侯墓地，古都新田，记载着人类历史的沧桑变迁；荀子治学，师旷论乐，卫青抗胡，古今名人贤士、王侯将相不胜枚举。

全市有各级文物保护单位2595处，其中国家级28处，省级67处。还有晋南威风锣鼓、襄汾天塔狮舞、翼城花鼓、蒲州梆子、尧的传说、平阳木版年画、侯马布老虎、洪洞道情、翼城琴书、曲沃琴书、洪洞通背拳、云丘山中和节、尉村跑鼓车、晋南眉户、曲沃碗碗腔、侯马市麒麟采八宝、曲沃任庄扇鼓傩戏、晋作家具制作技艺等列入非物质文化遗产名录，在山西省名列前茅。

二、临汾省域副中心城市建设与城镇化

2019年12月临汾被确立为"省域副中心城市"以来，市委、市政府提出"将建设省域副中心城市作为推进全市经济社会发展的总抓手"。2020年11月，临汾委托专业机构高标准编制《临汾建设省域副中心城市发展规划》，这是全国第一份专门的"省域副中心城市"发展规划。

(一)临汾城市定位与空间布局

《临汾建设省域副中心城市发展规划》聚焦省域副中心城市定位，厘清发展

方向和思路，着力构建"一轴双翼、三城多点"的城市空间结构(见图8-6)。

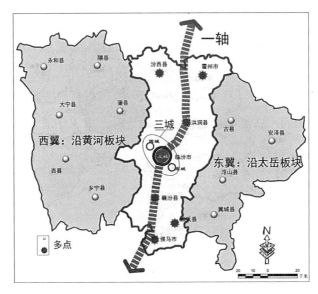

图8-6　临汾市"一轴双翼、三城多点"空间布局图

"一轴"即"一市四区"和霍州组成的发展主轴，重点是同步建设、同频共振，充分发挥城市带辐射引领作用。规划的"一市四区"的"一市"，即临汾市；"四区"，即既有尧都区、洪洞县改区、襄汾县改区，尧都区的河西地区设立平水区。另外，推进侯马市与曲沃县的合并。

"双翼"即沿黄、沿太岳两大板块，重点是协调联动，实现区域性合作、组团式发展。

"三城"即市区主城、东城、西城三大核心区域，重点是强化品质塑造，打造示范样板。

"多点"即大县城、特色小镇、美丽乡村形成的多点支撑，重点是加强经济互补，实现以城带乡、以乡促城。整体来说，聚焦省域副中心城市的定位，临汾市空间结构又可分为三大板块，即沿汾板块("一轴"及两侧地区)、沿黄板块、沿太岳板块。

(二)城镇化发展水平

根据第七次全国人口普查数据，全市常住人口中，居住在城镇的人口为

211.45 万人，占全市常住人口的 53.17%（2020 年户籍人口城镇化率为 35.06%）；居住在乡村的人口为 186.20 万人，占全市常住人口的 46.83%。与 2010 年第六次全国人口普查相比，城镇人口增加了 35.42 万人，乡村人口减少了 69.43 万人，城镇人口比重上升了 12.39 个百分点。市辖区常住人口 95.93 万人，占全市常住人口的 24.12%。

城乡融合步伐明显加快。"四好农村公路"、新改建、危房改造、农村饮水安全、农村信息通信网络建设、农村垃圾处理等基础设施项目大力推进，城乡居民收入比从 2015 年的 2.72 缩小为 2020 年的 2.50。

城乡宜居品质逐步提升。通过实施一系列的拓宽道路、辅道绿化、市区拆迁等城建项目，城市颜值、气质、价值不断提升。农村人居环境大力改善，基础设施建设不断完善。123 个村被命名为省级改善农村人居环境示范村，24 万农村群众饮水安全条件全面改善。

三、提升临汾省域副中心城市能级

"十四五"时期临汾以省域副中心城市建设为引领，打造装备制造集聚区、文旅融合示范区、生态环保提质区、宜居宜业品质区、营商环境优势区和开放联动新枢纽"五区一枢纽"，致力建设为黄河流域绿色崛起转型样板城市，打造晋陕豫黄河金三角区域中心城市。

(一)强化三大板块协同推进、融合发展

沿汾板块凸显核心区集聚与扩散功能，构建现代产业体系，大力发展现代农业，发挥粮食主产区作用，带动全市产业结构转型升级。沿黄板块打造晋南重要生态屏障，突出高水平保护，布局现代农业、新能源和文旅产业，形成特色产业和文旅融合发展带。沿太岳板块发展低碳绿色循环经济，积极主动承接沿汾板块传统产业转移，重点布局农业、中医药、精细煤化工、氢能源、生物医药、康养等优势产业，大力发展乡村旅游、生态休闲和康养旅游，促进一二三产业融合发展。三大板块错位发展、互促共融，为全市域开创了高质量转型和协同提升的新局面。

（二）发展壮大战略性新兴产业

2021年5月，山西建投集团作为山西省规模最大的综合性国有投资建设集团公司，与临汾市委、市政府签署战略合作框架协议，将发挥自身优势，在交通提质、园区开发、民生保障、美丽乡村建设、智慧城市建设及综合能源利用、环保生态治理、科技创新等重点领域开展合作，为临汾经济社会发展作出更大贡献。

同时，加快改造提升传统产业。煤炭产业要顺应能源革命综合改革试点要求，加快煤焦冶电高端化、智能化、绿色化改造，加快煤矿绿色开采和智能化试点建设。加快建设翼城千亿级钢材铸造煤化工产业集群，推动装备制造业加快发展。

强力推进转型发展。电力产业重点推进光伏、风力、生物质等发电项目，不断提高新能源发电装机容量占比。信创及大数据产业重点实施百信信创、优炫软件、百度人工智能基础数据产业园、人民网数据中心、翼城算力中心等项目。光电产业实施洪洞虹翔LED、尧都光宇等项目。新材料以翼城闽光碳基负极材料、侯马建邦高纯铁、安泽高性能镁合金等项目为引领持续推进。新能源重点开发光伏、风能、生物质能、氢能等，加快实施古县国新正泰焦炉煤气制氢项目。智能制造重点实施华翔智能制造产业园、山西创唯高端装备制造产业园等项目。现代医药重点实施侯马旺龙等项目。通用航空加快乡宁、永和、霍州等8个通用航空机场建设前期工作。

（三）建设黄河流域绿色崛起转型样板城市

临汾市是山西省沿黄四市之一，全域均属黄河流域，是黄河流域生态保护和高质量发展的重点地区。2019年9月，习近平总书记在黄河流域生态保护和高质量发展座谈会上指出"黄河流域生态保护和高质量发展，同京津冀协同发展、长江经济带发展、粤港澳大湾区建设、长三角一体化发展一样，是重大国家战略"。[1] 2020年3月，临汾市人民政府印发《临汾市黄河板块旅游发展总体规划（2020—2030）纲要》，为保护传承弘扬黄河文化，推动临汾市黄河旅游板块高质量发展提供了纲领性文件，对促进全省经济转型升级和文旅产业突破发展具

---

[1]　习近平．在黄河流域生态保护和高质量发展座谈会上的讲话．求是，2019（20）．

有重大意义。

黄河旅游板块。2020 年 9 月，临汾市乡宁县云丘山成功举办第二届大河文明旅游论坛暨世界旅游联盟·黄河对话，确立临汾为世界大河文明旅游目的地。沿黄九省区共同发布《黄河流域文化旅游高质量发展·临汾宣言》。临汾沿黄七县总面积 9797.56 平方千米，是全省黄河旅游板块的重要组成部分。要以山西黄河一号旅游公路为骨架，壶口、乾坤湾 2 个低空飞行基地和观光旅游码头为支点，依托壶口瀑布—乾坤湾段黄河之魂精华段，加快打造集多功能于一体的"黄河国家文化公园·黄河魂文化旅游目的地"，使之成为黄河旅游新标杆。

创新融合发展路径。建设旅游与农业、文化、教育、交通、体育、康养等产业融合项目，推动农业农村现代化建设，助力乡村振兴。构筑临汾市黄河板块大旅游产业格局，形成特色鲜明、功能突出的四大区域：以黄河博览观光、黄河中华精神体验为主，形成吉县、大宁县黄河文化体验区；以极限运动、户外休闲、度假休闲为主，建设永和县、隰县户外运动休闲区；以生态休闲、康养度假为主，形成乡宁县生态康养度假区；以土窑民居群观光、黄河风情风俗体验为主，打造蒲县、汾西县黄土风韵体验区。

四、发挥临汾省域副中心城市辐射带动作用

临汾和运城、渭南、三门峡四市分属山西、陕西、河南三个不同的行政区，其共同构成的"黄河金三角"，位于我国中西部交界地带、黄河中游地区，总面积约 5.78 万平方千米，总人口约 1700 万人。四市隔河相望，承东启西，沟通南北。"黄河金三角"地区正在形成一个日臻成熟的经济社会发展平台，对我国现阶段"以东带西、东中西共同发展"的战略布局具有可操作性的现实价值。在四市中，临汾是唯一的"省域副中心城市"，应当积极发挥辐射带动作用。

（一）不断拓宽合作平台和内容

1986 年"晋陕豫黄河金三角经济协作区"成立，2014 年 3 月《晋陕豫黄河金三角区域合作规划》被国务院正式批复，黄河金三角区域合作发展上升到国家层面，为加强区域协调发展、深化合作交流开辟了新路径。2019 年，山西省、陕西省、

河南省人民政府联合印发《切实加快晋陕豫黄河金三角区域合作工作实施意见》，晋陕豫三省将优化区域一体化空间布局，加快基础设施互联互通，推动黄河金三角地区经济社会一体化、跨越式发展。

三省四市区域交流合作不断加强。黄河金三角区域轮值大会、金三角区域警务协作联席大会等成功召开。黄河金三角投资合作交流大会已连续举办八届。2021年5月第八届黄河金三角投资合作交流大会三省四市共征集签约项目78个，总投资额达961.25亿元。临汾要继续利用好这一平台，为黄河金三角的区域合作规划、产业集群发展、生态文明建设、基础设施建设、政府部门跨区域合作联动、民间交流合作等发挥更大作用。

(二)加快推进文旅融合发展

黄河金三角地区人缘相亲、文化相近，经济联系紧密，人员往来密切，产业关联度高，合作发展具备良好条件。20世纪90年代以来，先行打破行政区划限制，积极探索区域旅游产业合作发展之路，黄河之旅大联动取得良好成效。近年来，为加快打造连陕通晋、承东启西的黄河金三角文化旅游区，建设了总投资近400亿元的天鹅湖旅游度假区、灵宝老子文化传承振兴工程、三门峡大坝及周边改造提升项目、仰韶黄河文化综合示范区、百里黄河生态廊道暨文化旅游绿道工程等一批重大文旅项目。临汾要探索一条省际合作发展新途径新模式，不断深化经济、文化、旅游、体育等方面的合作。

推进黄河流域生态保护和高质量发展。将加快发展文化旅游作为重要抓手，保护传承弘扬黄河文化是黄河金三角区域城市共同承担的责任。三省四市旅游局以黄河沿线的壶口瀑布、鹳雀楼、圣天湖国家湿地公园、潼关三河口湿地等景区为核心，合力打造黄河风情游；以仓颉庙、大槐树、陶寺文化遗址、梁带村两周遗址、唐桥陵等旅游景区为载体核心，合力打造根祖文化游；以华山、豫西大峡谷、吕梁山森林公园等自然山水景观为核心，合力打造特色山水游；以关帝庙、函谷关、司马迁祠等为核心，合力打造宗教文化游；以盐湖黑泥、华山御温泉、卢氏汤河等温泉资源为核心，合力打造休闲养生游。

(三)共同发展现代特色农业

黄河金三角是我国北方重点农业地区，要聚焦发展现代特色农业。临汾市地处晋陕豫黄河金三角枢纽区域，农业条件优越，地域优势突出，果蔬产业高质量发展成为农业供给侧改革的突破口。2020年晋陕豫黄河金三角国际果蔬博览会暨智慧果蔬创新发展大会在临汾市曲沃县开幕，曲沃成为金三角农产品流通创新示范县；曲沃黄河金三角果蔬产业硅谷项目推介会在北京成功举办，该项目将依托高铁、航空和出口通关等交通便捷优势，辐射黄河金三角以及三省省会区域，为1亿群众提供放心果蔬，覆盖半径达1000千米。要以此为突破口，加强与金三角其他市县合作，将更多优质特色农产品推向全国。

（四）与"一带一路"建设同频共振

临汾要充分利用黄河金三角的资源优势，突破行政区划界线，积极打造"一带一路"建设新支点。探索建立利益协调机制，加快推进区域政策一体化，加快开放口岸、保税物流、跨境电子商务、航空经济发展、对外交流合作等平台建设，深度融入"一带一路"发展大格局。打造"一带一路"核心区、高水平建设自贸试验区、军民融合深度发展示范区、全面深化改革先行区，要以产业为支撑，通过区域间基础设施互联互通、产业分工协作推动区域协调发展，区域开放格局不断优化，为"一带一路"建设行稳致远做出新的贡献。

第九章　湖南省域副中心城市建设

湖南省位于我国中部、长江中游，因大部分区域处于洞庭湖以南而得名"湖南"，因省内最大河流湘江流贯全境而简称"湘"，省会驻长沙市。湖南自古盛植木芙蓉，五代时就有"秋风万里芙蓉国"之说，故有"芙蓉国"之称。总面积21.18万平方千米，占全国国土面积的2.2%，居全国各省区市第10位、中部第1位。截至2020年12月31日，全省辖13个地级市、1个自治州，共14个地级行政区划。根据第七次全国人口普查数据，到2020年11月1日，全省常住总人口为6644.49万人，在全国占比为4.71%，在全国各省人口中排行第七。为了促进全省区域协调发展，湖南省于2020年正式实施省域副中心城市战略，在"十四五"有了一个良好的开局。

第一节　城镇化布局与省域副中心城市

一、湖南省城镇化进程

湖南作为我国重要的农业和人口大省，城镇化进程在全国来看是"后来居上"。改革开放之初全省城镇化率仅11.5%。为扭转这一落后状况，湖南省做出了一系列努力——1985年省建委编制《湖南省城镇布局规划纲要》，并提出建设"长株潭经济区"，开全国之先河；1997年，省委、省政府正式推进"长株潭一体化"；21世纪初，提出建设"长株潭城市群"；2006年11月，湖南省第九次党代会提出推进长株潭一体化和"3+5"城市群建设，2007年12月14日获批"全国资源节约型和环境友好型社会建设综合配套改革试验区"。"十一五"时期，湖南主推"3+5"城镇化战略，其中的"3"是长沙、株洲、湘潭三市，是湖南城市化的核心,"5"是岳阳、常德、益阳、娄底、衡阳,是外围辅助;"十二五"期间提出"一核五轴"城镇化战略,即以长株潭为核心,以岳阳—郴州、常德—永州、石门—通道、株洲—怀化、长沙—吉首为五大发展轴。"十三五"期间提出"一核三极四带"城镇化战略,即以长株潭为核心,岳阳、郴州、怀化为三极,打造四条产业集群。但是,无论提什么战略,湖南都坚持了以长株潭城市群为核心,这个思路是正确的。

经过 30 多年的推进,湖南城市群建设走在全国前列,特别是长株潭区域经济社会得到快速发展。近年来,随着中部崛起战略和长江经济带建设落实落地,湖南作为中部省份,主动融入泛珠三角经济圈,密切对接长江中游城市群和成渝城市群,着力打造全国经济增长极。2020 年湖南省实现经济总量 4.18 万亿元,人均 GDP62885 元,总量位居全国第 9 位,人均居全国第 14 位。形成了 3 个万亿、14 个千亿产业,省会长沙经济总量成功迈入"万亿俱乐部",长株潭成为湖南经济重要增长极,现代化新湖南取得显著成效。2021 年 5 月 19 日发布的湖南省第七次全国人口普查主要数据显示,截至 2020 年年底,全省常住人口中,有 3904.62 万人居住在城市,城镇化率达 58.76%,实现了 2015 年发布的《湖南省新型城镇化规划(2015—2020 年)》中到 2020 年城镇化率 58%的目标,较之"十三五"提高 8 个多百分点,与 2020 年全国常住人口城镇化率 63.89%相比,湖南仍有差距,但差距在逐渐缩小。

二、湖南省域副中心城市的提出

湖南省确立"省域副中心城市"的过程比较曲折,甚至有些反复、前后不一致。2015 年 9 月印发的《湖南省新型城镇化规划(2015—2020 年)》,在其中"做强做优区域中心城市"这一部分作出"三大五次"的部署:即把长沙、株洲、湘潭三市建设成为具有全国影响力的现代化大都市,把岳阳、衡阳、常德、邵阳、怀化五市建设成为省域次中心城市。这是湖南省首次提出"省域次中心城市"概念,但显然"省域次中心城市"与湖北等地的"省域副中心城市"概念不一样,一次就定了 5 个,感觉比"省域副中心城市"的层次"次"一些。后曾于 2018 年一度将"五次"中的邵阳定为唯一的"省域副中心城市",但邵阳又不是"五次"中实力靠前的。在省委省政府谋划的"十四五"发展蓝图中,"一核两副三带四区"的区域经济格局正式明确了岳阳、衡阳两个省域副中心城市(见图9-1),邵阳的"副中心"帽子得而复失了。

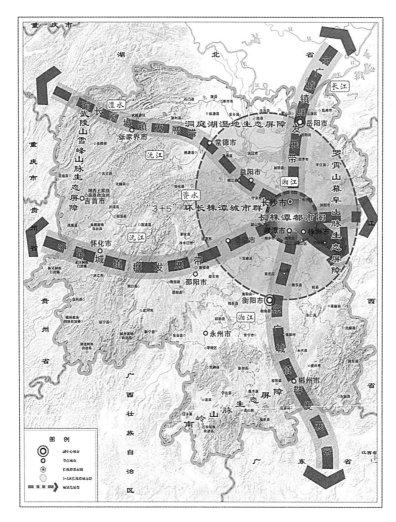

图9-1 湖南省"一核两副三带四区"空间格局

省域副中心城市是增长极的一部分。贯彻新发展理念,需着力解决发展不平衡不充分问题,努力实现高质量发展。因此,在继续巩固和扩大长株潭这个核心增长极的基础上,培育岳阳、衡阳两个省域副中心是实现高质量发展的必然之举。

第二节 岳阳省域副中心城市建设

岳阳，因原郡治位于天岳幕阜山之南而得名，北枕长江，南纳三湘四水，怀抱洞庭，江湖交汇，古称"巴陵"，又名"岳州"，建城始于公元前505年，是一座有着2500多年悠久历史的文化名城。现为湖南省域副中心城市，省内第二大经济体，国务院首批沿江开放城市，长江中游重要的区域中心城市，湖南自贸区组成部分。行政区域面积14858平方千米。根据第七次人口普查数据，全市常住人口为505.19万人。

一、岳阳市省域副中心城市建设的基础

(一)经济与人口优势

"十三五"时期，岳阳综合实力稳步提升，全市地区生产总值连续跨越3000亿元和4000亿元两个台阶，2020年，岳阳市实现地区生产总值4001.55亿元。总量稳居全省第二；2016—2020年连续五年岳阳上榜"中国城市GDP百强榜"。

岳阳市的经济优势，突出地表现为产业项目建设势头强劲。引进大项目、建设大园区、培育大产业，致力建设七大千亿产业集群：一是石油化工。以巴陵石化、长岭炼化为龙头，拥有完整的产业体系。随着己内酰胺产业链搬迁与转型、东方雨虹岳阳基地、中石化催化剂二期等重大项目成功落户、顺利投产，石化产业总产值将再上新台阶。二是食品产业。现有规模以上食品工业企业260多家，初步形成了城陵矶新港区粮油加工、湘阴洋沙湖调味品，平江豆干、休闲食品等食品产业集聚区，成功引进中储粮岳阳油脂基地等重大项目。三是现代物流。岳阳拥有通江达海的区位优势，是对外开放一类口岸，水、公、铁、空、管无缝对接，物流业态完备，基础设施完善。航运物流在湖南独占鳌头，2020年现代物流产值突破1000亿元。四是电子信息。世界500强华为、新金宝落户城临矶新港区，围绕华为、新金宝在岳阳布局的一系列项目，其产业链上下游多家配套企业将进驻岳阳，已有80家电子信息企业签订入园协议。五是装备制造。岳阳是

全球最大的电磁设备生产基地,已形成较为完备的电磁、特种电机、石化、采矿、变压器等装备产业体系,现有科美达、雷勃、中科等企业200多家,2021年成功引进东龙房车等项目,全市装备制造业产值即将突破1000亿元。六是电力能源。以华能岳阳电厂为代表,全市现有电力装机总量400万千瓦,近年来华电平江电厂、国华华容电厂、岳阳LNG接收站(储备中心)等12个电力能源项目相继铺开,"湖南综合能源基地"即将建成。七是文化旅游。岳阳集名水、名山、名楼于一体,1994年即被国务院命名为国家历史文化名城,旅游资源丰富,拥有国家园林城市、中国优秀旅游城市等桂冠。岳阳市文化和旅游产业产值将在三年内实现"双千亿"目标。

岳阳市省域副中心城市建设的人口优势,体现在三个方面。一是中心城区常住人口增加。根据"七普"数据,中心城区六区常住人口为133.57万人,占全市常住人口的26.44%,比2010年第六次全国人口普查增加29.08万人;岳阳楼区(含经开区、南湖新区)常住人口为98.04万人,比2010年第六次全国人口普查增加35.27万人,符合常住人口进一步向中心城区等地区聚集居住的发展特点。二是人口性别结构愈趋平衡。总人口性别比(以女性为100,男性对女性的比例)为104.92,比2010年第六次全国人口普查下降2.27。三是人口素质不断提高。与2010年第六次全国人口普查相比,全市常住人口中,15岁及以上人口的平均受教育年限由9.58年上升至10.06年。全市常住人口中,拥有大学(指大专及以上)文化程度的人口为489592人,与2010年第六次全国人口普查相比,每10万人中拥有大学文化程度的人口由6852人上升为9691人。

(二)区位与交通优势

岳阳市位于长三角和珠三角经济区的辐射圈内,地处长株潭城市群和武汉城市圈的双重辐射范围,具备融入"两区"、依托"两圈(群)"的地理区位优势,将建设成长沙与武汉之间的区域性经济次中心。岳阳楼区是岳阳市中心城区,临长江、畔洞庭,区位优越、交通便捷,承东联西、南北贯通,成为长江中游和中国中部地区闪耀的"黄金十字架"。万里长江黄金水道依境东流。国家对外开放一类口岸城陵矶新港区已建成使用,可直航日韩、中国香港、中国台湾等国家和地区。

岳阳交通便利。在水路方面,岳阳拥有163千米长江水道,城陵矶港是长江八大良港之一,是湖南唯一通江达海的口岸城市,湖南省国际航运中心,货物吞吐量已达上亿吨,2021年集装箱吞吐量突破60万标箱,成为湖南融入长江经济带建设的桥头堡。城陵矶综合保税区,2019年进出口贸易额突破40亿美元,居湖南海关特殊监管区第一位。在铁路方面,岳阳有京广铁路、京广高速铁路、浩吉铁路,还有规划中的常岳九铁路和岳长城际轨道交通。京广高铁岳阳东站是广铁集团四大高铁始发站之一,是中国长江以南唯一办理CRH380A始发终到业务的非省会城市车站,是湖南省高速动车通达直辖市和省会最多的车站,是国家规划在2025年前建设的105个"铁路交通枢纽城市"之一。在公路方面,有京港澳高速、京港澳复线高速、杭瑞高速、岳宜高速、岳汝高速、岳常高速、平益高速等。在航空方面,岳阳三荷机场属于不定期国际航班支线机场和武汉与长沙两大国际枢纽的备降机场,已于2018年12月通航,2019年起降飞机5640架次,旅客吞吐量55.62万人次,目前正在改扩建,以使水、陆、空立体枢纽交通格局更趋完善。

(三)历史文化资源优势

岳阳是洞庭湖明珠,是长江流域一座重要的历史文化名城。它东倚幕阜山,西临洞庭湖,北接万里长江,南连湘、资、沅、澧四水,风景秀丽,气候宜人,土地肥沃,物产丰富,素有"鱼米之乡"的美誉,是一个富(资源丰富)、优(区位优越)、美(风景优美)的地方;居中国南北东西交通要道,国务院首批沿江开放重地,是长江中游沿岸第二大经济贸易中心,现已列为对外开放的甲级旅游城市,是世界龙舟文化的故乡。

岳阳人文深厚、风景秀丽,集名山、名水、名楼、名人、名文于一体,是中华文化重要的始源地之一,湘楚文化的摇篮;亦是海内外闻名的旅游胜地。"先忧后乐、团结求索"的崇高精神,特别是环洞庭湖生态经济圈的建设,进一步推动着岳阳引领湖南乃至长江中游地区向更美好富强的城市前进。2014年岳阳获评中国最具幸福感和最具文化软实力之城,是全国唯一获取两项殊荣的地级市。2015年,岳阳荣膺"中国十大活力休闲城市""全国文明城市"称号。2019年,岳阳位列中国地级市百强第37名。2020年6月,入选为第一批全国法治政府建设示范地区和项目名单。2020 年 7 月，全国爱卫会确认岳阳市为国家卫生城市。

岳阳不仅历史悠久，而且文化灿烂。自古以来，在这块神奇的土地上，曾产生过许多仁人志士、英雄豪杰，流传着许多动人的故事。伟大的爱国诗人屈原，选择了岳阳土地上的汨罗江作为自己生命的最后归属。从此以后，"日夜江声下洞庭"的汨罗江就一直驰骋着一股悲壮的英雄气概。一代诗圣杜甫，拖着病残的身体，瞻仰"屈原祠"，登临岳阳楼，写下了著名的诗篇《登岳阳楼》。不久，病死在岳阳市境内的平江县。还有李白、韩愈、白居易、孟浩然、陆游、欧阳修等著名的诗人，都有先后来到岳阳吟诗作赋，留下了许多动人的篇章。宋代的范仲淹把对岳阳的吟诵推向了高潮，他写下的《岳阳楼记》成为千古奇文，"先天下之忧而忧，后天下之乐而乐"成了众多仁人志士忧国忧民的高尚情怀。

岳阳还有许多动人的传说，二妃哭舜、柳毅传书，使岳阳这块土地披上了神奇的色彩。岳阳还是三国时代众多英雄豪杰纵横驰骋的地方，钟相杨幺起义，更是把君山作为大本营，演出了一幕幕悲壮的历史剧。老一辈无产阶级革命家彭德怀同志在平江举行声势浩大的起义，使岳阳成为现代革命的发祥地之一。

二、岳阳市城市定位与空间布局

岳阳是国家历史文化名城和风景旅游城市，中部地区石化工业基地和现代物流中心，湖南省唯一通江达海口岸。"十四五"期间岳阳城市发展定位是：扎实推进"三区一中心"建设，着力打造长江经济带绿色发展示范区、中部地区先进制造业聚集区、湖南通江达海开放引领区，加快建设现代化省域副中心城市。

从空间发展来看，要强化"一核"引领，坚持"两带"支撑。坚定不移提升城市首位度，整合中心城区和临湘市、岳阳县部分区域，积极培育"岳—临—荣都市区"，做强城市发展核，形成支撑省域副中心城市建设的"一核"引领。同时，夯实"两带"支撑。北部沿江经济带：以港口岸线资源和对外开放平台为依托，以长江经济带绿色发展示范为引领，以港口型国家物流枢纽建设为重点，加快长江沿线县市区协调联动，推动构建长江百里绿色经济发展走廊，大力发展水水、水公、水铁中转运输，着力招引头部企业落户入驻，推动建设具有较强影响力和竞争力的产业集群，辐射带动腹地经济发展；南部区域合作带：发挥平江、汨罗、湘阴、屈原等南部县市区邻近长沙的地域优势，依托平汝高速、许广高速、平益高速、107 国道、芙蓉北路等交通干道，加强与省会长沙的合作，推进交通互联、园区共建，打造区域间产业协调发展的经济带，分享长株潭一体化的战略红利。岳阳市国土空间开发格局见图9-2。

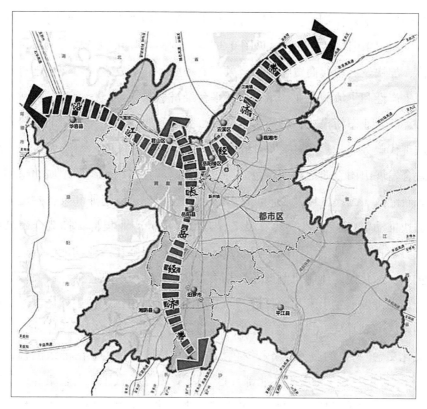

图9-2　岳阳市国土空间开发格局

三、岳阳市省域副中心发展对策

2020 年 11 月 24 日，湖南省委书记许达哲履新后首赴市州调研，第一站便来到岳阳，在岳阳东风湖畔，许达哲明确表示，要走生态优先绿色发展之路，坚定把岳阳大城市建设好的决心。从殷殷嘱托岳阳把大城市建设好，到一星期后首次明确岳阳为"省域副中心城市"，说明湖南省委对岳阳发展的高度重视，也说明建设岳阳省域副中心城市是湖南协调和高质量发展的必然要求。2021 年 8 月 2 日，湖南省政府办公厅印发《支持岳阳市加快建设省域副中心城市的意见》，更是为岳阳高质量发展插上腾飞的翅膀。

(一)注重做大做强做优做美中心城区

优化中心城区内部空间组织,加快推动城市扩容提质,更好地发挥岳阳作为大城市的集聚辐射作用。按照"江湖城共生、港产城融合"的空间组织思路,推动形成"一心四组团"空间格局(见图9-3)。"一心"即城市服务核心,以岳阳楼区为主体,加快发展现代商贸、现代金融、商务服务、研发设计、文化创意、养老托育等生产性和生活服务业,培育发展平台经济、数字经济、总部经济和夜间经济等新经济新业态新模式,进一步提高城市品质和服务功能,打造湘鄂赣省际边界区域现代服务业发展中心。"四组团"即城北制造业绿色转型发展组团、城东产城融合发展组团、西部江湖特色旅游组团、南部宜居康养组团。城北组团包括城陵矶新港区、云溪区以及临湘滨江片区,以发展先进制造业和现代物流业为重点,加快推动"区港一体"联动发展,着力培育优势产业集群,打造全市高质量发展核心增长带。城东组团以岳阳经开区为主体,以强化产业功能、推进产城融合为重点,深化园区体制机制改革,培育发展高端制造和临空经济、总部经济,打造全市经济发展主引擎和增长极。西部组团包括君山区、岳阳楼区滨湖片区以及南湖新区滨湖片区,强化生态保护、注重战略"留白",着力发展体现"江湖融汇、文化交融"特色的服务经济和绿色经济,彰显城市魅力。南部组团包括南湖新区(南湖以南片区)和岳阳县北部片区,以发展高端居住、生态康养、科教为重点。全面推动岳阳县、临湘市融城发展,进一步扩大城市规模,增强城市带动作用。根据《支持岳阳市加快建设省域副中心城市的意见》,优化城市空间格局,按照国家政策标准,适时调整行政区域,做大中心城区规模,建设"一湖两岸"宜居城市,加快人口集聚。到2025年,中心城区常住人口争取达到170万人。

(二)坚持"守护好一江碧水"

擦亮"长江经济带绿色发展示范"品牌,扛牢"守护好一江碧水"首倡地政治责任,在践行生态优先绿色发展上走在全国前列。岳阳加强生态环保立法和执法监管,出台了《岳阳市城市规划区山体水体保护条例》《岳阳市东洞庭湖国家级自然保护区条例》《岳阳市扬尘污染防治条例》等,为保护环境提供了有力的法制保

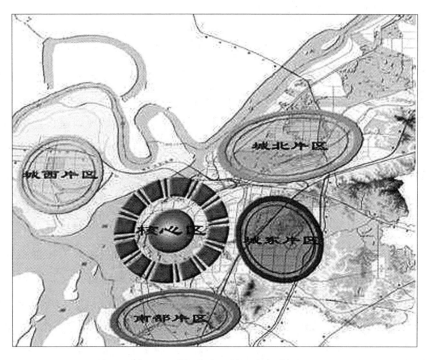

图 9-3　岳阳市中心城区空间格局

障。要坚持生态优先、绿色发展，系统推进长江和洞庭湖生态保护修复，保护一江碧水。积极争取国家支持，统筹推进长江河道整治及河势控制、洞庭湖四口水系综合整治等重大工程，加快推进洞庭湖国家公园建设，打造最美长江岸线湿地保护样板区，构建江湖共通、山水相依、田草相融的生态系统。优化存量、提升增量，调整产业结构，通过依法关停、搬迁、改造升级，加快新旧动能转换，严格限制高污染产业。支持发展绿色产业，以己内酰胺产业链整体搬迁为重点，引导沿江沿湖化工企业逐步搬迁入园，破解"化工围江"难题。支持依托长江黄金水道，在长江沿线及其腹地，建设长江百里绿色经济发展走廊。加快建立推动生态产品价值实现的体制机制。按照政府主导、市场运作模式，大力推进产业生态化、生态产业化。支持建立生态资源指标及产权交易、生态补偿等价值评估和统筹开发机制，推动绿水青山变成金山银山，建好长江经济带绿色发展的国家示范城市。

（三）打造全国性交通枢纽

完善综合立体交通体系：一是加快推进岳阳高铁通道规划建设，主要是规划建设常岳九、荆岳昌 2 条高铁，建设铁路枢纽，同时规划建设荆岳昌高铁，即荆门（荆州）—岳阳—南昌高速铁路，解决鄂西北、湘北、江西等地南北向高铁通道问题。二是加快推进出省高速公路通道规划建设，主要是规划建设监利至华容高速、岳平铜旅游高速 2 条高速公路，其中，岳平铜旅游高速可连通沿线岳阳楼、君山岛、张谷英、天岳幕阜山等 6 个 5A 和 4A 级景区，形成岳阳—平江黄金旅游走廊。三是支持岳阳三荷机场提升货运功能，统筹长沙黄花机场、岳阳三荷机场等长株潭城市群空港经济区规划建设，合理布局客货运发展重点，实现错位发展。四是支持提高长江岳阳段维护水深，从省级层面协调交通运输部、长航局推进长江航道岳阳至武汉段疏浚工程尽早实施，争取国家支持长江岳阳段深水航道建设，争取将长江岳阳段航道常年维护水深提升到 6 米，进一步畅通黄金水道。支持加快建设港口群，构建以城陵矶港为枢纽港，湘阴虞公港、华容塔市驿、岳阳县扁山、临湘鸭栏为"卫星"港，"一湖四水"流域其他港口为喂给港的港口体系。支持城陵矶口岸外贸联检锚地建设，支持开展港口航运作业区和疏港工程建设，完善城陵矶港水运、铁路、公路等多式联运设施，增强对周边港口的辐射力。

（四）着力打造产业名城

加快形成 7 个千亿产业：以巴陵石化和己内酰胺搬迁扩能为龙头，做优化工产业；以农业产业化特色小镇为龙头，做强食品产业；以新金宝项目和华为制造基地为龙头，大力发展电子信息产业；以长岭炼化和华电平江、国华华容电厂项目为龙头，扎实发展能源电力产业；以湖南港务集团和综保区为龙头，发展壮大现代物流业；以岳阳楼和君山岛为龙头，突破性发展文化旅游业。

推进优势产业提质升级。突出发挥石化产业优势，依托国家新型工业化产业示范基地湖南岳阳绿色化工产业园，打造国内有影响力的石化产业基地。推进电力能源、氢能示范应用城市建设，建成长江经济带综合能源基地。加快湖南工程机械配套产业园、湖南先进装备制造(新能源)特色产业园建设,打造大型高端装备制造、新型功能材料产业基地。协同共建长株潭衡岳国防科技工业创新示范基地。

加快建设临空经济区。支持依托三荷机场设立临空经济区,尽快建成区域航空物流枢纽,大力发展临空产业。

(五)发掘释放内需潜力

牢牢把握扩大内需这个战略基点,坚持供给侧结构性改革战略方向,同时注重需求侧管理,打通堵点,补齐短板,贯通生产、分配、流通、消费各环节,推动上下游、产供销有效衔接,形成需求牵引供给、供给创造需求的更高水平动态平衡,打造国内大循环和国内国际双循环重要节点。

积极拓展区域合作新空间。发挥比较优势,加强区域合作,主动融入长江经济带发展,加强与长株潭、武汉等长江中游城市群合作,对接长三角一体化和成渝双城经济圈,积极承接粤港澳大湾区产业转移,更多分享国家区域发展战略红利。推动南部县市区与省会长沙的经济协作,实施交通互联、产业配套、旅游合作、民生互惠等工程,通过共同开发港口、共建产业园区等方式,实现互利共赢,促进生产力布局优化。

打造区域消费中心。顺应消费升级趋势,着力提高消费供给质量,推动餐饮住宿、文化体育、健康养老、旅游休闲、家政服务等生活性服务消费提质扩容,促进消费向绿色、健康、安全发展。充分挖掘县乡消费潜力,大力发展消费新业态新模式新场景,促进线上线下消费融合发展,培育多层次消费中心。科学规划建设和合理布局市级商业中心、社区商业网点及各类商品交易市场,打造一批地方特色小店、老字号等品牌。加快工业品下乡和农产品进城,鼓励新型消费向农村拓展,推动农村居民消费梯次升级。

扩大有效投资。坚持把扩大有效投资作为推动高质量跨越发展的关键支撑,提升重点平台企业、国有企业的信用等级,增强融资能力,拓展投资渠道,优化投资结构,保持投资合理增长。围绕"两新一重",谋划实施一批打基础、利长远的重大工程项目,着力补短板、强弱项。加大争资争项力度,聚焦产业链建设、乡村振兴、基础设施、公共卫生和民生改善等重点领域,备好政策工具箱、项目储备库。坚持"以亩产论英雄",加大产业投资力度,提高投资效益。完善和落实鼓励民间投资的政策措施,形成市场主导的投资内生增长机制。积极拓宽融资渠道,创新审批监管模式。

(六)拓宽对外开放平台

岳阳具有湖南长江门户城市、通江达海开放引领区的有利地位:中国(岳阳)跨境电子商务综合试验区成功获国务院批复,拥有城陵矶综保区、岳阳电子口岸,2020年集装箱吞吐量达67万标箱,汽车整车进口总量居内陆港口第一位。要发挥城陵矶新港区开放引领作用,重点抓好岳阳自贸片区和水港、空港建设,做大做强枢纽经济,打造名副其实的湖南对外开放桥头堡。

高质量建设"一中心三区":打造长江中游综合性航运物流中心、内陆临港经济示范区、中非经贸合作先行区、湖南国际投资贸易走廊重要承载区。

重点注入"一廊道、一园区、一基地"三大自贸元素。"一廊道"即沿长江百里绿色发展示范区建设"自贸产业廊道",重点布局依赖港航的涉水偏水型产业。"一园区"即毗邻综合保税区建设"自贸产业园区",重点布局集成电路、半导体、5G等先进制造业。"一基地"即向南辐射格石岭山区域建设"自贸总部经济基地",重点布局绿色办公、数字产业等总部经济和楼宇经济。

(七)建设跨省界的岳阳城市圈

2009年10月23日,湖南省政府召开专题会,原则通过《湖南省3+5城市群城镇体系规划纲要(2009—2030)》。根据这个规划,长株潭都市区将成为3+5城市群、全省乃至更大区域的核心,而"岳阳城市圈"是其外围的城市圈,但这个城市圈的范围只限定在岳阳市域内。2015年9月23日,在中央党校召开了一次岳阳城市发展战略研讨会,中央党校常务副校长何毅亭、湖南省委副书记孙金龙出席。秦尊文应邀出席并作了题为"建设跨省界的城市圈"的发言,秦尊文讲的"岳阳城市圈"是跨省界的,包括与岳阳交界的湖北监利、洪湖、赤壁等部分区域。秦尊文当时建议国家有关部门和湖南省委、省政府明确岳阳三个方面的城市定位:一是湖南省第一门户城市。在全国"两横三纵"城市化战略格局中,岳阳处于长江一横和京广一纵的交汇点上。两条国土开发主轴同时贯穿，这种情况全省唯一，全国不多。岳阳城陵矶港是湖南唯一通江达海的深水口岸，城陵矶综合保税区、进口肉类指定口岸、汽车整车进口口岸、进口粮食指定口岸、固废进口指定口岸"一区四口岸"全部获批。要抓住机遇，通过融入长江经济带、对接"一带一路"，将岳阳打造成湖南对外开放第一门户。二是洞庭湖生态经济区首位城市。岳阳是洞庭湖生态经济区最早的呼吁者、建设的发起者。在洞庭湖生态经济区4个地级市中，岳阳市辖区非农业人口最多，GDP最高，是名副其实的首位城市。三是长江中游城市群副中心城市。可以打破省界，吸纳湖北部分县市进来，建设跨省界的"岳阳城市圈"，将岳阳上升为长江中游城市群的副中心城市。①

2021年6月7日，应岳阳市政协邀请，秦尊文赴岳阳作了题为"加快推动岳阳省域副中心城市建设"的演讲，再次呼吁建设跨省界的"岳阳城市圈"。因为岳阳与武汉之间仅隔着一个洪湖市，秦尊文建议加强岳阳市尤其是云溪区与洪湖市的联动，共同推进长江大保护和绿色发展。2018年5月中央批准武汉为第一批长江经济带绿色发展示范城市，2020年8月将岳阳列为第二批。洪湖本身就参与了武汉城市圈建设，与其直接接壤的武汉经开区(汉南区)在此托管了69平方千米的洪湖新滩新区，洪湖加入岳阳城市圈后，将把两大国家级长江经济带绿色示范区联结起来，形成长江中游绿色发展示范带，十分符合中央新近提出的中部地区绿色崛起的战略部署。

第三节　衡阳省域副中心城市建设

衡阳，位于湖南省中南部，是长江中游城市群重要成员，湖南省域副中心城市，湘南地区的政治、经济、军事、文化中心。衡阳城区横跨湘江，是湖南省以及中南地区重要的交通枢纽之一，多条重要公路、铁路干线在此交汇。衡阳处于中南地区凹形面轴带部分，构成典型的盆地形势，属亚热带季风气候。衡阳市下辖5区5县，代管2县级市，总面积15310平方千米。根据第七次人口普查数据，衡阳市常住人口为664.52万人。

---

① 秦尊文.建设跨省界的城市圈.人民日报，2015-10-08.

一、衡阳市省域副中心建设的基础

衡阳成为省域副中心城市，一是因为自身城市的规模比较大，综合实力也比较强。另外还有一个很重要的原因，就是在空间上离主中心城市长沙有一定的距离，对周边城市能起到一定的辐射带动效应。具体讲，有以下几个主要因素：

(一) 经济实力比较雄厚

衡阳是中南地区重要的工业城市，拥有湖南第一家综合保税区和国家级高新区，被定位为国家承接产业转移示范区以及全国加工贸易重点承接地。"十三五"时期，衡阳市经济实力迈上新台阶，主要经济指标增速稳居全省第一方阵，2020年全市地区生产总值为3508.5亿元，经济高质量发展特征逐步显现。产业发展实现新突破，八大产业基地加快建设，优势产业链持续发展壮大，稳增长的底气越发充盈。

改革创新激发新活力，供给侧结构性改革取得重大战略成果，国家创新型城市建设扎实推进，创新驱动发展成效明显，数字经济来势喜人。对外开放拓展新局面，被明确为省域副中心城市，拥有国家大城市、湘南地区中心城市、湘南湘西承接产业转移示范区、陆港型国家物流枢纽承载城市等金字招牌，开放平台集聚引领作用强劲，中欧班列正式开行，外经外贸持续活跃。以衡阳高新技术产业开发区为代表的产业园区，为全市产业发展增添新动能。全力承接产业转移，密切与粤港澳大湾区产业、创新、人才等协作。支持园区发展"飞地"经济，加快建设衡阳深圳科技工业园产业新城。创新招商引资联动推进、考核督查和激励等机制，实施"信息+资源"招商，对接"三类500强"企业建链强链补链，打造湘南湘西承接产业转移示范区的核心增长极。衡阳市产业园区布局示意图见图9-4。

(二) 文化历史资源丰富

衡阳是以祝融祭祀、神农崇拜的民风习俗为鲜明代表的农耕文明活化石。火神祭祀与南岳衡山圣帝、火神祭祀与古城衡州、火神祭祀与民间风俗的关系；神农崇拜与生产生活习俗、神农崇拜与文化心理的关系，充分体现了农耕文明"活化石"的特点。

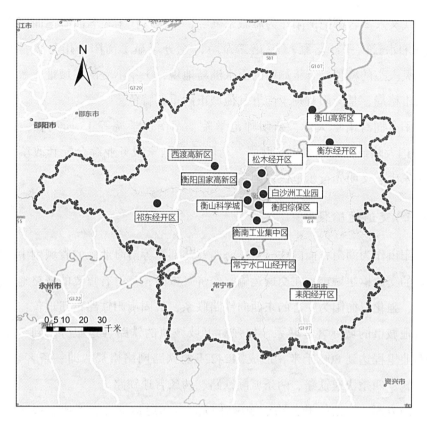

图 9-4 衡阳市产业园区布局示意图

　　衡阳是以南蛮血性、船山风骨的精神品质为显著特点的湖湘文化大本营。著名历史人物如王船山、李芾、彭玉麟、曾熙、夏明翰、罗荣桓，都是这一精神品质的体现者；著名历史事件如湘军从衡阳成型出发、抗战时期四十七天保卫战、衡阳教案等，都反映出衡阳人南蛮血性、船山风骨的精神特质；文化繁荣如书院汇聚、名士辈出现象，证明了衡阳是湖湘学派的重镇；明清两代衡阳手工业的发展，抗战后期以来衡阳工业的兴盛，内陆交通枢纽优势，促进衡阳成为南北文化经济交融发展的重地，是湖湘学派中实学主张的生动实践。

　　衡阳是以名山为凭、三江汇流的风水格局为突出特征的生态文化样板城。以南岳衡山作为筑城的依靠，以南岳首峰作为筑城的依托，以蒸水、湘江、耒水汇流处作为筑城的依凭，体现了城市择址依山傍水、藏风聚气的传统标准，是中国古代"天人合一"人居理念应用的典范。雁到衡阳不再南飞，雁峰为南岳衡山首峰，历代文人墨客都把衡阳作为雁城来歌吟，中国古代十大名曲有三曲诞生在衡阳(《潇湘水云》《平沙落雁》《梅花三弄》)，充分彰显了衡阳山川秀美、生态优美、地灵人杰的特色。万年如斯的山水洲岛地貌，千年不变的主城址，数百年未改的城市格局，是衡阳有别于南方其他城市的重要特色。

衡阳市拥有南华大学、衡阳师范学院、湖南工学院等 15 所高校，被评为 2018 中国大陆最佳商业城市 100 强。衡阳也是国家服务业综合配套改革试点城市、国家生态文明先行示范区、国家园林城市。

(三) 交通运输便捷

衡阳市作为湖南省面向珠三角、海西及北部湾等沿海地区的省域副中心城市和重要的交通枢纽城市，在交通运输、经济等方面，都占有重要的战略地位。铁路方面，强化以衡阳为中心的东西向铁路联系，巩固衡阳铁路枢纽地位，增强与省内其他城市的城际客运联系，加强对市域城镇的铁路客运服务。到 2020 年，铁路营业里程达到 800 千米，形成"12422"的铁路网络格局，即一条客运专线、两条轻轨、四条快速铁路、两条城际铁路、两条普速铁路。

公路方面。全面提升公路运输网通过能力和通达深度，形成多层次、高标准、广覆盖、便捷化的公路网络。到 2020 年，公路总里程达到 2.2 万千米，其中二级及以上公路里程达到 2500 千米，占总里程的 11.3%。高速公路里程达到 700 千米，基本建成"三纵三横一联一环"高速公路网。推动农村公路提质改造。进一步加强养护管理力度。公路的技术状况和网络结构明显改善，路网的整体服务水平和安全保障水平明显提高。高速公路优良路率达到 100%，普通国道、普通省道优良路率分别达到 95%、90%。

水运方面。全面提升湘江及其支流内河航道的等级，配合制造业的发展，有针对性地发展重件和大件的水运能力，促进内河航运的发展。以湘江为主体建设内河航运网络。完成湘江 2000 吨级航道建设二期工程，完成祁东归阳、衡东大浦千吨级码头建设。

民航方面。南岳机场 2019 年旅客吞吐量 110.28 万人次，货邮吞吐量 1258.6 吨。以南岳机场为基地，衡阳通用机场、耒阳机场为两翼，形成覆盖整个衡阳地区的航空体系和航空救援网络。

运输枢纽方面。加强综合客运枢纽和货运枢纽(物流园区)建设,提升枢纽的综合服务水平,实现了公路与铁路、水路、航空及城市交通的有效衔接。

二、衡阳市空间布局与城镇化

近年来,衡阳着力构建"一核一圈一带"国土空间开发格局(见图9-5)。"一核":以中心城区为主,加快西渡、南岳、云集、大浦等重要城镇融城发展,建设省域副中心城市核心区;"一圈":以"西南云大"城镇群为中心,打造辐射衡南县、衡阳县、衡东县、衡山县、南岳区的"大衡阳都市经济圈";"一带":支持耒阳市、常宁市、祁东县协调联动发展,组团构建"对接粤港澳大湾区前沿经济带"。

深化扩权强县改革。坚持县市区"两主一特"功能定位,推动县域经济高质量发展。完成新一轮行政区划调整,大幅拓展中心城区发展空间,全面提升城市能级。

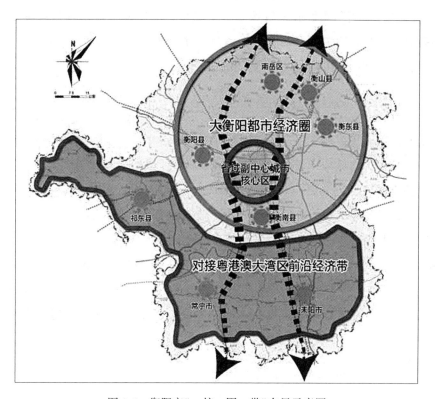

图9-5 衡阳市"一核一圈一带"布局示意图

2014 年 10 月 30 日，湖南省政府发布了《湖南省推进新型城镇化实施纲要（2014—2020 年）》，提出积极推进"人的城镇化"，到 2020 年全省常住人口城镇化率达到 58% 左右，力争达到全国平均水平。衡阳是处于湖南规划的城镇发展轴的重要城市。这为衡阳城镇化发展提供了重大机遇，也对衡阳城镇化提出了更高要求。衡阳还是湖南省规划的 100 万到 500 万的 8 个大城市之一，并且排在株洲、湘潭、岳阳、常德、郴州之前，位列第一。省政府规划"十三五"末，即到 2020 年，衡阳市常住人口达 170 万人，全市城镇化率提高到 58%。但是，根据第七次全国人口普查数据，衡阳市城区（按五区全域计算）常住人口达 136.1 万人，距离 170 万人还差约 34 万人；全市常住人口城镇化率为 54.27%，比规划目标低 3.73 个百分点。要想保住湖南省 8 个大城市中第一的位置，不但城区人口增长要跟上，而且城市人口素质也要相应提升，看来衡阳任重道远。

三、衡阳省域副中心城市发展对策

2020 年，将衡阳建设成为省域副中心城市、支持衡阳建设现代产业强市上升为省委、省政府的决策意志，建设省域副中心城市上升为"省级战略"。要借此东风，加强推进衡阳社会主义现代化建设进程。

（一）建设区域性先进制造业中心

保持制造业比重基本稳定，巩固壮大实体经济根基。全面提升制造业核心竞争力，依托资源禀赋和产业基础，加快传统制造业改造提升和新兴制造业发展培育，打造国家级有色金属与合金新材料产业基地、全国化工新材料特色产业基地、以新能源汽车为引领的区域性汽车产业基地等，大力培育一批千亿级产业、百亿企业。加快推进钢管精深加工和信息技术升级改造，大力建设"钢管之都"。实施领军企业"上市工程"，打造一批行业龙头、专精特新"小巨人"和"单项冠军""隐形冠军"企业，形成优秀独特的上市企业"衡阳板块"。实施质量品牌"提质工程"，加强标准、计量、专利、检测等建设，全面提升衡阳制造竞争力和美誉。

（二）建设国家承接产业转移示范区

对接融入区域重大发展战略。强化省域副中心城市的历史担当，承接粤港澳、衔接粤湘桂、对接长三角、协作长株潭、辐射大湘南，主动融入长江中游城市群建设，密切与西部陆海大通道的经济联系，着力建设中部地区开放大通道互联互通、战略性能源输送储备、大数据储存接入的关键节点，打造综合物流、生产组织、现代商贸等区域性功能枢纽，成为湘南、粤北、赣西、桂东北区域的中心城市。衡阳要加强与粤港澳大湾区的配套发展，重点承接以钢铁有色为特色的新材料、新能源汽车、轨道交通、纺织服装、现代农业等产业。加快形成工业品"大湾区研发、衡阳生产分拨"和农产品"衡阳加工集散、大湾区消费"的产业协同格局。支持耒阳市、常宁市、祁东县协调联动发展，组团构建"对接粤港澳大湾区前沿经济带"，形成一批新的增长极。

全面提升承接产业转移层级和质量，当好湘南湘西承接产业转移示范区领头雁。建立全市统一的招商信息共享平台，充分发挥招商协会及第三方机构作用，大力开展精准招商、产业链招商。坚持引资引技引智相结合，引进企业总部、区域总部及功能性总部，吸引高水平科研院所、研发中心落户衡阳。

(三)建设更高水平的国家创新型城市

坚持创新在衡阳现代化建设全局中的核心地位，深入实施创新驱动和科教兴市、人才强市战略，完善全域创新体系，加快打造人才引领优势、创新策源优势、产业创新优势和创新生态优势，打造区域性科技创新中心。高质量建设以衡州大道科创走廊为主平台的创新策源地，发挥科技创新出发地、原始创新策源地和自主创新主阵地作用，推进科研院所、高校、企业科研力量优化配置和资源共享，推动产教研深度融合；加强战略性前瞻性基础研究，组织实施产业链科技攻关，突破一批"卡脖子"技术，打造全省一流的大学城、科技城、创业城。

完善以企业为主体的技术创新体系，壮大人才队伍。健全创新体制机制，全面优化创新生态，加大研发投入，强化多主体协同、多要素联动、多领域互动的系统性创新机制，推动项目、基地、人才、资金一体化配置，打造一流创新环境。深入实施"人才雁阵"行动计划，健全人才政策"1+N"文件体系，开展"万雁入衡"引才行动，全方位推进人才蓄积集聚。实施高层次创新创业人才及团队引进培育、紧缺拔尖人才集聚、青年人才培育和名家名匠铸造4大人才工程，通过项目资助、生活补贴、资金奖励等方式，引进和培育衡阳经济社会发展急需的高层次创新创业人才、紧缺拔尖人才、技能人才和行业领军人才。

（四）建设国家生态文明先行示范区

要推动绿色发展，建设最美地级市，坚决落实"共抓大保护、不搞大开发"要求，全面推动绿色低碳发展，持续改善环境质量，加强生态系统保护与修复，完善生态环境治理体系，深入实施可持续发展战略，促进经济社会发展全面绿色转型。

构建国土空间开发保护新格局。充分发挥规划的战略引领作用，提升城市国际化水平。建立国土空间规划体系，科学划定并强化生态保护红线、永久基本农田、城镇开发边界等空间管控，严控战略留白空间，逐步形成城市化地区、农产品主产区、生态功能区三大空间，实现主体功能区规划、土地利用规划、城乡规划有机融合，形成全市国土空间开发保护"一张图"。以国土空间规划为依据，对全市所有国土空间分区分类实施用途管制，坚定依法有序推进农村乱占耕地建房、违法建设、违建别墅等专项整治，创建基本无违法建设区。有序统筹布局生态、农业、城镇等功能空间，推动发挥各自比较优势。支持生态功能区的人口逐步有序转移。

（五）加快基础设施优化升级

立足增强枢纽功能，着力构建系统完备、高效实用、智能绿色、安全可靠的现代化基础设施体系。加强传统基础设施优化升级。完善高速公路和市域快速干线网，加大国省干线公路升级改造及新增路线联网建设力度，大力推进城市微建设、微循环，启动城市轨道交通工程。加快衡阳铁路枢纽改造，构建区域性铁路客运货运枢纽。完善水运集疏运及湘江航道体系。加快发展临空经济，大力推进航空体系建设，加快航空口岸申报，拓展国内国际通航线路，着力将南岳机场建设成为省域航空副中心。积极发展通用航空。夯实能源保障网，加快电网建设和升级改造，纵深推进"气化衡阳"，建设综合能源储备基地，大力发展新能源。筑牢水安全网，重点建设"一江四水"等流域防洪项目、市城区和县城防洪工程，加强水资源配置工程建设，推进城乡供水一体化，开辟建设城区第二饮用水源，形成防洪、饮水、用水和河湖生态安全格局。加快新型基础设施建设。推进新一代信息基础设施建设，加快推进高速光网、互联网协议第六版、5G网络、移动物联网等设施建设，打造湘南湘西大数据交互中心，构建支撑科学研究、技术开发、产品研制等具有公益属性的重大科技基础设施、科教基础设施和产业技术基础设施集群。

（六）推进以人为核心的新型城镇化

深入推进"一核一圈一带"区域发展战略。完成新一轮行政区划调整，大幅拓展中心城区发展空间，全面提升城市能级。树立全新的城市发展思维，合理确定城市规模、人口密度、空间结构，发挥中心城区辐射带动作用，推进以县城为重要载体、中心镇为有益补充的城镇化建设，促进市区、县城和小城镇协调发展。加快城市片区开发，优化城市功能布局，推行城市更新行动和城市生态修复，统筹城市地上地下空间开发利用，引导市政设施隐形化、地下化、一体化建设，大幅增强城市防洪排涝能力，推进城镇污水管网全覆盖，加强城镇老旧小区改造，开展背街小巷"三清三建"提升行动计划，建设完整社区、绿色社区，建设海绵城市、韧性城市、智能城市、宜居城市。推动城市治理方式精细化、精明性转型，加强建筑高度、城市天际线、城市色彩等管控，塑造特色鲜明的城市风貌。持续治理交通拥堵，加强停车综合治理，改善出行环境。加强人防设施和城市基础设施相结合，实现军民兼用。加快农业转移人口市民化，强化基本公共服务保障，实现农业转移人口按意愿在城市便捷落户。完善住房市场体系和住房保障体系，促进房地产市场平稳健康发展。鼓励用市场化手段破解老旧小区、失管弃管小区物管难题。

（七）加快融入新发展格局

坚持实施扩大内需战略同实施开放高地崛起工程相结合，主动服务国省开放战略，深度融入共建"一带一路"，构建畅通高效的市场体系、流通体系，推动形成全方位全要素、高能级高效率的双循环，促进内需与外需、进口与出口、引进外资和对外投资协调发展，打造湖南省连通长江经济带与粤港澳大湾区国际投资贸易走廊的重要支点。

大力推动消费转型升级。增加高品质产品和服务供给，促进消费向绿色、健康、安全发展，积极培育新型消费，提升传统消费，适当增加公共消费。大力发展消费新业态新模式新场景，发展无接触交易服务，发展服务消费，扩大优质服务供给。大力创建新型消费示范城市，建设多层次消费平台，建设高品质步行街，打造新零售标杆城市，支持发展"首店经济""街区经济"，有序发展"夜间经济"，提升乡村消费、社区商业消费。支持发展农村电商，加快工业品下乡和农产品进城，推动新型消费向农村拓展。推动汽车等消费品由购买管理向使用管理转变，促进住房消费健康发展。落实带薪休假制度，扩大节假日消费。完善促进消费政策，规范发展消费金融，释放消费潜力。改善消费环境，强化消费者权益保护。

不断优化拓展投资空间。实施新一轮扩大有效投资行动，发挥投资对优化供给结构的关键作用。加大重大项目投资，完善重大项目落地协调机制，规划建设一批强基础、增功能、利长远的重大工程和项目。加大产业投资，推动企业设备更新和技术改造，扩大高精尖产业投资。加大社会民生领域投资，大力发展教育、医疗、养老、托幼、生态环保等民生事业，补齐公共安全、防灾减灾等投资短板。更好发挥政府投资撬动作用，有效扩大民间投资，加大直接融资比重，形成市场主导的投资内生增长机制。加强项目前期工作，规范政府投资行为，提高投资效益。

强化对外开放支撑体系。建设开放型经济新体制，健全外商投资准入前国民待遇加负面清单管理制度。推进贸易创新发展，大力发展贸易新业态，拓展对外贸易多元化，增强对外贸易综合竞争力。全面推进单一窗口建设，提高口岸跨境贸易便利化水平。坚持以制度创新为核心，进一步建立健全国际经贸规则、规制、管理、标准等。大力推进跨境电商零售进口试点城市建设，引进和培育跨境电商龙头企业，吸引跨境电商产业集聚。主动融入湖南自贸区发展，推进衡阳综保区高质量发展，提升各类园区外贸综合服务能力，做大做强外贸合作交流平台。高效集约开行中欧班列，加快开通东盟班列，促进与沿线国家经贸合作。抢抓中非经贸博览会落户湖南机遇，深化对非经贸合作。

高水平"引进来""走出去"。推动外贸高质量发展，继续实施外贸"破零倍增"工程，壮大外贸经营主体，加大外贸综合服务供给，支持"雁字号"品牌拓展海外市场。推动优势产能、基础设施领域国际合作，带动技术、装备和劳务"走出去"。统筹整合外事工作资源，深化友城合作。

第十章　其他省域副中心城市建设

从第三章起，先后介绍了湖北、江西、甘肃、广东、山西、湖南6省的省域副中心城市确立和发展情况：到目前为止，湖北、湖南、广东配置了2个省域副中心城市，江西、山西配置了3个，甘肃虽然也配置了3个但涉及5个地级市。还有河南、陕西、安徽、云南等省也设置了"省域副中心城市"，但4省各只有1个，前面没设专章，集中在此一并介绍。

第一节　河南的省域副中心城市建设

河南省有多个地级市想要被设立为"省域副中心城市"，如南阳、开封、周口、商丘、驻马店等市，其中，南阳还被省主要领导称为"省域次中心城市"，但真正被上级授予"省域副中心城市"桂冠的只有洛阳。

一、洛阳城市定位与城镇化发展

2008年4月18日至21日，《洛阳市城市总体规划（2008—2020）》经国家住房和城乡建设部专家审查组审查通过，规划给出的城市发展总目标是："实施中原城市群发展战略，融入区域，辐射豫西，建设省域副中心城市；发挥自身优势，携手周边地区，建设中部地区重要制造业基地；加强历史文化遗产保护与展示，传承华夏文化，建成国内重要旅游节点城市；合理组织自然和人工环境要素，建成中西部地区最佳人居环境城市。"①这是公开文献中首次提到洛阳是"省域副中心城市"。2012年4月9日国务院办公厅下发国办函〔2012〕73号文，原则同意修订后的《洛阳市城市总体规划（2011—2020年）》，同意"洛阳市是国家历史

---

① 《洛阳市城市总体规划（2008—2020）》批前公示．洛阳日报，2009-07-31.

文化名城、河南省副中心城市、著名旅游城市"的城市定位。也就是说,洛阳的"省域副中心城市"地位得到了国务院的认可。① 此前,只有襄阳、宜昌的"省域副中心城市"地位在 2003 年 8 月 1 日国务院批复的《湖北省城镇体系规划》中得到了认可。

十多年来,洛阳市省域副中心城市建设取得耀眼成绩。洛阳是我国中西部地区非省会中首位城市,在 20 世纪 90 年代及以前,其经济总量长期居省会郑州之前。2020 年全市生产总值达到 5128.4 亿元,按可比价计算,比上年增长 3.0%。其中,第一产业增加值 254.1 亿元,增长 2.7%;第二产业增加值 2312.2 亿元,增长 3.6%;第三产业增加值 2562.1 亿元,增长 2.3%。新兴产业快速发展,全年计算机及办公设备制造业增加值比上年增长 38.8%,医药制造业增长 19.7%,航空航天器及设备制造业增加值增长 13.0%。现代新兴服务业增势较好,全年信息传输软件信息技术服务业增加值比上年增长 26.6%,互联网和相关服务业营业收入增长 27.4%,限额以上批发零售业网上商品零售额增长 15.5%。发展动力强劲。全年全市共有普通高校 7 所,招生 4.37 万人,在校生 13.98 万人,毕业生 3.66 万人。年末共有省级以上企业技术中心 120 个,其中国家级 16 个;省级以上工程实验室(工程研究中心)118 个,其中国家级 9 个;省级以上工程技术研究中心 283 个,其中国家级 2 个;省级重点实验室 23 个。全年战略性新兴产业投资比上年增长 2.7 倍,高技术制造业投资增长 17.1%。全年全市进出口总额 193.1 亿元,比上年增长 24.9%。上述指标均在河南仅次于郑州。

根据"七普"人口数据,洛阳全市常住人口中,居住在城镇的人口为 458.53 万人,占 64.98%,基本实现"十三五"末达到 65% 的目标;居住在乡村的人口为 247.14 万人,占 35.02%。与 2010 年第六次全国人口普查相比,城镇人口增加 169.70 万人,乡村人口减少 119.02 万人,城镇人口比重上升 20.88 个百分点。7 个市辖区加高新区,常住人口为 255.04 万人,占全市总人口的 36.14%。优化市域城镇空间结构(见图 10-1),形成"一心、两轴、三区"布局。"一心",即洛阳中心城区,强化经济规模和人口规模,提升功能,带动周边城镇发展,提高区域辐射力;"两轴",即依托东西向和南北向综合运输通道形成的城镇集聚

---

① 国务院办公厅关于批准洛阳市城市总体规划的通知[EB/OL]. 中央政府门户网站,2012-04-17.

带，是城镇发展的重要地区，应优先发展；"三区"，即东北部城镇密集区，是推进城镇化的重点地带，洛阳未来经济增长最具发展潜力和活力的地带。中西部产业集聚区，大力推动工业化进程。西南部山区生态保护区，应注重生态环境保护。

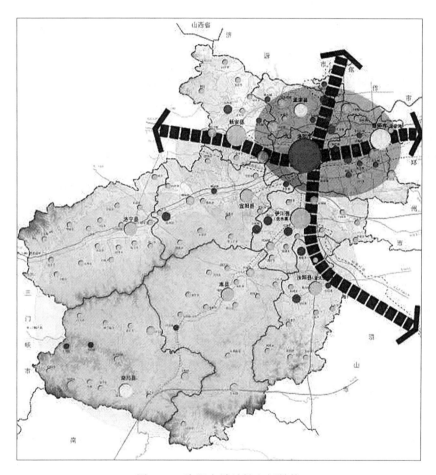

图 10-1　洛阳市域城镇空间结构

二、加快洛阳省域副中心城市发展对策

2020 年 3 月 27 日，河南省委、省政府召开加快洛阳副中心城市建设工作推进会。10 月 13 日省发改委重磅发文，28 条政策措施助推洛阳副中心城市建设。

与此同时，省直各相关部门纷纷出台文件支持建设副中心城市。洛阳应乘势而上，加快发展。

（一）坚定不移推进洛阳都市圈建设

坚持全球视野、国际标准、国内一流、生态为基，围绕"三区一枢纽一中心"发展定位，充分发挥要素集聚和空间集中效应，推动现代化洛阳都市圈一体化高质量发展。厚植生态优势，发展生态经济，突出生态都市圈特色，着力打造黄河流域生态保护和高质量发展示范区。厚植创新发展优势，加快产业转型升级和新旧动能转换步伐，推动制造业向高端化智能化集成化绿色化发展，着力打造全国先进制造业发展引领区。发挥文化资源富集优势，以保护传承弘扬黄河文化为主线，以全域旅游为主导，提升文旅产业能级，着力打造文化保护传承弘扬核心区。加快构建现代立体交通网络，完善提升各类物流基础设施体系，着力打造全国重要综合交通枢纽。提升国际化互联互通水平，加强跨（国）区域全方位合作交流，着力打造国际人文交往中心。

（二）全面提升洛阳自身发展能级

提升中心城区首位度。优化拓展中心城区空间布局，加快地域范围、人口规模、经济体量、市场空间、资源环境扩容提质，增强发展动能，提升发展品位，做强做优中心城区。坚持城市更新与强化历史文化保护、塑造城市风貌并行，加大历史街区保护、老旧小区改造、路网完善、城市"双修"力度，加快洛北板块改造升级。坚持内外兼修、建管并举，提高产业集聚、商业配套、生态宜居水平，推动洛南板块完善功能提升品质。坚持规划引领、产城融合，加快支撑型引领型重大项目建设，提升公共服务承载力，推进伊滨经开板块整体蝶变崛起。坚持改革引领、统筹谋划，推动偃师、孟津-吉利板块融入中心城区。

以中心城区三大板块为主体打造洛阳都市圈极核，着力增强人口和经济要素集聚能力，大力发展金融服务、总部经济、国际会展、科技创新、文化教育等高端服务业，逐步疏解非中心城区功能，提高经济密度。加强组团县和中心城区产业承接、交通连接、生态对接，增强组团支撑发展能力。提升南部四县生态涵养功能，推动生态资源优势向生态动能优势转变。聚焦产业升级、动能转换、生态宜居、基础能力提升、公共服务优化等领域，培育打造一批特色鲜明、吸附力强的场域载体，持续提升城市品质，形成高端要素集聚汇聚的"强磁场"。

(三)构建便捷畅通的综合交通网络

打造功能完善、衔接顺畅、运作高效的现代立体交通网络，实现由交通节点城市向全国重要综合交通枢纽转变。全面提升铁路网布局，呼南高铁豫西通道、洛平漯周高铁全面开工建设，形成"十字加一捺"高铁路网；实施洛宜铁路、焦柳铁路改迁和三洋铁路等项目，谋划建设洛阳至十堰铁路、宜阳至洛宁(浩吉)铁路，进一步完善普铁路网；地铁1、2号线及延伸线开通运营，推动洛阳进入"地铁时代"；争取开工建设1~3条市域快轨，初步形成以洛阳城区为中心，北至孟津—吉利—孟州—济源、东至偃师—巩义、西至新安—义马—渑池、南至伊川—汝阳—汝州(伊川—嵩县)的多向辐射轨道交通网，打造"轨道上的都市圈"。完善畅接全省、辐射中西部、通达全国的公路交通网络，全面建成中心城区"井字+外环"快速路网、"三纵三横三环"高速公路网，创建国家级"四好农村路"示范市。强化洛阳机场区域门户枢纽功能，加快推进洛阳机场三期改扩建工程，建成投用万安通用机场，开工建设洛阳第二机场和通用机场，加密国内国际航空网，拓展集疏功能。高标准建成谷水、机场、白马寺、伊滨等一批综合交通枢纽，实现多种交通方式无缝衔接零换乘。

(四)联动建设郑洛西高质量发展合作带

推进洛阳都市圈与郑州都市圈、西安都市圈协调联动、优势互补。以黄河为纽带，发挥华夏文明起源地优势，深入挖掘古都文化、根亲文化等资源，共建黄河古都文化旅游带，共同打造世界级历史文化旅游目的地。大力推进数字信息等新型基础设施建设，完善交通、能源等跨区域重大基础设施体系，提高互联互通水平，共同打造中西部地区复合型综合枢纽集群。加强与郑州、西安高校及科研院所交流合作，强化创新资源整合，共建中西部科创走廊。发挥制造业基础雄厚优势，联合培育壮大电子信息等战略性新兴产业，共同打造世界级制造业集群。推动生态环境共保联治，发挥黄河、秦岭、伏牛山等自然生态资源优势，共同打造黄河流域生态保护示范带。

（五）携手保护传承弘扬优秀历史文化

深度融入黄河文化带、大运河文化带建设，保护和完善历史风貌特色，充分彰显河洛文化魅力。加强中国特色考古工作，培育壮大考古人才队伍，在"中华文明起源与早期发展综合研究""考古中国"等重大课题中走在全国前列、取得重大成果。融入"中国石窟"文化品牌建设，全面提升龙门石窟保护利用水平，建设全国区域性石窟寺保护研究基地。持续加强历史文化遗产保护，加大二里头遗址考古挖掘和展示利用力度，加快二里头遗址申报世界文化遗产，推进隋唐洛阳城国家历史文化公园、汉魏洛阳故城博物馆等重点项目建设，打造考古遗址公园群，引领带动三门峡-洛阳-郑州-开封-安阳世界级大遗址公园走廊建设。实施黄河文化遗产系统保护工程，建成黄河流域非物质文化遗产保护展示中心，规划建设黄河国家文化公园（洛阳段）、黄河生态保护教育基地，打造黄河历史文化主地标城市。建成牡丹博物馆、隋唐大运河文化博物馆、丝绸之路博物馆、洛阳工业博物馆、仓窖博物馆等一批重点博物馆，提升"东方博物馆之都"品质和影响力。提高文化遗产数字化保护利用水平，争创国家文物保护利用示范区，建成国家级河洛文化生态保护区。

第二节　陕西的省域副中心城市建设

陕西省有榆林、汉中、安康多个地级市欲争取"省域副中心城市"桂冠，特别是榆林实力十分强劲，其GDP甩开其他地级市一大截，陕西省"十四五"规划酝酿期间曾一度有全省打造西安、榆林"双核"的说法，但可能考虑其经济结构太过单一，煤炭、石油产业比重过大，基本上属资源依赖型城市，与转型发展的大方向不太吻合，因而"省域副中心城市"的帽子继续只戴在宝鸡市头上。

一、宝鸡城市定位与城镇化发展

宝鸡市"省域副中心城市"的"资历"不浅。2011年8月17日，陕西省政府第十五次常务会议召开，研究并原则通过《关于支持宝鸡加快建设关中—天水经济区副中心城市的意见》，该意见提出："把宝鸡建成百万人口以上的特大城市、关中—天水经济区副中心城市，是落实《关中—天水经济区发展规划》的重要举措，也是推进宝鸡加快发展的重要路径。"笔者认为，宝鸡既然被"官宣"为跨省的"关中—天水经济区副中心城市"，自然也是省域副中心城市。

2013 年 12 月，由陕西省人民政府研究室、宝鸡市人民政府研究室撰写的课题报告《宝鸡推进副中心城市的对策研究》发表在《西部大开发》杂志 2013 年第 12 期上。文章开宗明义："2011 年，陕西省政府《关于支持宝鸡加快建设副中心城市的意见》出台后，对宝鸡发展起到了极大的推动作用，2012 年宝鸡的经济增速达到 15.1%，高出全省平均水平，正在成为陕西新的优势增长板块。围绕宝鸡副中心城市加快崛起问题，陕西省人民政府研究室进行了跟踪调研，提出了宝鸡发展中面临的新矛盾、新问题和对策建议。"课题负责人为陕西省人民政府研究室主任、党组书记钱远刚。这篇文章没有直接提"关中—天水经济区副中心城市"，也没有提"省域副中心城市"，甚至将省政府文件中的"关中—天水经济区副中心城市"也简化为"副中心城市"。

2020 年 11 月 27 日中国共产党陕西省第十三届委员会第八次全体会议通过的《中共陕西省委关于制定国民经济和社会发展第十四个五年规划和二〇三五年远景目标的建议》，一共列了 61 条，其中第 40 条指出："加快西安都市圈建设，促进西安与铜川、渭南、商洛等周边城市统筹规划、一体建设、融合发展。加快宝鸡副中心城市和汉中区域中心城市建设，培育壮大沿汉江、沿黄河、沿长城、沿包茂高速城镇带，增加中小城市数量，发展特色小（城）镇，形成产业转型升级、辐射带动农村发展的新载体。"从这一段话中可以判断，陕西省的主中心城市是西安，副中心城市是宝鸡，区域中心城市是汉中。因此，笔者将宝鸡列为"省域副中心城市"是站得住脚的。

"十三五"期间，宝鸡市聚焦追赶超越，统筹稳增长、促改革、调结构、惠民生、防风险、保稳定，较好完成了各项目标任务，综合实力明显提升。"宝鸡制造"迈向高端。神舟系列飞船、C919 大型客机、万米深潜器等中国制造都与宝鸡息息相关，专用汽车、旋翼机等"宝鸡制造"亮相 70 周年国庆阅兵，烽火通信获中国工业大奖，中铁宝桥、法士特、汉德车桥获国家科技进步一等奖，一系列关键零部件、关键材料、关键装备扬名中外。2020 年，全市地区生产总值达到 2276.95 亿元，居全省第三，年均增长 6.3%；财政总收入达到 228.22 亿元，较

2015 年增加 32.71 亿元；城镇、农村居民人均可支配收入分别达到 36209 元和
14189 元，年均分别增长 7.5%和 9%。

在推进以人为中心的新型城镇化中，宝鸡市城镇化率和人口素质也得到了提
升。第七次全国人口普查资料表明，2020 年 11 月 1 日零时，宝鸡市常住人口为
332.19 万人。比 2010 年减少 39.49 万人。但渭滨区和金台区两个中心城区常住
人口增加 15.41 万人，反映了人口向中心城区迁移。2020 年城镇人口为 189.48
万人，人口城镇化率为 57.04%，比 2010 年上升 15.65 个百分点，平均每年上升
1.57 个百分点。与 2010 年相比，宝鸡 15 岁以上人口的平均受教育年限由 9.23
年提高到 9.86 年，文盲率由 3.15%下降为 2.63%。大学文化程度人口增加较多，
每 10 万人口中具有大学文化程度的人口由 8037 人上升为 13799 人。

"省域副中心城市"建设 10 年来，宝鸡城镇化水平和质量有所提升。根据
《宝鸡城市总体规划》，已构建"一主一副、一带两翼"的市域城镇空间格局（见图
10-2）。"一主"，指宝鸡中心城区；"一副"，指蔡家坡镇市域副中心；"一带"，
指市域中部城镇发展带；"两翼"，指南部发展翼和北部发展翼。

二、加快宝鸡省域副中心城市发展对策

围绕建设省域副中心城市和关中平原城市群副中心城市，把宝鸡打造成陕西
省和关中平原城市群的一个重要增长极，持续提升经济竞争力、科技创新力、区
域辐射力、文化影响力、环境吸引力。

（一）着手打造"十大中心"

一是区域先进制造业中心。实施"171"产业基础再造工程。首先，聚力打造
1 个世界级钛及钛合金产业基地。实施高品质钛及钛合金铸锭生产线等项目，巩
固高端钛材加工优势，支持钛民品研发生产，加快正威宝鸡新材料科技城一期铜
基新材料、钛金属新材料产业园、西北总部等项目建设，打造世界一流的钛及钛
合金产业基地，建设"世界钛都、中国钛谷"。其次，打造汽车及零部件、轨道
交通、石油装备、机床工具、凤香型白酒、机器人关键零部件、羊乳等 7 个全国
性产业基地。完善蔡家坡经开区基础设施和公共设施配套，提升服务保障水平，
建设"丝路汽车名城"。最后，建设 1 个西部传感器产业基地。围绕电子信息，以

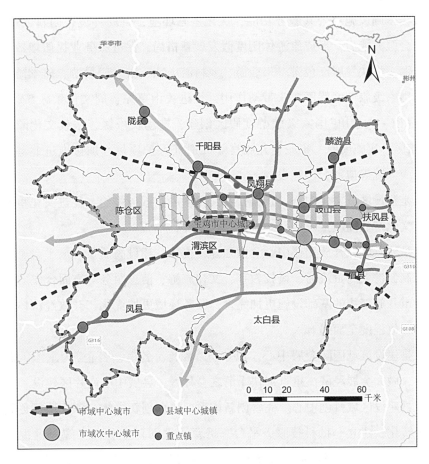

图 10-2　宝鸡市"一主一副、一带两翼"空间格局

麦克传感、华天电子等企业为龙头，重点发展电子器件、电子专用设备、开关控制设备，加快实施渭滨传感器产业园等项目，努力建设西部传感器产业基地。

二是建设区域优质农产品供应中心。建设优质专用粮食、优质果品、高端乳业、绿色蔬菜、优质畜产品、区域特色产品六大生产基地，建立全国农产品加工中心和交易物流中心，健全农产品质量管控体系。

三是建设区域货物集散中心。围绕优通道、强枢纽、建平台，统筹推进公路、铁路、机场、物流集散中心、交易平台等建设。到 2025 年，基本形成"覆盖广泛、公铁互补、空地立体、衔接顺畅"的综合交通网络，建成"一中心两平台多节点"的物流集散网络体系。

四是建设区域旅游休闲度假中心。以创建国家全域旅游示范区为抓手，不断完善城镇基础设施和公共服务功能，优化生态环境、营商环境、创新创业环境，提升综合服务能力，形成旅游休闲度假发展新格局，促进服务业提质增效。依托特色资源，加快发展红色游、工业游、乡村游、冰雪游、避暑游、研学游。发挥太白山国家级旅游度假区龙头带动作用，推进关山草原、周文化景区5A级创建和"九龙山—大水川"国家级旅游度假区创建，推动长乐塬、张载文化园等创建4A级景区。实施周原、雍城、九成宫等大遗址保护项目，加快推进北首岭、红光沟航天六院等遗址公园建设。

五是建设区域文化中心。扩大公共文化产品和服务供给，促进文化事业全面繁荣、文化产业高质量发展。

六是建设区域开放交往中心。做强开放主体，建设高质量开放平台，构建开放新机制，扩大商贸流通、科技教育、文化旅游、信息服务等方面合作。到2025年，全市开放交往的基础设施更加完善，服务环境更加优化，开放经济体系基本建成，开放程度全面提升。

七是建设区域国际会展中心。以培育"名展、名馆、名企"为重点，做强会展产业，做大会展经济。重点加快千渭之会片区、会展中心南片区建设。

八是建设区域科创中心。完善创新体系，培育创新主体，深化协同创新，加速成果转化，建立一批科技服务平台，培育一批创新企业，实施一批重大创新项目，培养一批创新团队。围绕航空航天，以宝成、烽火、凌云等企业为龙头，加快突破光纤陀螺、导航系统等关键技术，发展旋翼机等关键装备，持续深化军民融合，培育壮大更多企业创新主体。精耕细作优势产业，加快设备更新、工艺创新、产品升级，主攻"卡脖子"技术，多搞"拳头产品"，推进能源化工、建材、纺织服装、有色冶金等传统产业高端化、智能化、绿色化改造。促进数字经济与制造业融合，推动企业"上云上平台"，发展智能工厂、数字车间和智能产品。

九是建设区域医疗康养中心。深入实施"健康中国"战略，打响"岐伯故里·康养宝鸡"品牌，发展"健康+"新产业、新业态、新模式，构建特色鲜明、错位发展、相互支撑的医疗康养发展格局。

十是建设区域教育培训中心。深化教育改革，建设高质量教育体系，推进教育现代化。力争新增高等职业院校2所、年开展各类培训5万人次以上。

（二）加速推进新型城镇化

持续壮大新增长极。以基础设施互联互通、公共服务共建共享、产业发展协同互补为重点，推动凤翔区加快融入主城区。推动宝鸡高新区科技新城、高铁新城跨越发展，打造钛及钛合金、高端装备制造等主导产业集群，建设全市高质量发展先行区。完成港务区总体规划，完善运行机制，优化各组团交通连接。高标准完成蟠龙高新区规划修编，抓好新区基础设施建设，打造科教新城、康养新城、生态新城。

持续推进城镇建设。扎实推动以县城为主要载体的新型城镇化，提升县镇规划建设管理水平，完善市政基础设施和公共服务设施，重点抓好特色街区建设、环境综合整治、垃圾污水处理等工作，不断提升综合服务功能。

（三）不断改善生态环境质量

守护秦岭生态。以最严谨的标准、最严格的监管、最严厉的处罚、最严肃的问责，落实《秦岭生态环境保护条例》。按照省市规划，全面完成勘界立标，健全常态化保护机制。加快"数字秦岭"建设，用好网格化监管平台。持续推进"五乱"问题整治，全面完成小水电整治任务。推行"三线一单"生态环境分区管控，加快涉秦岭县区产业结构调整。持续抓好矿山地质环境恢复治理和尾矿库风险评估，推进绿色矿山建设。支持国家生态文明建设示范县、"两山"理论实践创新基地创建。

狠抓污染防治。持续改善大气环境，聚焦产业、能源、运输、用地"四大结构"调整，强化工业污染治理，推进汾渭平原大气污染协同治理。建设国家清洁取暖试点城市。优化提升水生态环境，强化河湖长制，实施"水润宝鸡"建设工程，推进渭河干流宝鸡段入河排污口排查整治，抓好千河、小韦河等支流生态治理，做好长江流域禁捕退捕工作。深入实施城镇污水处理提质增效三年行动，完成12个城镇污水处理厂提标改造，加强农村水源地保护监管。持续推进土壤污染防治，抓好化肥农药减量化。推行生活垃圾分类，打造省级分类示范区。

第三节　青海的省域副中心城市建设

人们往往认为青海省有两个省域副中心城市：海东、格尔木。2016 年的确在省有关部门编制的规划中对海东有"青海省副中心城市"的表述，但在以后召开的省委全会等重要会议和省"十四五"规划中对海东的正式定位是青海东部城市群副中心城市，并不是省域副中心城市。目前，真正的青海省域副中心城市只有一个——格尔木。2018 年 7 月 23 日至 24 日，青海省委十三届四次全会对深入实施"一优两高"（坚持生态保护优先，推动高质量发展、创造高品质生活）作出战略部署，明确提出建设格尔木全省副中心城市。

一、格尔木城市定位与城镇化发展

"格尔木"为蒙古语音译，意为河流密集的地方，地处青海省西部、青藏高原腹地，辖区由柴达木盆地中南部和"飞地"唐古拉山地区组成，总面积 11.9 万平方千米。市区位于柴达木盆地中南部格尔木河冲积平原上，平均海拔 2780 米。1960 年 11 月 17 日国务院批准设立格尔木市，1966 年 3 月 27 日改设格尔木县，1980 年 6 月 14 日又改设市。格尔木市为青海省海西蒙古族藏族自治州下辖市（但并不是州府，州府是德令哈市），市委书记通常由州委副书记兼任。

格尔木市宣传的城市定位主要有："一带一路"枢纽型节点城市、新时代丝绸之路青海道的西大门、全国综合性交通枢纽城市、陆港型国家物流枢纽承载城市、青海省副中心城市、柴达木城市群的核心区。但青海省委、省政府在"十四五"规划中已作了空间布局，笔者称之为"两极两核"，即建设东部城市群增长极，其中西宁是核心城市（海东是城市群副中心城市）；建设西部"柴达木"绿色低碳循环发展示范区增长极，其中格尔木是核心城市（德令哈是"柴达木"示范区副中心城市）。青海省"两极两核"布局及格尔木市行政区划示意图见图 10-3。

自 2018 年获批全省副中心城市以来，格尔木市积极强化顶层设计研究，先后完成《格尔木市高质量发展规划》《格尔木市综合交通枢纽和国际陆港建设发展规划》《格尔木市城市发展战略规划》《格尔木市建设副中心城市总体方案》等顶层设计，在此基础上，进一步调整了空间规划编制方案、开展了城市总体

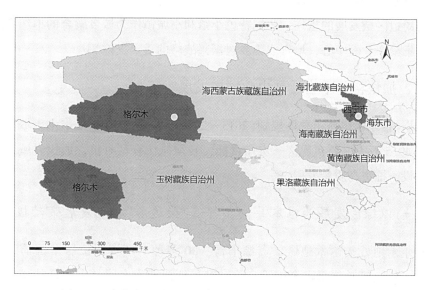

图 10-3　青海省"两极两核"布局及格尔木市行政区划示意图

规划修编工作。①

　　格尔木市人口少，但由于城市是国家为开发矿产资源、打造进藏交通枢纽而建，城镇化率在 85% 以上，经济实力长期居全省县市首位，2018 年格尔木市地区生产总值为 368.58 亿元，按可比价格计算，比上年增长 8.2%。2020 年"七普"常住人口 22.19 万人，比"六普"常住人口 21.52 万人增长 3.11%，这种情况在中西部地区的县和县级市中是极少的，充分展现了格尔木良好的发展前景和建设省域副中心城市的底气。

　　2020 年 3 月底召开的格尔木"两会"上的政府工作报告中明确提出"努力把格尔木打造成为中国西部全面开放的新高地"。这为格尔木市城市建设发展划定了坐标、指明了方向。中国西部全面开放的新高地，是从更高站位出发筹谋发展的全新定位，也是着力建设全省副中心城市的战略选择，将格尔木打造成为中国西部全面开放的新高地，也就意味着城市建设的立足点和着眼点将放到全面提升城市功能内涵上面。

　　对青海来说，格尔木市被确定为省域副中心城市，特别是随着格库（指库尔

---

① 格尔木市加快全省副中心城市建设步伐［EB/OL］．人民网—青海频道，2020-11-16.

勒）、格敦（指敦煌）铁路的建设，将具有一定规模的经济体量。格尔木可以被赋予带动周边区域发展的重任，要把特色小镇和小城镇作为城乡融合的枢纽和服务农村、集聚产业的中心，培育成为乡村振兴战略的重要支撑。①

二、加快格尔木省域副中心城市发展对策

根据《格尔木市城市总体规划（2013—2030）》，到 2030 年格尔木市域总人口要达到 49.5 万人。要实现这一宏伟目标，必须抓住有利时机，加快省域副中心城市建设，推进高质量发展。

（一）以绿色发展为根本导向，打造"柴达木"循环发展带动极

格尔木地处柴达木地区，资源丰富。30 多种矿产资源位居全国前 10 位，钾、钠、镁、锂总储量占全国第一位；察尔汗盐湖为全国最大钾镁盐矿床；涩北天然气田为全国四大天然气田之一。青海省"十四五"期间规划依托柴达木盆地区位优势、产业优势和城镇发展基础，构建以格尔木为区域中心、德令哈为区域副中心，以茫崖、都兰、乌兰等为组成部分的"两心三带多节点"城镇区空间发展格局。要强化格尔木柴达木盆地中心城市作用，建设高原绿洲城市，提升重要节点城镇功能和集聚能力。着力巩固提升全国钾肥生产基地地位，统筹推进盐湖、油气、有色金属、可再生能源、生物资源等综合开发利用，全力打造柴达木绿色低碳循环发展示范区。改造提升有色冶金、能源化工等传统产业，培育发展下游精深加工及高附加值产品。壮大格尔木工业园区实力，培育产业集群。

（二）以藏青工业园建设为依托，发挥格尔木在发展西藏中的独特价值

2014 年 6 月 12 日，藏青工业园开工仪式在格尔木举行。这标志着，在工业和信息化部等国家有关部委的推动下，青海、西藏的区域合作进入一个新阶段。藏青工业园区位于格尔木市东出口以东地区，用地规模 29.9 平方千米，主要以西藏自治区矿产资源深加工为主，藏青工业园区是西藏自治区的一块"经济飞地"，是西藏工业发展的重要增长极，也是青海省又一重要生产基地。建设开发

---

① 滕飞. 找准功能定位 承担源头责任 拿出干流担当. 青海日报，2021-04-25.

藏青工业园，是破解西藏经济发展自然条件制约、实现资源优势向经济优势转化、推进经济跨越式发展的有效载体，是实现藏青两省区优势互补、互惠共赢、共同发展的重要举措。各对口援藏省市，可以将援藏企业布局藏青工业园。这对青藏两地完善工业体系、延伸产业链条、带动相关产业发展，都具有重大意义。格尔木要配合西藏在招商引资上注重引入投资大、效益好、符合规划要求的大项目，继续完善基础设施和配套设施建设，确保企业引得来、留得住，能够很快实现经济效益。藏青工业园要加强对有色金属、盐湖资源等深加工项目的引进力度，优势矿产业在调整优化布局和项目建设上也要充分考虑藏青工业园生产加工需求，推动形成藏青工业园优势矿产业互动发展的良好局面。

(三)以格库铁路开通为突破口，以"两副"联通推动青海新疆合作

2020年12月9日，历时六年建设的格尔木至库尔勒铁路(简称格库铁路)全线开通运营，进出新疆新增一条铁路大通道，同时结束南疆尉犁、若羌等地不通火车的历史。格库铁路看起来没有经过几个站点，但是长达1213.7千米，其中青海省境内505.6千米。同时，还出现这样的趣事：格尔木市是青海省副中心城市，库尔勒市是新疆维吾尔自治区副中心城市，它们虽然都是县级市，却也都是全省第二大城市，因此这条铁路将"两副"打通、将两个"老二"连接起来，有着独特的意义。

格库铁路与东部地区的铁路有着本质的不同，它并不是一条加密线，而是一条骨干线。这与铁路的等级并不相关，其位置是独一无二的。它可以看成是经河西走廊"丝绸之路"的平行线，古人未打通的"丝路"已打通，这种意义也是巨大的。格库铁路开通运营后，对新疆发展意义也十分重大：从此形成以兰新铁路和兰新高铁线为主通道、临河至哈密铁路为北通道、格库铁路为南通道的"一主两翼"交通格局，必将促进新疆经济发展，带动新疆加快构建国内国际双循环相互促进的新发展格局。

(四)以国家物流枢纽建设为契机，打造中国西部全面开放的新高地

2018年发布的《国家物流枢纽布局和建设规划》将格尔木规划建设为陆港型国家物流枢纽承载城市。根据国家铁路网规划，建设库尔勒—格尔木、格尔木—

成都等铁路，构建西北至西南地区通道，格尔木将会成为西宁—格尔木（已建）、格尔木—拉萨（已建）、格尔木—敦煌（已建）、格尔木—库尔勒（已建）、格尔木—成都（规划）5条铁路线交会的枢纽。格尔木是进疆入藏战略性交通门户和面向"一带一路"的现代化综合交通枢纽，发挥着巩固国家国防安全、维护边疆繁荣稳定、推动我国向西向南开放的战略支撑功能。推动建立格尔木综合保税区、区域性航空枢纽和现代物流中心。提高干线铁路运力，完善工矿企业和物流园区专用线配套，布局完善货运节点网络，开辟西宁—格尔木—加德满都公铁联运班列，力促中欧班列、南向通道国际铁海联运班列常态化运行，打造青藏国际陆港。发展航空、铁路、公路多式联运物流，建设口岸产业配套区、铁路口岸物流储备区、多式联运区等功能区，建设综合信息服务平台和物流资源交易平台，逐步叠加商贸结算功能，建设我国西部重要的物流集散地。积极争取扩大开放的相关政策，推动落实国家级经开区、循环经济试验区、藏青工业园区、军民融合发展等政策措施，支持投资和有实力的企业走出去，积极引进"两头在外"企业入驻格尔木。同时，继续加强与"一带一路"节点城市、陆港型国家物流枢纽承载城市、沿线沿路城市的交流交往合作，促进优势互补、合作共赢，形成联动发展、抱团发展的态势。

鉴于格尔木在省内、国内具有重要地位，同时在推进"一带一路"建设中具有特殊价值，又由于其地域广大，在省内经济实力强，建议将其从海西州析出，单设地级市，同时也可以解决海西蒙古族藏族自治州面积过大（32.58平方千米）的问题。此事实际上已呼吁多年。2021年全国"两会"期间，住青全国政协委员多杰热旦向全国政协十三届四次会议提交提案，建议"提升省域副中心城市格尔木市对外交通联系和重大交通枢纽链接能力，并对格尔木市升级城市行政级别给予政策支持"。[1]

第四节　安徽的省域副中心城市建设

相对于同属中部地区的湖北、江西、河南、山西、湖南，安徽的"省域副中

---

[1]　魏爽. 多杰热旦委员建议加大对青海省建设高原美丽城镇示范省的支持力度. 青海日报，2021-03-05.

心城市"定得很晚。虽然较早就有老省会安庆、高铁枢纽阜阳、科教名城蚌埠、旅游胜地黄山等市参与竞争，但最后省委一锤定音，将唯一的"省域副中心城市"的名分给了芜湖市。

一、芜湖城市定位与城镇化发展

为加强城乡规划管理、协调城乡空间布局、优化人居环境、促进城乡经济社会全面协调可持续发展，有关方面组织编制了《芜湖市城市总体规划(2012—2030年)》。规划于2013年2月4日经安徽省人民政府批复同意(2018年经省政府同意做了小部分修改)。此前，安徽省政府给芜湖的定位是安徽省次中心城市。这次规划将芜湖地位做了极大提升："国家创新型城市、长江流域具有重要影响的现代化滨江大城市、安徽省双核城市之一。"城市主要职能是：全国重要的先进制造业基地、综合交通枢纽、现代物流中心、文化旅游中心和科技教育卫生中心。发展目标是：按照国家、安徽省经济社会发展战略目标的总体部署，努力增强省域核心城市综合辐射带动能力，将芜湖建设成为长江流域最具创新能力及更加开放的经济文化强市、最为优美和谐的生态园林城市。其中心城区空间结构规划为："龙湖为心、两江三城"。"龙湖为心"：以龙湖生态环境敏感区为自然本底，构筑城市生态绿核，并作为城市未来发展的重要战略储备区域；"两江三城"：以长江、青弋江-漳河为轴线，形成"江南城区、龙湖新城和江北新城"三大主城区，跨江联动、拥江发展，实现两岸共同繁荣。规划到2030年中心城区城市人口为280万人，城市建设用地280平方千米。

上述内容在《芜湖市城市总体规划(2012—2030年)》(2018年修订版)中未做变动。这次修改保持"五不变"，即规划年限不变、城市发展战略不变、城市发展方向不变、城市建设用地规模不增加、城市绿量不减少，维护总体规划的延续性、严肃性和权威性。在保持建设用地结构科学合理的前提下，对城镇开发边界内用地布局进行适当的深化、调整和完善。同时，还有落实国家长江三角洲区域一体化发展战略等方面的修改。规划内容中充分衔接了《芜湖市实施长江三角洲区域一体化发展规划纲要和安徽省行动计划方案》，进一步优化了产业发展体系及综合交通方面的内容。发展战略中增加了"统筹推进'一廊两圈三区'建设，持续推进G60科创走廊建设，更高质量融入合肥都市圈和南京都市圈建设，加快建设合芜蚌国家自主创新示范区，高质量建设皖江城市带承接产业转移示范区，建设皖南国际文化旅游示范区，积极建设综合性国家产业创新中心"等内容。产业体系方面落实了最新的发展要求，从优势传统产业优化升级、新兴产业集群打造、未来产业集群培育、生产性服务业提升、生活性服务业发展等方面对接沪苏浙发达地区推进产业高质量发展，创建国家级文化和科技融合示范基地。铁路交通中增加了"北沿江高铁、南沿江高铁、合芜宣城际铁路、常芜城际铁路建设"等规划内容。另外，行政区域面积的精度有所提高，芜湖市域面积由5988平方千米调整为6026.05平方千米。

2020年12月11日，《中共安徽省委关于制定国民经济和社会发展第十四个五年规划和二〇三五年远景目标的建议》指出："支持芜湖建设省域副中心城市和长三角具有重要影响力的现代化大城市。"这是安徽省首次明确设置"省域副中心城市"。芜湖在全省的地位基本上回到了2013年前的"省域次中心城市"位置。实际上，不是芜湖退步了，而是合肥进步太神速了。2012年合肥GDP为4164.34亿元，芜湖为1873.63亿元，相当于合肥的44.99%；2013年合肥GDP为4672.9亿元，芜湖为2099.5亿元，相当于合肥的44.93%；2020年合肥GDP为10045.72亿元，芜湖为3753.02亿元，相当于合肥的37.36%。而且合肥跻身长三角城市群"一主三副"中心城市行列(上海和南京、杭州、合肥)，还与上海、北京、深圳一起被列为目前全国四大国家综合性科学中心，这些都是芜湖无法望其项背的。让芜湖继续做安徽"双核"之一、与合肥平起平坐，越来越勉为其难了。芜湖离原准备接近的"标兵"越来越远，而"追兵"的脚步却越来越近：2012年、2013年滁州GDP分别为970.7亿元、1086.1亿元，只相当于芜湖的51.81%、51.73%，2020年滁州GDP为3032.1亿元，已相当于芜湖的80.79%。因此，让芜湖担当"省域副中心城市"是恰如其分的，对芜湖来说仍然是光荣的使命。

芜湖担当"省域副中心城市"是绰绰有余的，其城镇化发展已取得明显成效。根据《芜湖市城市总体规划》，市域已构建"两带两轴"的城镇空间布局结构(见图10-4)。"两带"为北沿江城镇发展带和南沿江城镇发展带。"两轴"为合芜宣城镇发展主轴和巢黄城镇发展次轴。

根据"七普"数据，芜湖2020年全市常住人口为364.44万人，与2010年"六

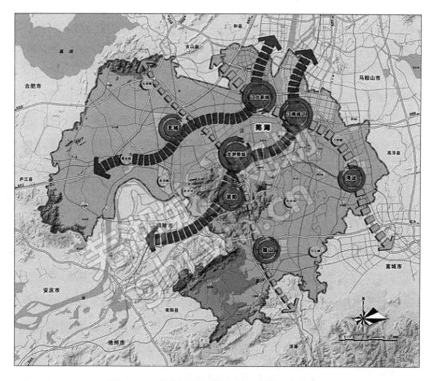

图 10-4　芜湖市"两带两轴"城镇空间布局

普"354.51 万人相比，增加 9.93 万人，增长 2.80%，年平均增长 0.28%。5 个市辖区人口加 2 个开发区的常住人口为 239.53 万人，占全市的 65.73%。全市常住人口中，居住在城镇的人口为 263.53 万人，占 72.31%；居住在乡村的人口为 100.91 万人，占 27.69%。与 2010 年"六普"相比，城镇人口增加 71.09 万人，乡村人口减少 61.15 万人，城镇人口比重提高 18.02 个百分点。全市常住人口中，拥有大学(指大专及以上)文化程度的人口为 631804 人。与 2010 年相比，每 10 万人中拥有大学文化程度的人口由 9403 人增加到 17336 人。

二、加快芜湖省域副中心城市发展对策

芜湖市"十四五"规划提出，奋力打造智造名城、创新名城、开放名城、生态名城，加快建设人民群众获得感幸福感安全感明显增强的省域副中心城市和长三角具有重要影响力的现代化大城市，建设人民城市。

(一)打造全国率先迈向中高端的"智造名城"

一是提升产业链供应链现代化水平,聚焦产业关键核心技术突破,支持新技术新产品研发推广,强化产业基金引导作用,不断完善质量基础设施,打造万亿级的"芜湖智造"产业集群。二是加快推动制造业高质量发展,加快推进产业基础高级化、产业链现代化,发挥龙头企业辐射带动作用,打造智能网联汽车产业、智能装备制造产业、优势传统产业、线上经济产业等若干具有国际竞争力的产业集群。围绕传统产业升级,战略性新兴产业培育壮大和未来产业谋划布局,制订出台优势产业发展规划纲要及五年升级行动计划,推动机器人及智能装备、新能源及智能网联汽车、航空等产业争创国家战略性新兴产业集群,支持新能源及智能网联汽车、航空、现代农机及智慧农业产业争创分行业国家和省级产业创新中心,统筹推进新一代汽车电子、快递物流装备制造、3D打印、绿色食品等市级产业基地建设。三是专业化品质化发展现代服务业,重点发展现代物流、金融、新型信息服务、工业设计、工业互联网、检验检测等生产性服务业,以及文化旅游、新型商贸、健康养老和教育培训等生活性服务业,积极培育发展新型消费。四是推动产业融合发展,持续推进"两化""两业"深度融合,争创一批省级先进制造业和现代服务业深度融合试点企业和示范园区。

(二)打造双循环重要节点和战略链接

一是着力打造"三中心一枢纽",注重需求侧改革,建设货畅人旺的区域消费中心;围绕"智造名城"加快发展先进制造业,推动供给结构优化,通过高质量供给引领和创造新需求,建设创新活跃、效益显著、质量卓越、带动效应突出的区域先进智造中心;加快建设现代流通体系,打造现代物流中心,畅通国内大循环;建设多式联运枢纽,构筑多层级、一体化的综合交通枢纽体系,夯实畅通国内大循环交通设施支撑。二是发挥有效投资引领支撑作用,扩大有效投资规模,提高项目前期工作质量。三是充分利用好国际国内市场和资源,加快外贸产业发展,支持汽车、电子电器、电线电缆、材料等优势产业扩大进出口业务;推动外贸结构优化,高效发展进口贸易,扩大先进技术、重要装备和关键零部件进口;提高外资利用水平,强化产业链招商和要素集聚,大力引进世界500强企业以及产业链优质企业。

(三)全面推进智慧芜湖建设

落实"数字江淮"部署，加快推进数字产业化和产业数字化，推动数字经济、数字政府、数字社会和数字生态建设，提升智慧芜湖发展水平，增强经济发展新支撑，提升智慧政务新高度，促进社会治理新发展，建设数字发展新生态。

加强与国内智慧人居、科技地产最早的实践者之一广州实地集团的合作，加快芜湖智能制造产业园项目建设。实地集团智能制造产业园是一个集机器人与智能家居于一体的住宅科技产业园。园区正倾力打造三大研发中心（院）——智慧社区研发中心、BIM 技术研究院、绿色建筑研究中心，以及六大制造基地——国家级智能制造基地、智慧建造孵化基地、机器人调试基地、新型建材制造基地、智慧家居体验基地、5G 及智慧社区运用基地。①

(四)加快建设现代化大城市

一是明确城镇开发空间格局，推进城市"西进、南扩、中提升"，构建以市区为主、无为与南陵为副的"一主两副"空间开放格局和"一心四极"的市辖区空间格局。二是加快推进江北新区建设，包括做大做强主导产业，着力功能布局优化，加快完善公共服务配套，创新运行管理体制机制等具体任务。三是全面提升城市品质，包括实施城市更新行动、加快提升市政基础设施水平、建设特色城市风貌、建设安全有效韧性城市、坚持用绣花功夫抓城市管理等方面的任务。四是健全城乡融合发展体制机制，包括引导城乡要素自由流动，推动城乡基础设施一体化发展，促进城乡基本公共服务普惠共享，优化完善促进人口集聚的体制机制等具体任务。

第五节　云南的省域副中心城市建设

云南省城镇化水平不高，除省会昆明外，其他城市规模均偏小，这可能是云南"省域副中心"热度不高的原因之一。但仍有一些议论，有的认为红河、大理

---

① 落子芜湖 实地集团拟打造智能制造"新名片"[EB/OL]. 中房网，2021-04-13.

可以当"省域副中心"，因为地理位置好；有的认为曲靖、玉溪堪当大任，因为经济实力强。最终，还是花落曲靖。

一、曲靖城市定位与城镇化发展

2021年4月8日，云南省委、省政府召开曲靖现场办公会，要求曲靖打造先进制造基地、高端食品基地、城乡融合发展示范区，努力建设成为名副其实的云南副中心城市，成为滇中城市群的重要增长极、面向南亚东南亚辐射中心的重要支撑点。这是云南省首次明确"云南副中心城市"，即"省域副中心城市"。

此前，《曲靖市城市总体规划(2015—2030年)》提出的城市性质为：滇中绿色经济强市，珠江源山水园林城市；城市职能为：国家重要的能源基地、装备制造业基地、高原特色农产品加工基地、区域流通节点城市、滇东区域金融服务中心、特色文化教育基地、生态文化旅游目的地。城镇体系规划为：以麒沾马一体化为核心，城乡特色为引导，地域文化为灵魂，做强曲靖中心城市，重点发展小城市，突出特色小镇，建设美丽家园。构建大中小城市并举、布局合理、优势互补、特色鲜明、协调发展的城镇体系，促进大中小城市、小城镇和乡村协调发展。市域常住人口城镇化水平，2020年为52%，2030年为70%。市域城乡居民点体系结构分为六级：一级中心城市1个：曲靖中心城市，含麒麟区、经开区、沾益、马龙；二级次中心城市2个：宣威、陆良；三级县域中心城市4个：富源、会泽、师宗、罗平；四级重点城镇28个；五级一般城镇34个；六级乡(含大型中心村)46个。调整行政区划：沾益县、马龙县撤县设区，罗平县、陆良县撤县设市。

《曲靖市城市总体规划(2015—2030年)》的最大亮点是麒沾马一体化，这是曲靖市城镇化的核心。到目前为止，得到了较好的实施。2016年以来，随着沾益、马龙先后撤县设区，曲靖市不仅全面拉开了城市框架，也成为全省除昆明外设区最多的城市。"麒沾马一体化"就是曲靖市原来唯一的市辖区麒麟区与新设的沾益区、马龙区一体化发展，共同构成曲靖新中心城区(见图10-5)。曲靖市进一步明确了新中心城区各区域的发展定位：麒麟为城市功能核心区、创新发展引领区；沾益为北城新区、军民融合发展示范区；马龙为科教新区、康养休闲区；经开区为新兴产业聚集区、产城融合示范区；曲靖市高新区为高新技术产业聚集区、城市创新发展试验区，推动差异化发展。按照规划，曲靖市含"麒沾马"地区和曲靖经开区在内的中心城区，将发展为到 2025 年人口 150 万人、GDP2000 亿元的珠江源大城市。力争将"麒沾马"建设成为曲靖市高质量跨越发展的重要引擎。①

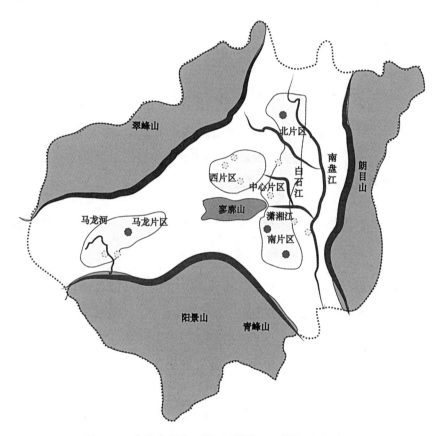

图 10-5　曲靖市新中心城区(麒沾马一体化)空间布局

2020 年，曲靖实现 GDP 为 2959.35 亿元，全国城市排名 93(2019 年排名 105)，是云南除昆明以外唯一进入百强榜的城市。GDP 比 2019 年增加 321.76 亿元，增量高于昆明。曲靖 GDP 名义增速以 12.2% 排名全国第一，高出全国 GDP 名义增速 4 倍，也是云南唯一一个 GDP 名义增速进入前 30 的城市。

---

① 蔡飞. 曲靖"麒沾马"一体化建设正式启动 除了昆明 云南要有第二个大城市啦. 云南日报，2018-08-06.

根据"七普"数据，2020 年曲靖全市总人口（常住人口）为 576.58 人，3 个市辖区常住人口 159.47 万人，占总人口的 27.66%。全市人口中，居住在城镇的人口为 282.72 万人，占总人口的 49.03%；居住在乡村的人口为 293.86 万人，占总人口的 50.97%。与 2010 年"六普"相比，城镇人口增加了 71.93 万人，乡村人口减少了 80.86 万人，城镇人口比重提高 13.03 个百分点。拥有大学（指大专及以上）文化程度的人口为 551099 人；与 2010 年"六普"相比，每 10 万人中拥有大学文化程度的人口由 4317 人上升为 9558 人。

二、加快曲靖省域副中心城市发展对策

着力建设世界"光伏之都"、区域先进制造业中心、全国性综合交通物流枢纽、西南地区具有较强竞争力的区域中心城市，力争经济总量进入全国地级城市 70 强，谱写曲靖高质量跨越式发展新篇章。

（一）着力推进 5 个千亿级支柱产业和 7 个百亿级优势产业发展

着力打造千亿级支柱产业。一是绿色能源和制造产业。全力发展光伏产业集群、新能源新材料产业集群、硅化工产业集群，着力构建绿色能源产业体系。二是高原特色现代农业和绿色食品产业。聚焦绿色蔬菜、优质水果、道地药材、新兴花卉等高效经作产业和生猪、肉牛等畜牧产业，推进"一县一业、一乡一特、一村一品"发展。三是旅游文化和康养产业。加快推动全域旅游发展，做好中部医养康养旅游区、南部休闲观光旅游区、北部历史文化旅游区三篇文章。四是新型冶金和煤化工产业。努力把曲靖铅、锌、锗、不锈钢打造成国内知名产品，促进曲靖冶金煤化工产业高质量发展。五是现代商贸物流和服务业。

同时，着力打造 7 个百亿级优势产业：数字经济产业、新材料产业、劳动密集型先进制造业、节能环保产业、烟草产业、房地产业以及金融服务业。

（二）全面加快综合交通基础设施建设

以实现综合立体交通"一张网"为引领，整合优化综合交通资源。全面完成公路"能通全通"工程。实施铁路"补网提质"工程，加快推进渝昆高铁（曲靖段）建设，加快渝昆沪昆深昆高铁连接线、深南昆高速铁路（曲靖段）等 7 条铁路前期

工作，打造中越快速出境通道，逐步推动工业园区专用铁路建设，积极推进滇中城市群轨道交通建设工作。加快推进宣威民用机场及会泽、罗平通用机场建设，积极开展曲靖民用机场前期工作。逐步完善水运基础设施建设，规划建设金沙江云南会泽港，融入长江航运、连接长三角地区。

（三）主动对接国内国际双循环

构建以国内市场为基础、以国际市场为支撑的内外联动发展格局，积极融入"一带一路"建设，主动参与面向南亚东南亚辐射中心建设，扩大外向型经济。抓住《区域全面经济伙伴关系协定（RCEP）》签署及生效后的重大机遇，用活用好国家和省支持外贸发展的政策措施，促进贸易和投资便利化，积极发展加工贸易和服务贸易，强化国内外产业链的联系和互动，促进对外贸易跨越发展。充分发挥曲靖海关作用，积极争取成立跨境贸易结算机构，建成保税物流中心，申建中国（云南）自由贸易试验区联动创新区，发展培育外贸主体，推动曲靖优势企业和优势特色产品走出去开拓市场，增加优质产品进口，实现高质量引进来和高水平走出去。不断扩大与友好城市在人文、科技、旅游、会展、教育、体育、卫生、智库等方面的交流合作。

（四）统筹推进城乡融合发展

建立健全城乡融合发展体制机制和政策体系，促进城乡一体化发展。以县城为重要载体，聚焦公共服务设施、环境卫生设施、市政公用设施、产业培育设施等领域补短板强弱项，带动农业现代化和农民就近城镇化。推进城乡要素市场和建设一体化，促进城乡要素平等交换和公共资源均衡配置，建立健全城乡均等化公共服务体系，推动城乡经济社会融合发展。促进农产品加工和农村服务业发展，拓展农民增收渠道，完善农民收入支撑政策体系，增强农村发展内生动力。

第十一章 自治区副中心城市建设

我国现有内蒙古自治区、新疆维吾尔自治区、西藏自治区、宁夏回族自治区、广西壮族自治区五个自治区，它们都是在少数民族聚居地设立的省级民族区域自治地方，大部分位于边疆，地理位置十分重要。目前，广西、新疆、宁夏三个自治区已根据所辖面积、地级市数量、人口规模、经济实力等因素，综合确立了自治区副中心城市(习惯上也称"省域副中心城市")，以带动周边区域发展，推动全域经济均衡发展。

第一节 广西壮族自治区副中心城市建设

一、自治区概况与城镇化布局

广西壮族自治区成立于 1958 年 3 月 5 日，面积 23.76 万平方千米，东连广东省，西与云南省毗邻，南临北部湾并与海南省隔海相望，东北接湖南省，西北靠贵州省，西南与越南社会主义共和国接壤。现辖 14 个地级市，管辖北部湾海域面积约 4 万平方千米。2020 年"七普"常住人口为 5012.68 万人，比"六普"常住人口增加 410.02 万人，增长 8.91%。

2021 年 4 月 19 日发布的《广西壮族自治区国民经济和社会发展第十四个五年规划和 2035 年远景目标纲要》提出：促进大中小城市和小城镇协调发展，形成以南宁市为核心，柳州、桂林市为副中心，其他市县和小城镇协调发展的城镇体系("一核两副")；同时，形成"一群三带"的城镇格局：即北部湾城市群(广西)，南北通道城镇带、西江城镇带、边海联动城镇带。

二、柳州自治区副中心城市建设

柳州位于广西中部偏东北，是广西第二大城市，辖 5 区 5 县(含 2 个少数民族自治县)，总面积 1.86 万平方千米。2020 年普查时点常住人口 415.79 万人，比"六普"常住人口增加 39.92 万人，增长 10.62%。柳州是以工业为主、综合发展的区域性中心城市，民族风情独具神韵，壮族的歌、瑶族的舞、苗族的节和侗族的楼等构成了山水景观独特的历史文化名城。早在"十二五"时期，柳州就明确提出要创建"省域副中心城市"。

(一)全面推进"一主三新"城市建设

"一主"为主城区，"三新"分别为柳东新区、柳江新区和北部生态新区。柳东新区以"南建北扩，东进西连，中心提升"为近期建设策略，坚持"产城融合"的发展道路，南面大力打造三门江门户体育休闲、金融总部、商务会展贸易区；北面以开拓中欧产业园、建设粤桂黔高铁经济带合作试验区广西园为契机，开辟柳东新区第二战场，延伸广西柳州汽车城辐射力。柳江新区作为柳州市的一部分来建设，承接柳州市的未来人口和产业转移，主导产业为物流、居住及商贸。北部生态新区涵盖沙塘镇、石碑坪镇、东泉镇等区域，以高新技术、休闲经济、高端服务等新型产业为主，既是集聚战略性新兴产业和城镇化发展人口的主要区域，又是柳州中心城区和汽车城向北纵深发展的后备地。柳州成功创建国家公交都市建设示范城市，扎实开展国家新型城镇化综合试点，城市承载力显著提升。积极融入和参与粤港澳大湾区、西部陆海新通道、珠江—西江经济带等区域合作和开发建设，加快建设中德(柳州)工业园、上海漕河泾柳东创新创业园等园区。柳州中心城区空间开发格局见图 11-1。

(二)全力打造万亿工业强市

柳州工业形成了以汽车、机械、钢铁为龙头，化工、建材、食品、制药、新能源、新材料、电子信息等产业并存的产业体系，工业门类涉及国家 41 个行业大类中的 34 个大类。2020 年，柳州市规模以上工业企业突破 1000 家。柳州是广西首个全国质量强市示范城市，是全国五大汽车生产基地之一，是全国唯一拥有

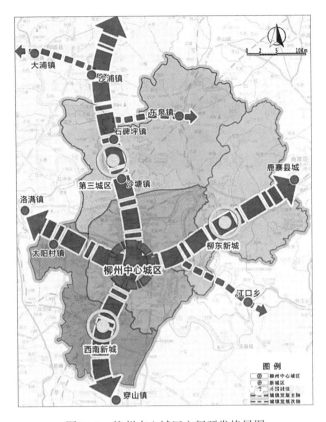

图 11-1 柳州中心城区空间开发格局图

一汽、东风、上汽和重汽等四大汽车集团整车生产企业的城市，是国家汽车零部件生产基地、国家汽车及零部件出口基地和全国汽车产业示范基地。

构建"5+5"产业发展新格局（汽车、钢铁、机械、化工及日化、轻工 5 个传统产业和高端装备制造、新一代电子信息技术、节能环保、生物与制药、生产性服务业 5 个新兴产业）。依托工业基础优势，改造提升传统产业、培育战略性新兴产业、发展生产性服务业。进一步提升汽车产业研发能力，让"五菱""乘龙""东风风行"和"宝骏"等系列汽车品牌享誉全国。柳钢是华南、西南地区最大的钢铁联合企业，是全球 50 大钢企之一，2020 年柳钢本部钢材产量突破 1700 万吨；柳工拥有全国唯一的土方机械行业国家级工程技术研究中心，欧维姆预应力锚具国内市场占有率排名第一。应进一步做强钢铁和机械工业。2020 年新能源汽车产量 18.7 万辆、增长 198.2%，产值 82.5 亿元、增长 33.3%，要加快推进新能源汽车发展步伐。同时，大力发展智能轨道交通、智能电网、装配式建筑、工业设计等新兴产业。

(三)深入推进农业供给侧结构性改革

大力培育农产品品牌，重点培育一批地理标志保护产品、地理标志证明商标、农产品地理标志产品品牌、区域公用品牌、企业品牌、产品品牌，加强商标品牌保护，推动一批加工农产品申请认定中国驰名商标和广西著名商标、广西名牌产品。

加快农产品加工聚集区建设，全市建成一批带动作用大、辐射能力强的农产品加工聚集区或集中区。五县及柳江区、柳南区、鱼峰区、北部生态新区各建成1个以上县级农产品加工聚集区或集中区。

打造产业集群，力争将螺蛳粉、桑蚕丝、水果、林业、畜禽水产产业打造成100亿元产业，将粮食、甘蔗、蔬菜、茶叶等打造成50亿元产业。2020年袋装柳州螺蛳粉年销售额达105.6亿元，创造30万个就业岗位。2021年7月28日广西壮族自治区人民政府办公厅印发《加快推进柳州螺蛳粉及广西优势特色米粉产业高质量发展实施方案》，提出到2025年力争实现广西优势特色米粉全产业链销售收入超1000亿元，并引导企业开拓海外市场。培育一批广西特色米粉龙头企业；自治区层面重点推进柳州螺蛳粉产业园、柳州螺蛳粉生产集聚区、柳州螺蛳粉小镇等园区建设，形成示范集聚效应。

(四)着力建设"旅游名城"

柳州山清、水秀、洞奇、石美，享有"龙城""壶城""世界第一天然大盆景"的美誉。现有国家4A级旅游景区35处，2019年全市接待国内外旅游总人数7002.9万人次，增长30.6%，实现旅游总消费824.1亿元，增长35.9%；2020年接待游客5453.4万人次，实现旅游收入602亿元。应深入推动全域旅游建设：重点开发城市中心旅游区，主要包括百里柳江、奇石园、城市规划馆、工业博物馆、窑埠古镇、柳侯公园、文庙；城市西旅游区主要包括柳工、河西螺蛳粉工业园；城市东旅游区主要包括柳州汽车城、园博园、卡乐新球；城市南旅游区主要包括洛维螺蛳粉工业园、白莲洞、都乐岩、鱼马景区、大龙潭；城市北旅游区主要包括两面针、柳钢、北部生态新区。同时，充分利用"壮歌、瑶舞、苗节、侗楼"等少数民族原生态艺术，进一步为柳州建设"旅游名城"增添别样风情。

三、桂林自治区副中心城市建设

桂林位于广西东北部，辖6区11县(市)，总面积2.78万平方千米，占广西壮族自治区总面积的11.74%。2020年普查时点常住人口493.11万人，比"六普"常住人口增加18.31万人，增长3.86%。桂林是贯通国内与东盟的枢纽，是世界著名的风景游览城市和中国历史文化名城。

(一)加快新型城镇化建设

坚持区域协调发展战略，完善中心城市带动、市县联动、镇村互动格局，大力推进以人为核心的新型城镇化，打造"一核多级、众星拱月"桂北特色城镇群。优化行政区划设置，加快荔浦、全州副中心城市建设，推动全州撤县设市，加快灵川与中心城区一体化建设，推动桂北城市群建设。深入实施大县城战略，推进县城新区建设。实施县域综合服务能力提升工程，加快补齐县域城镇化短板弱项，发挥乡镇联城带乡纽带作用，提升城镇承载能力，推动产业和人口向城镇集聚，着力打造一批区内一流、全国知名的集镇。桂林市城镇体系布局见图11-2。

全面提升中心城市品质。高标准建设城市核心区，增强中心城区要素集聚和辐射带动能力。大力实施城市交通基础设施建设，重点推进重要交通节点改造，有序打通一批断头路，完善无障碍设施建设，提高城市交通承载能力。持续推进污水、雨水、供水、燃气、综合管廊等地下管网基础设施建设。高水平推进临桂新区建设，加快北区和兰塘河以南片区发展，启动凤凰林场片区开发，建成桂林国际会展中心、新区湖塘水系中期补水等工程，完善生产生活配套设施，提升"桂林新中心"城市功能。建立新区建设与老城区提升联动机制，高标准疏解提升老城，实施城市更新行动。加快推进产城融合，重点推进华为"一城一基地三中心"、比亚迪城、量子通信产业园、电科云(桂林)国际大数据发展中心、格力(桂林)产业园、花江智慧谷电子信息创新创业产业园、桂林航空航天产业园等建设。

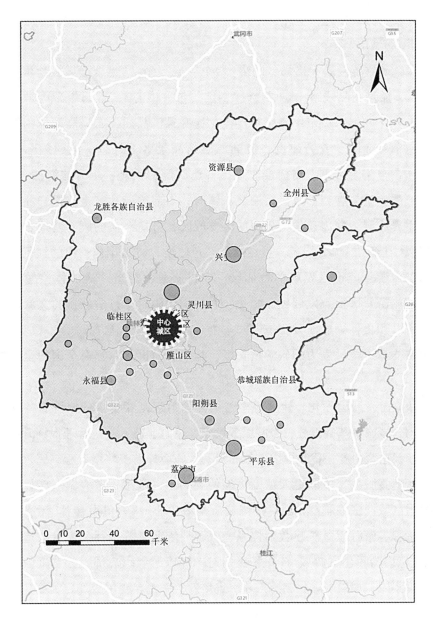

图 11-2 桂林市城镇体系布局图

(二)建设世界一流的国际旅游胜地

瞄准世界一流国际旅游胜地，按照"加快建设新城、疏解提升老城、产业融合发展、城乡协调推进、生态文化相融、富裕和谐桂林"的总体要求，推动桂林"广西副中心城市"建设。

构建全域旅游发展大格局。围绕"六个一流"目标，整合全域旅游资源，提升优化八大旅游精品线路，规划建设"四区一带一中心"，推动旅游区域化、特色化、差异化发展。城市中心区重点优化提升景区品质，布局高端休闲度假产品、特色消费商圈，着力建设一流的旅游精品景区，打造一流的国际消费中心。漓江黄金旅游带重点高标准改造提升旅游配套设施，提升旅游服务品质，打造一流的旅游品牌，形成一流的文旅体验。南部旅游片区重点提升壮大山水观光、康养旅游，着力建设世界级旅游度假区，打造一流的康养基地。北部旅游片区以"红绿结合"为特色，重点发展红色旅游，打造国内一流的红色旅游品牌。东部旅游片区重点发展体育休闲、乡村旅游，打造一流的体旅融合示范区。西部旅游片区重点发展民族文化、农耕文化旅游，打造一流的文旅深度融合示范区。积极探索旅游发展新模式，推动城景融合、景村融合、城乡联动，形成多点支撑、全域发力的旅游增长极，构建面向世界、辐射全国的全域旅游大格局。

加快旅游发展国际化。建立健全与国际通行规则相衔接的旅游服务标准体系，推动全域旅游基础设施、公共服务设施、旅游业态、旅游管理提档升级。加大境外航线培育力度，优化国内航线布局，实施境外航线倍增工程，完善外国人免签和落地签服务，争取更大范围更加便利的入境政策，做大做强桂林航空公司，打造区域性旅游航空枢纽。加强旅游集散中心、"一键游桂林"云平台、旅游标识标牌、旅游应急医疗救助体系、旅游环境元素等国际化提升改造，建设"无语言障碍国际化旅游城市"。积极引进国际旅游组织总部、分支机构和国际旅游管理集团，加强国际化旅游人才引进培养，完善导游星级评定制度，提高旅游管理国际化水平。加大城市形象营销，加强旅游品牌推广，强化旅游市场监管，办好中国—东盟博览会旅游展、旅游国际论坛等重大国际赛事展会论坛，提高桂林国际知名度影响力，打造旅游国际化样板城市。

(三)提升完善"345"产业发展格局

提升壮大高新区、经开区、高铁园三大园区，加快发展全州、兴安、平乐、荔浦四个工业重点县，推动阳朔、灌阳、龙胜、资源、恭城五个生态功能区县特色发展，形成覆盖全市、布局合理、多点支撑的"345"产业发展新格局。以三大园区为工业振兴主战场，深化体制机制改革，做大做强做优新一代信息技术、先进装备制造、新材料、生物医药及医疗器械等主导产业，强化园区产业链协同发展，着力把高新区打造成为高新技术产业集聚区、产业融合和产城融合发展先行区、产学研用协同示范区、高质量发展排头兵；把经开区打造成为面向东盟的先进制造业基地、智能制造基地、产城融合发展的改革开放新高地，力争升级为国家级经开区；把高铁园打造成为粤桂黔协作发展创新区、粤桂黔高铁经济带产业承接新高地、国家物流枢纽区域性中心。加快发展四个工业重点县，推动生态食品、新型建材、智能光电、绿色家居等一批县域特色产业园做大做强，提升壮大县域经济实力，形成工业振兴重要支撑。培育发展五个生态功能区县，依托产业基础和资源禀赋，实现特色化、差异化发展。

（四）建设国家可持续发展议程创新示范区

2018年2月13日，国务院批复同意桂林建设国家可持续发展议程创新示范区，创建主题为"景观资源可持续利用"。随后，桂林市开展了针对喀斯特石漠化地区的生态修复和环境保护、提升漓江流域的生态保育水平、创新发展生态旅游与生态农业产业等5大行动和17项重点工程，推动桂林市的可持续发展。2018年4月16日，桂林市人民政府与联合国开发计划署签署了合作意向书；4月17日，桂林市召开建设国家可持续发展议程创新示范区推进大会，与相关企业、高校院所签署12个战略合作协议，涉及项目投资额近1000亿元。人的健康可持续发展是可持续发展的重要内容，桂林国家可持续发展议程创新示范区的一大特色就是把健康旅游纳入重要议事日程。早在2017年7月，桂林就成功获批成为国家首批健康旅游示范基地创建城市，是全国13个创建单位之一，也是广西唯一获批城市。要把创建国家健康旅游示范基地与建设国家可持续发展议程创新示范区全面结合起来，加快建设美好家园（桂林）国际旅居康养小镇、中国中药（桂林）产业园、信和信·大中华养生谷等涉及文化康养、生态旅游的相关项目。此外，桂林不断深化面向东盟、对接"一带一路"、辐射全球的开放合作，为广西乃至整个中西部生态脆弱地区的可持续发展作出示范。

第二节 新疆维吾尔自治区副中心城市建设

一、自治区概况与城镇化布局

新疆维吾尔自治区成立于 1955 年 10 月 1 日，是一个多民族聚居地区，2020年普查时点常住人口为 2585.23 万人，比"六普"常住人口增加 403.65 万人，增长 18.5%。总面积 166 万平方千米，约占全国陆地总面积的 1/6；地处亚欧大陆腹地，是"亚欧大陆桥"的必经之地，是丝绸之路经济带的核心区，是我国西北的战略屏障、西部大开发战略的重点地区、我国向西开放的重要门户、全国重要的能源基地和运输通道。现辖 14 个地(州、市)，陆地边境线长 5700 多千米，约占全国陆地边境线的 1/4，与蒙古、俄罗斯、哈萨克斯坦、吉尔吉斯斯坦、塔吉克斯坦、阿富汗、巴基斯坦、印度等 8 个国家接壤，是我国面积最大、陆地边境线最长、毗邻国家最多的区。2012 年，自治区提出建成"一主三副，多心多点"的城市发展格局，在《新疆城镇体系规划(2014—2030)》中再次被确认。其中"一主"是自治区首府乌鲁木齐，要发展现代服务业和战略性新兴产业、高新技术产业，打造多民族和谐宜居城市、天山绿洲生态园林城市和区域的重要综合交通枢纽，建设成为我国西部地区重要中心城市，面向中西亚现代化国际商贸中心以及具有较强国际影响力的特大城市；"三副"，是指喀什、伊宁—霍尔果斯、库尔勒 3 处副中心城市，相当于内地的"省域副中心城市"；"多心"，是指克拉玛依、阿克苏、哈密等 18 个绿洲中心城市；"多点"，是指培育 80 个左右小城市和县城、62 个重点镇，190 个左右一般镇。另外，还有兵团 6 个已建城市、13 个拟建市和垦区中心城镇、若干个团场城镇。2021 年 6 月 4 日发布的《新疆维吾尔自治区国民经济和社会发展第十四个五年规划和 2035 年远景目标纲要》提出以伊宁市为区域中心构建北疆城市带，不断增强城市发展的协同性、联动性、整体性；以喀什市为区域中心打造南疆城市群，辐射带动南疆加快发展。统筹城市规划、建设、管理，建设阿克苏、阿拉尔、图木舒克等一批具备较强集聚辐射带动作用的区域中心城市。

二、喀什自治区副中心城市建设

喀什地区地处欧亚大陆中部，新疆西南部，东临塔克拉玛干大沙漠，西北与克孜勒苏柯尔克孜自治州相连，东南与和田地区相连，周边与塔吉克斯坦、阿富汗、巴基斯坦三国接壤，边境线全长896千米，下辖1市11县，总面积16.2万平方千米。2020年普查时点常住人口为449.64万人，比"六普"常住人口增加51.71万人，增长13%。喀什是丝绸之路经济带核心区的南疆支点城市和中巴经济走廊的起点城市。作为新疆农业主产区，特色农产品粮油、瓜菜、林果品种丰富，素有"新疆瓜果之乡"的美誉。

(一)扎实推进喀什经济特区建设

1980年5月，中共中央和国务院决定将深圳、珠海、汕头和厦门这四个出口特区改称为经济特区；1988年4月，第七届全国人民代表大会第一次会议通过决议，批准海南岛为海南经济特区；2010年5月，中央新疆工作会议上中央正式批准喀什设立经济特区。国家把进一步扩大新疆喀什向西开放纳入国家沿边开放的整体战略之中，以大开放促进喀什经济社会的大发展；批准设立"中国·喀什经济特区"，并赋予国家计划单列权限，享受产业、税收、金融、土地、外贸等特殊扶持政策，依托沿海内地及乌昌地区、天山北坡、天山南麓经济带先进生产力要素，辐射全疆，面向中亚南亚西亚，广泛集聚优势，加快超常规发展，把喀什建设成为向西出口加工基地和商品中转集散基地，进口能源和稀缺矿产资源的国际大通道，走出去开发能源资源和开拓国际市场的"新欧亚大陆桥"。在新疆喀什地区外经贸持续健康稳定发展的有利形势下，以各项优惠政策吸引更多的各类出口加工企业在喀什落户，实现喀什地区乃至新疆经济的跨越式发展。

喀什是中国的西大门，与3国接壤，现有6个国家一类口岸对外开放，区位优势明显。喀什经济特区的设立，对实现喀什地区乃至新疆经济的跨越式发展具有重要战略意义。著名的中巴经济走廊起始于喀什，终点在巴基斯坦瓜达尔港，全长3000千米，北接"丝绸之路经济带"、南连"21世纪海上丝绸之路"。从喀什的发展前景来看，它远远高于几乎全国所有"省域副中心城市"和绝大多数中西部省会城市。

（二）建设丝路文化和民族风情国际旅游目的地

喀什拥有历史文化名城、歌舞之乡、瓜果之乡、美食之乡、长寿之乡、玉石之乡、丝路风情和高原灵境等八张靓丽名片，被称为西域三十六国中唯一活着的古城，现有 A 级景区 49 处（5A 级 3 处、4A 级 8 处）。《喀什地区国民经济和社会发展第十三个五年规划纲要（2016—2020 年）》明确喀什的战略定位是："丝绸之路经济带核心区的结合点、增长极和区域中心""丝路文化和民族风情国际旅游目的地"，并提出大力发展以民族风情游、高原生态游、沙漠探险游为重点的特色旅游，打响"丝路风情、醉美喀什"旅游品牌。2016 年 11 月，喀什地区被国家旅游局批准成为全国第二批全域旅游示范区创建单位。

1986 年，喀什被命名为中国历史文化名城，是新疆唯一的国家级历史文化名城；2004 年，喀什被命名为中国优秀旅游城市，拥有全国最大的清真寺——艾提尕尔清真寺以及香妃墓、莫尔佛塔遗址、高台民居、丝路驿站等旅游资源。自 2015 年 7 月国家旅游局授予帕米尔旅游区"中国国际高原风情旅游目的地"称号以来，帕米尔旅游区吸引了众多国内外游客前来体验游玩。在 2015 年召开的全国旅游援疆工作会议上，红其拉甫边检站被授予"红色旅游边防哨卡文化体验地"称号，每年慕名前来参观、体验的游客达数十万人次。同时，喀什积极组织创作了《汉侯班超》《疏勒之恋》《喀什噶尔人之家》等文艺作品并依托援疆省市电视台、报刊等主流媒体，不间断地刊播喀什形象广告、旅游线路产品，显著提升了喀什旅游的知名度和吸引力。2019 年，全地区接待游客 1517.25 万人次，同比增长 63.4%；旅游收入 152.13 亿元，同比增长 68.7%。

（三）打造向西开放的窗口

搭建国际化合作平台，拉近喀什与世界的距离。喀什是我国的西大门，与 8 个国家接壤或毗邻，是我国进入中亚、南亚、西亚以及欧洲的国际大通道。2010 年，喀什被确定为国家第六个、内陆第一个经济特区，并设立喀什经济开发区，赋予其推动形成"陆上开放"与"海上开放"并重的对外开放新格局的战略使命。2015 年 4 月 20 日，新疆第二个、南疆首个综合保税区——喀什综合保税区正式封关运营。2016 年，中央把"以喀什为中心的城市圈"列为全国"十三五"规划布局。2017 年，义乌—喀什—中亚/南亚、保定—喀什—中亚/南亚、深圳(盐田港)/广州—喀什·中亚/南亚、兰州—喀什—中亚/南亚多式联运班列相继开通。2019 年，喀什机场开通首条至巴基斯坦的国际定期货运航线。喀什逐渐发展成为"一带一路"中国—中亚—西亚经济走廊主要节点城市。

以喀什经济开发区为平台和切入点，完善喀什对外交流机制。2016 年 11 月1 日，《喀什经济开发区条例》正式执行，该条例以地方性法规形式保障了开发区先行先试权、自治区级经济管理权，并赋予开发区"试错权""一事一议""负面清单"等权力，为开发区创造了良好的创业环境。2018 年 9 月 27 日，深圳市委、市政府与喀什地委、行署共建的深圳国际仲裁院喀什庭审中心暨"一带一路"(新疆喀什)争议解决中心在喀什经济开发区揭牌，为喀什经济建设提供了有力法治保障。此外，巴基斯坦、塔吉克斯坦、吉尔吉斯斯坦等国家在喀什设立了商贸联络工作站，使得喀什与中亚、南亚等地区的经贸交流更加便捷。

三、伊宁—霍尔果斯自治区副中心城市建设

伊犁哈萨克自治州位于新疆维吾尔自治区西部天山北部的伊犁河谷内，西邻哈萨克斯坦。总面积 26.86 万平方千米，管辖塔城地区和阿勒泰地区，直辖 3 个县级市、7 个县、1 个自治县。2020 年普查时点常住人口为 284.84 万人，比"六普"常住人口增加 36.58 万人，增长 14.73%。伊宁、霍尔果斯均为伊犁哈萨克自治州直辖县级市。2012 年两市被联合定为自治区"三副"中的"一副"。

(一)加快州府伊宁建设

牢牢把握州府城市和河谷中心城市定位，坚持把发展经济的着力点放在实体经济上，着眼于稳固产业链、供应链，进一步优化产业结构，加快发展现代产业体系。充分发挥国家级伊宁边境经济合作区的品牌效应，紧紧围绕建设区域性产业创新基地和产城融合发展示范区，着力打造新天煤化工、苏拉宫两个清洁能源循环经济示范园区。优化调整边合区机构设置，剥离社会职能，创新管理运行方式，将边合区打造为伊宁市经济发展的领头雁、排头兵。伊宁园区紧紧围绕建设区域性商贸物流中心和优势资源转化加工区，加快完善园区基础设施配套功能，重点培育生物医药、农副产品精深加工、绿色建筑三大先导产业，加快提升先进

装备制造、新能源新材料、信息技术三大主导产业，构筑经济高质量发展的重要支撑。全力保障川宁生物高端原料药、苏源生物阿斯巴甜等项目加快建设、达产达效，促进生物医药产业向上下游产业链延伸。力争川宁生物实现上市，打造国家级大宗原料药产业生产基地。中小微企业园以带动更多就业为目标，重点培育特色传统、劳动密集型产业，着力引进更多"专、精、特、新"小微企业。统筹推进区域经济协同发展，积极探索异地孵化、"飞地经济"和伙伴园区等合作机制，推动构建特色发展、错位发展、协同发展的产业新格局。

(二)充分发挥霍尔果斯开放平台功能

2014年6月26日，经国务院批复设立霍尔果斯市。霍尔果斯目前有霍尔果斯口岸、中哈霍尔果斯国际边境合作中心、霍尔果斯经济开发区和霍尔果斯市"四块牌子"。霍尔果斯口岸1881年正式通关，是我国最早向西开放的口岸，也是1981年第一批对外开放的陆路口岸，1992年正式向第三国开放，目前已经成为我国西部地区基础设施最好、通关条件最便利的国家一类公路口岸。2006年，国务院同意建立中哈霍尔果斯国际边境合作中心；2020年，国务院正式批复同意中国—哈萨克斯坦霍尔果斯国际边境合作中心中方配套区域整合优化为霍尔果斯综合保税区。加快推动"通道经济"向"口岸经济"转变，霍尔果斯成为新疆首个设置"一带一路"通道的陆路口岸。2020年，经霍尔果斯铁路口岸出境的中欧班列数量达4032列，进出疆中欧班列货运量达368.22万吨，双双居全国首位。

霍尔果斯是丝绸之路经济带的重要节点，在丝绸之路沿线城市中的综合优势日益凸显。区位优势凸显。地处上合组织成员国与观察员国整体区域的核心位置，随着国家"一带一路"合作倡议纵深推进，沿线国家间经济、政治、文化交流日益深化，"外引内联、东联西出、西来东去"的便利和"两种资源、两个市场"的优势不断彰显。政策优势明显。国家、自治区、自治州高度重视霍尔果斯发展，将霍尔果斯定为"中国向西开放的重要窗口、新疆经济高质量发展新的增长极、沿边开发开放的示范区"，赋予特殊机制和特殊政策，出台一系列政策性文件予以支持，并明确省级事权，先行先试。自治区"一港、两区、五中心、口岸经济带"战略布局将霍尔果斯置于核心地位，自治州举全州之力支持霍尔果斯发展。这些都为霍尔果斯发展提供了强有力的政策支撑。开放优势突出。习近平总书记明确提出要"将连云港—霍尔果斯串联起的新亚欧陆海联运通道打造成为'一带一路'合作倡议的标杆和示范项目"。① 霍尔果斯拥有全国首创、世界唯一的合作中心，拥有公路、铁路、管道、航空、光缆、邮件"六位一体"的交通枢纽和综合性多功能口岸，有历年建设打下的良好发展基础，还有悠久文化历史积淀。霍尔果斯是古丝绸之路北道上的千年驿站，近现代对外开放的百年口岸，曾经长达几个世纪是中亚政治、经济、文化中心和东西交通的枢纽，孕育了深厚的边防军旅文化、戍边文化和草原文化，拥有深厚的历史底蕴。霍尔果斯世居的哈萨克、俄罗斯等少数民族，与中亚国家民族跨界而居，民俗相近、语言相通，传统友谊源远流长，区域合作基础良好。

(三)谋划集中打响"伊犁"品牌

伊宁市、霍尔果斯虽联合承担了建设"自治区副中心"的重任，但由于地处边远，城市规模不大，经济实力不强，知名度也不高，而使用"伊犁"品牌就不一样了。伊犁是全国唯一的既辖地级行政区、又辖县级行政区的自治州，是全国唯一的副省级自治州。今后，可以考虑改为副省级市(这也是所有自治区中零的突破)，不影响现有级别，将伊宁市、霍尔果斯市改为市辖区，两区共同组成伊犁市中心城区，继续行使自治区副中心城市的职能。

四、库尔勒自治区副中心城市建设

库尔勒是巴音郭楞蒙古自治州的首府，地处欧亚大陆和新疆腹心地带、塔里木盆地东北边缘，北倚天山支脉，南临塔克拉玛干沙漠，是南北疆重要的交通枢纽和物资集散地，是古丝绸之路中道的咽喉之地和西域文化的发源地之一。行政区面积0.73万平方千米，辖9乡、3镇、5个国有农牧园艺场、14个街道办事处。2020年普查时点户籍人口为47.77万人，比"六普"户籍人口增加9.88万人，增长26.08%。2012年以来，库尔勒市被列入全国第三批发展改革试点城市、新疆优先发展的三个副中心城市，被确定为国家可持续发展试验区、国家智

---

① 郑晋鸣，李薇. 志合者不以山海为远——江苏连云港推进"一带一路"标杆建设. 光明日报，2017-10-15.

慧城市试点市、新疆创新城市试点市、新疆综合交通枢纽示范市、新疆统筹城乡综合配套改革试点市。库尔勒城镇格局见图 11-3。

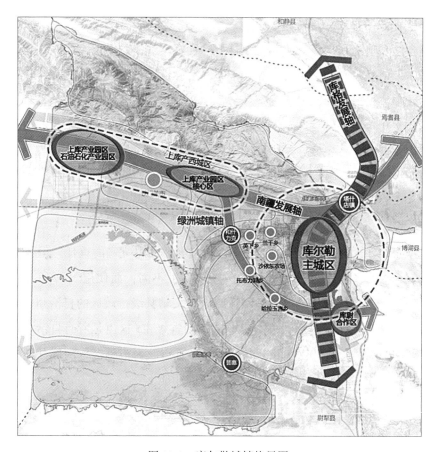

图 11-3　库尔勒城镇格局图

(一) 打造"塞外明珠、山水梨城"

改善生态环境。库尔勒距离世界第二大沙漠——塔克拉玛干大沙漠的直线距离仅 70 千米，生态环境十分脆弱。1997 年，库尔勒吹响"绿色长征"的号角，向戈壁荒山宣战，初战告捷，首次使 50 亩荒山披上"绿衣"；1998 年之后，植树造林成为一项全民参与的系统性工程，几乎所有单位及市民都加入了"护绿认养"行列中。"十三五"以来，库尔勒积极贯彻落实新发展理念，实施建设北部生态保护长廊工程,完成人工造林11.2万亩,城市绿化覆盖率和绿地率分别达到40.2%和39.09%;完成荒山绿化面积约10万亩,初步构筑了城市周边防护林体系的基本框架。2020年,库尔勒入选"中国最具绿意百佳县市"。

建设山水梨城。因盛产香梨,库尔勒又被称为"梨城"。库尔勒香梨已有2000年历史,1924年在法国万国博览会上被评为银奖,有"世界梨后"之称;1985年被国家评为"全国优质水果";1999年在昆明世界园艺博览会上获金奖。2000年,库尔勒启动孔雀河河道改造工程,并获2002年"中国人居环境范例奖"。而后,孔雀河风景旅游带二期工程及杜鹃河、白鹭河改造工程等相继建设,形成一条贯通孔雀河、杜鹃河、白鹭河的"水带",库尔勒逐步被打造为"梦里水乡"。从2007年开始,野生天鹅选择库尔勒作为安居地,为库尔勒这座"天鹅之城"留下人与自然和谐相处的生态画卷。

打响文化品牌。库尔勒拥有深厚的文化底蕴,楼兰、胡杨、蒙古族卫拉特、维吾尔十二木卡姆以及麦西来甫等文化与现代文化相互融合,形成了库尔勒的文化脉搏。2019年5月11日,"库尔勒丝路旅游小镇"举行开街发布会,为促进区域民族团结贡献力量。2020年10月24日,库尔勒市第三届普惠胡杨文化旅游节开幕,帮助游客深度体验大漠胡杨的独特魅力。2021年,库尔勒获评"中国文化建设百佳县市"。在全市人民的共同参与下,香梨文化、楼兰文化、丝路文化、东归文化、胡杨文化、石油文化等特色文化品牌越来越响。

(二)建成丝绸之路经济带重要支点城市

加强交通枢纽地位。库尔勒是通往南北疆的重要交通要道,是新疆境内仅次于乌鲁木齐的第二大交通枢纽。2015年3月29日,库尔勒开通飞往武汉、西安的航班,进一步凸显库尔勒机场疆内次枢纽的地位;随后,库尔勒机场改扩建工程开工建设,以满足航空业务量快速发展的需求。2019年,库尔勒机场年旅客吞吐量突破220万人次,航班起降超2.4万架次,货邮吞吐量8700吨。截至2020年6月,库尔勒机场通航点共计37个(疆外17个、疆内20个),形成"疆外快起来、疆内环起来""空中公交"航线网络。2020年,南疆与内地的运输大通道——格库铁路建成通车,东西方向连接青藏铁路及和若铁路、南疆铁路,南接成格铁路,北接库伊铁路,进一步加快南疆地区的经济发展。目前,库尔勒已形成内接南北疆、外连全国各地的航空、铁路、公路三位一体、四通八达的交通网络，对外开放和辐射带动能力进一步增强。

发展外向型经济。2014年7月，从库尔勒经济技术开发区发往西亚的首趟国际专列开通，并逐渐常态化运行，大大缩短了巴州西行进出口货物的运输时间。2017年5月26日，"一带一路"国际货运西行班列美克化工"新欧地"（新疆—欧洲—地中海）由库尔勒发车，加快了库尔勒丝绸之路经济带支点城市的建设步伐，州内石油石化产业正式打开欧洲出口市场新局面。2018年12月15日，南疆首家国际陆港公用型保税仓库——库尔勒经济技术开发区保税库正式运行，打通了中亚、西亚乃至欧洲的新丝绸之路通道，吸引更多外向型企业入驻开发区，对库尔勒加快构筑物流大通道、融入丝绸之路经济带具有十分重要的意义。

第三节 宁夏回族自治区副中心城市建设

一、自治区概况与城镇化布局

宁夏回族自治区成立于1958年10月25日，总面积6.64万平方千米，东临陕西，西、北接内蒙古，南连甘肃，是全国最大的回族聚居区。在地形上分为三大板块：一是北部引黄灌区。地势平坦，土壤肥沃，素有"塞上江南"的美誉。二是中部干旱带。干旱少雨，风大沙多，土地贫瘠，生存条件较差。三是南部山区。丘陵沟壑林立，部分地域阴湿高寒，曾是国家级贫困地区之一。2020年全国第七次人口普查时点常住人口为720.27万，比"六普"常住人口增加90.14万人，增长14.3%。现辖银川、石嘴山、吴忠、固原、中卫5个地级市，共计22个县、市（区）。2020年，全区实现生产总值3920.55亿元，按不变价格计算，比上年增长3.9%。其中，第一产业增加值338.01亿元，增长3.3%；第二产业增加值1608.96亿元，增长4.0%；第三产业增加值1973.58亿元，增长3.9%。第一产业增加值占地区生产总值的比重为8.6%，第二产业增加值比重为41.0%，第三产业增加值比重为50.3%，比上年提高0.2个百分点。全年全区全部工业增加值1283.69亿元，比上年增长4.2%。全年全区实际使用外商直接投资2.72亿美元，比上年增长8.4%。但区域经济发展很不平衡，首府银川市的GDP 1964.4

亿元，占了全区的 50.1%，首位度极高。建设"副中心城市"不仅非常必要，而且十分迫切。

2016 年 4 月 18 日上午，中共中央总书记、国家主席、中央军委主席、中央全面深化改革领导小组组长习近平主持召开中央全面深化改革领导小组第二十三次会议。会议同意宁夏回族自治区开展空间规划（多规合一）试点工作。① 试点工作的技术支撑单位是中国城市和小城镇研究中心。其编制的《宁夏回族自治区空间规划（2016—2035 年）》中，将"一带三区、一主两副"空间发展战略贯穿始终，兼顾区域协调发展和市县主体功能定位的要求，统筹各类空间开发布局。该规划提出引导人口与经济进一步向沿黄城市带集聚，最大限度发挥要素集聚效应，强化对中南部地区辐射带动。

2017 年 8 月 15 日，宁夏回族自治区人民政府正式印发实施《宁夏回族自治区新型城镇化"十三五"规划》（宁政发〔2017〕67 号），继续实施宁夏空间规划确定的"一带三区、一主两副"的空间发展格局并提出"着力培育副中心城市成为区域协调发展的重要增长极"的措施：提升固原、中卫的城市综合承载能力，完善城市综合服务功能，加快城市建设和产业发展，强化分工协作、错位发展，构建区域组织核心，成为带动宁夏中南部生态保育、人口聚集、产业发展的地区中心城市。规划到 2020 年，"两副"城市承载城镇人口 50 万人，占全区城镇人口的 11% 左右。

2017 年 8 月 29 日下午，习近平主持召开中央全面深化改革领导小组第三十八次会议并发表重要讲话。会议审议通过了《关于完善主体功能区战略和制度的若干意见》《宁夏回族自治区关于空间规划（多规合一）试点工作情况的报告》等文件。会议对空间规划编制等试点工作给予充分肯定并指出：党中央授权宁夏回族自治区开展"多规合一"试点以来，在编制空间规划、明确保护开发格局、建设规划管理信息平台、探索空间规划管控体系、推进空间规划管理体制改革等方面，探索了一批可复制可推广的经验做法，下一步，要继续编制完善空间规划，深化体制机制改革，保障空间规划落地实施。②

---

① 习近平主持召开中央全面深化改革领导小组第二十三次会议．人民日报，2016-04-19.
② 习近平主持召开中央全面深化改革领导小组第三十八次会议．中华人民共和国中央人民政府网，2017-08-29.

这说明,《宁夏回族自治区空间规划(2016—2035年)》中"一带三区、一主两副"的空间发展格局,不仅得到"宁政发〔2017〕67号"文件的确认,而且这份规划在中央全面深化改革领导小组第三十八次会议上作了汇报,得到会议高度认可。宁夏"一带三区、一主两副"空间布局的含义是:"一带三区"是指沿黄城市带,北部平原绿洲生态区、中部荒漠草原防沙治沙区、南部黄土丘陵水土保持区;"一主两副"是指银川都市圈(包括石嘴山市、吴忠市)全区主中心,固原、中卫两个自治区副中心城市。宁夏回族自治区"一带三区、一主两副"空间格局见图11-4。

二、固原自治区副中心城市建设

固原市位于宁夏回族自治区南部,东与甘肃庆阳市、平凉市为邻,南与平凉市相连,西与白银市分界,北与宁夏中卫、吴忠市接壤,位于西安、兰州、银川三省会城市所构成的三角地带中心,是陕甘宁革命老区振兴规划中心城市、宁南区域中心城市、西北特色农产品集散中心、丝绸之路经济带产品基地示范区。全市总面积1.05万平方千米,辖西吉县、隆德县、泾源县、彭阳县和原州区四县一区。

(一)扎实优化城镇化空间布局

固原市2020年普查时点常住人口为114.21万人,占宁夏常住人口的15.86%,排全自治区第三位;常住人口比"六普"减少8.61万人,增长-7.01%。可见,固原市人口流失比较严重,与"省域副中心城市"的功能定位不相吻合。原定2020年户籍人口城镇化率和常住人口城镇化率分别达到45%以上和55%以上,实际只有38%、42.4%。固原要着力优化空间布局,促进城镇化率提升。

要形成"一心、四点、两带"的城镇空间布局结构。"一心"是指固原中心城区,为市域政治、经济、文化中心和宁夏南部及周边地区区域中心;"四点"为彭阳、西吉、隆德、泾源四个县城,为各自县域政治、经济、文化中心;"两带"为以固原中心城区为中心沿福银高速公路形成的贯穿市域南北的福银城镇发展带,以固原中心城区为中心沿规划西吉中心城区彭阳高速公路和309国道等形成的贯穿市域东西的西彭城镇发展带。

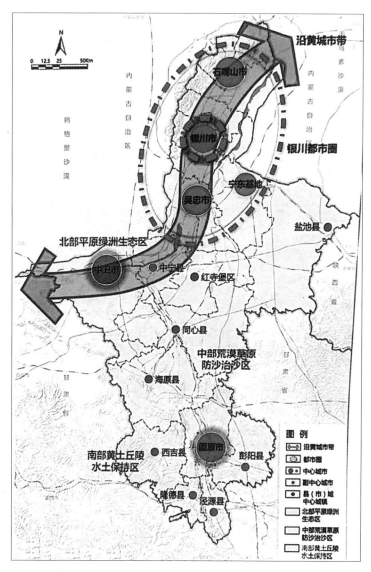

图 11-4　宁夏回族自治区"一带三区、一主两副"空间格局图

　　要优化中心城区总体布局，形成"四区、五园、多中心"的空间结构。"四区"是指老城、新区、西南新区和西部新区 4 个城市功能片区；"五园"是指古雁岭、秦长城、东岳山、隋唐墓和九龙山 5 个生态文化园；"多中心"是指以西南新区区域级中心、老城和新区市级中心为主，形成的区域级、市级和组团级 3 级公共服务中心。中心城区要突出"绿色固原、避暑胜地"城市特色，辐射带动西吉

县、彭阳县、隆德县、泾源县联动发展，建设成为宁夏南部地区人口集聚的中心城市、重要的特色农产品生产加工基地、特色文化旅游城市。固原市域城镇空间结构见图 11-5。

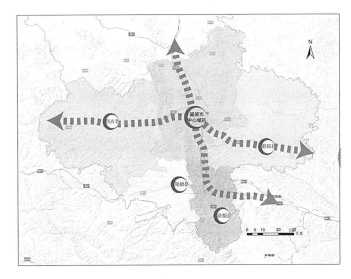

图 11-5　固原市域城镇空间结构图

(二)深入推进文化旅游融合发展

固原已成功创建成为第四批全国旅游标准化示范市，六盘山红军长征景区列入国家 5A 级旅游景区创建名单，西吉将台堡升格为 4A 级景区；建成旅游环线，完善旅游服务设施，培育冰雪游等新业态，打破"冬季闲"。全市游客数、旅游社会收入年均分别增长 18.2%、27.6%。

要实施国家全域旅游示范市创建工程。改造提升六盘山森林公园、老龙潭、须弥山、火石寨等知名景区景点，做优做强西吉龙王坝、隆德老巷子等"中国最美休闲乡村"，做精彭阳"中国最美旱作梯田"、万亩花卉等观光农业旅游。做足生态和清凉文章，积极开发休闲避暑康养新业态。积极打造丝路文化和古城文化、生态观光与运动休闲、红色旅游、黄土高原乡村旅游四条精品线路。进一步畅通旅游交通网络，形成"三纵三横"对外旅游主通道。持续壮大旅游市场主体，积极吸引龙头文旅企业投资兴业，带动发展本地企业，支持民间资本发展旅游经济，推动全民参与旅游发展，打响固原"天高云淡六盘山"品牌，促进"旅游+红色文化资源"发展，创新培育一批红色小镇、红色乡村、红色旅游经典景区等复合型旅游产品，努力建成西部重要的生态休闲旅游度假区和红色文化旅游目的地。挖掘六盘山花儿、高台马社火、农民画等非遗民俗文化底蕴，促进"旅游+民俗与民间文化艺术"发展，开发打造民俗文化记忆旅游带。通过多措并举，尽快使文化旅游产业成为固原市经济社会发展的主导产业。

(三) 实现巩固拓展脱贫攻坚成果同乡村振兴有效衔接

按照国家和自治区部署，坚决守住脱贫攻坚成果，工作不留空当、政策不留空白，继续精准施策，建立防止返贫致贫长效机制，保持现有帮扶政策总体稳定，确保脱贫攻坚成果经得起历史和人民的检验。对易返贫致贫人口实施常态化监测，随时实施技术、设施、营销等"补短板"措施，增强低收入人口自我发展能力。大力发展特色产业，做好脱贫人口稳岗就业，落实农村社会保障和救助制度，坚决防止返贫。完善社会力量参与帮扶机制，持续深化闽宁协作，持续开展"百企帮百村""百企兴百村"行动，继续加大对已脱贫薄弱乡村的帮扶支持力度。加强产业发展基础设施建设，因地制宜发展特色种养、农产品加工、生态经济等产业，积极培育休闲农业、乡村旅游、光伏发电等新产业。完善乡村流通服务网点，支持批发市场、电商企业、大型超市等流通企业与乡村特色产业精准对接，促进农产品稳定销售。稳步推进与乡村振兴有效衔接。把脱贫摘帽作为新生活新奋斗的起点，加快建设原州区、西吉国家乡村振兴重点帮扶县和隆德县、泾源县、彭阳县自治区乡村振兴重点帮扶县。

三、中卫自治区副中心城市建设

中卫地处黄河前套之首，位于宁夏回族自治区中西部，宁夏、甘肃、内蒙古三省区交界点上，是宁夏最年轻的地级市，现辖沙坡头区以及中宁、海原两县，总面积1.7万平方千米。2020年"七普"常住人口106.73万人，以回族为主的少数民族人口约占35%。常住人口在全省的占比为14.82%，比"六普"下降了2.33个百分点。全年全市实现地区生产总值440.32亿元，实现了比2010年翻一番的目标。《宁夏回族自治区空间规划(2016—2035 年)》将中卫定为"两副"之一，并要求：中卫市突出"沙漠水城、花儿杞乡"城市特色，统筹推进沙坡头区、中宁县城区相向发展，建设成为西北交通物流节点城市、旅游休闲度假城市、云计算产业基地。2017 年国家住建部将中卫市列入全国"城市双修"("生态修复"和"城市修补")试点城市。

(一)推动中卫和中宁城区一体化发展

历史上，中卫和中宁长期就是一个县——中卫县。1933 年 8 月，由当时的宁夏省批准，从中卫县中析出中宁县。2004 年 2 月宁夏回族自治区政府发文，通知撤销中卫县，设立地级中卫市。设市后，中卫地位不断提升，直至被自治区定为"副中心城市"。但中卫市中心城区"块头"太小，呈现"小马拉大车"的窘境。应抓住自治区党委、政府打造沿黄城市带的机遇，做大中心城区。比较易行的措施就是实施中卫城区和中宁城区相向发展，实现一体化、同城化，条件成熟时可将中宁县改为市辖区。

两个城区相距很近，中卫开发区距离中宁工业园区只有 20 千米，要实施"卫宁"(中卫、中宁)相向发展战略，着力构建"一心两城三区六通道"的发展格局(见图 10-6)。"一心"，就是两个城区形成市域的一个新核心；"两城"，就是中卫城、中宁城；"三区"，就是北部城镇发展集聚区、中部特色发展协调区、南部生态发展拓展区；"六通道"，就是六条连接两地的交通通道。

以黄河为纽带，以公路、国铁、城铁为依托，以工业园区为突破口，推进"卫宁"基础设施、产业布局、公共服务全面融合，实现全域空间集聚发展、全域产业联动发展、全域交通统筹发展。特别是交通要先行，重点实施中卫地区高速公路"一大两小"环线工程：一个大环，即西线高速渠口段至恩和段中宁黄河公路二桥至京藏高速定武高速至中卫常乐至迎水桥黄河大桥，此环线为中卫地区大环线，将沙坡头区、中宁县全部"环"起来；两个小环，一是西线高速渠口段至恩和段中宁黄河公路二桥至京藏高速定武高速至永康至镇罗黄河大桥接西线高速镇罗段，此为覆盖中宁和沙坡头区部分地区的小环。二是西线高速镇罗至永康黄河大桥接定武高速向西接中卫常乐至迎水桥黄河大桥接西线高速，此为沙坡头地区小环。"一大两小"环线建成后，"一心两城"就在空间上成型了。

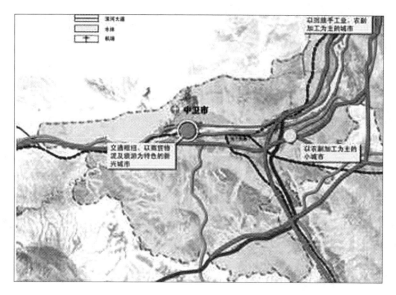

图 11-6　中卫中宁中心城区相向发展示意图

（二）推动商贸物流业健康发展

中卫市是全国铁路交通大动脉的西部"桥头堡"，是欧亚大通道"东进西出"的必经之地，陆路交通条件在宁夏地区得天独厚，方便的交通条件构成了西北部地区重要的交通枢纽，是承东启西、拓北展南的人流、物流、信息流集散中心。特别是成功并常态化开行中欧国际货运班列，建立中卫海关，有利于促进国内国际双循环。

加快建设中国物流中卫物流园等6个物流园区，依托迎水桥铁路编组站的建设发展商贸业，打造沿黄城市带对内对外物资交流的重要集散中心。稳定开行中卫—中亚（中阿号）国际班列，吸引汉新欧等欧洲国际班列在中卫铁路口岸集结货物。加快与新疆国际陆港公司合作，将迎水桥编组站作为乌西编组站的前沿。加快市场培育，发展钢铁、金属锰、精细化工、建筑材料等配套物流产业，打造区域性生产资料转运中心。依托城乡物流配送、邮政配送、连锁经营等现代经营方式，构建覆盖城乡的生活性物流服务网络。加强与阿里巴巴、京东等企业对接，进一步扩大中宁电商孵化中心等规模，推动全市电子商务快速发展。

（三）推动文化旅游产业高质量发展

2020 年 10 月 29 日，自治区政府在中卫市召开全区文化旅游产业高质量发展现场观摩推进会。自治区政府分管副主席和一名政协副主席出席并讲话。自治区政府办公厅、自治区党委宣传部、自治区发展改革委、财政厅等 23 个区直部门及区属相关企业负责人、各市、县（区）政府分管负责同志、文化和旅游部门主要负责同志、文化旅游企业代表等参加会议，会议对中卫市的旅游发展给予肯定。中卫市要依托独特的旅游资源，借助沿黄城市带区域协同发展，以沙坡头为核心，统领沿黄城市带西部旅游资源，完善旅游节点城市的服务、管理、接待功能，有效整合中宁枸杞等农业特色旅游资源，全面扩大旅游产业链，发挥旅游组织、协调和商务服务的职能，建设中卫休闲度假与农业特色旅游区和极具吸引力风景旅游地和旅游目的地。

（四）推动信息产业加快发展

实施好自治区"三号工程"，加快推进西部云基地建设，争创国家大数据综合试验区。加强与亚马逊 AWS、奇虎 360 数据中心、中国移动、中国联通、可信云等机构的合作，率先建设全国一体化的国家大数据中心先导示范区。统筹建设云计算展示馆及配套服务中心，完善中卫市中小客户孵化数据中心项目的运营模式，促进中小企业集聚孵化。紧盯北上广深等重点区域和华为、京东、美团、IBM 等重点企业，千方百计对接，力促落地。引进服务器组装、钢构生产、机房运维等云设施产业，深度挖掘数据应用，促进政务云、医疗云、环保云等云应用项目建设，打造云计算上下游全产业链。积极与国家相关部委对接，力争将国家级卫星遥感、导航数据云平台（灾备中心）、天地一体化信息网络系统地基信息港落户西部云基地。

第十二章　四川省域副中心城市创建

四川省总面积 48.6 万平方千米，辖 21 个地级行政区，其中 18 个地级市、3 个自治州。共 55 个市辖区、19 个县级市，105 个县，4 个自治县，合计 183 个县级区划。截至 2020 年 11 月 1 日零时，四川省常住人口 8367.49 万人。作为一个版图面积大、常住人口多而且省会"一城独大"现象非常严重的省份，四川迫切需要培育和建设省域副中心城市，以促进区域协调发展。

第一节　"五区协同"与争创全省经济副中心

一、省域副中心城市建设的必要性

2018 年 6 月的四川省委十一届三次全会提出，构建"一干多支、五区协同"的区域发展新格局（见图 12-1）："一干"就是支持成都加快建设全面体现新发展理念的国家中心城市，充分发挥成都引领辐射带动作用。"多支"就是打造各具特色的区域经济板块，推动环成都经济圈、川南经济区、川东北经济区、攀西经济区竞相发展。"五区协同"则是强化统筹，推动成都平原经济区、川南经济区、川东北经济区、攀西经济区、川西北生态示范区协同发展，推动成都与环成都经济圈协同发展，推动"三州"与内地协同发展，推动区域内各市（州）之间协同发展。四川省委书记彭清华在会议上指出，四川这样一个人口和经济大省，没有一定规模的经济副中心是不行的，一个还不够，二三个也不多。但谁能担此重任，要靠实力说话。目前四川列出 7 个候选城市，即绵阳、德阳、乐山、宜宾、泸州、南充、达州，这些城市经济总量目前在全省都是排在前列的。省委、省政府鼓励和支持有条件的区域中心城市争创全省经济副中心。力争在 3~5 年内形成几个省域副中心，从而改变四川长期以来一枝独秀的区域发展格局。

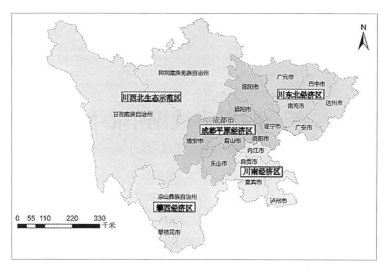

图 12-1 四川省"一干多支、五区协同"战略布局示意图

四川到底需要几个全省经济副中心或省域副中心城市？省委、省政府决定通过赛场"赛马"选出来。比较 2015—2020 年四川 7 个候选城市的 GDP 水平，发现基本呈现出稳步上升的趋势，且各地级市在省内的相对排名位置基本稳定。其中，宜宾市增幅最为明显为 83.64%，其次为绵阳市的 77.03% 和泸州市的 59.39%（见表 12-1）。

表 12-1 　　　　　　　　**7 个候选城市 2015—2020 年 GDP 变化（亿元）**

年份	2015	2016	2017	2018	2019	2020	2015—2020年增幅
绵阳市	1700.33	1830.42	2074.75	2303.82	2856.2	3010.08	77.03%
德阳市	1605.06	1752.45	1960.55	2213.87	2335.91	2404.13	49.78%
乐山市	1301.23	1406.58	1507.79	1615.09	1863.31	2003.43	53.96%
宜宾市	1525.90	1653.05	1847.23	2026.37	2601.89	2802.12	83.64%
泸州市	1353.41	1481.91	1596.21	1694.97	2081.26	2157.22	59.39%
南充市	1516.20	1651.40	1827.93	2006.03	2322.22	2401.08	58.36%
达州市	1350.76	1447.08	1583.94	1690.17	2041.49	2117.80	56.79%

注：各年份数据均来自各市年度统计公报。

再比较 2015—2020 年 7 个主要城市的常住人口变化趋势，可以发现出现了较大的分化。其中，宜宾市增幅最为明显为 2.20%，其次为绵阳的 2.02%。而南充为-11.89%，下降幅度最大，而且仅 2020 年一年常住人口就在 2019 年 643.5 万人的基础上下降 82.74 万人，实属罕见。

表 12-2　　　　7 个候选城市 2015—2020 年常住人口变化(万人)

年份	2015	2016	2017	2018	2019	2020	2015—2020 年增幅
绵阳市	477.19	481.09	483.56	485.7	487.7	486.82	2.02%
德阳市	351.32	351.97	353.16	354.5	356.1	345.62	-1.62%
乐山市	326.05	326.5	327.21	326.7	327.1	316.02	-3.08%
宜宾市	449	451	453	455.6	457.3	458.88	2.20%
泸州市	428.52	430.64	431.72	432.4	432.9	425.41	0.73%
南充市	636.40	640.22	641.79	644	643.5	560.76	-11.89%
达州市	556.76	559.77	568.95	572	574.1	538.54	-3.27%

注：各年份数据均来自各市年度统计公报，2020 年人口数量来自全国第七次人口普查数据。

初步判断，成都平原、川南、川东北会有城市入选。以下分三个区域对候选城市做介绍。

第二节　成都平原创建省域副中心的城市

根据四川省委、省政府的新型城镇化部署，成都平原经济区以城镇功能为主体，继续提高人口承载能力，强化成都的极核"主干"作用和成都都市圈的辐射带动作用，加快推动发展质量的整体提升，促进内圈同城化、全域一体化，促进成渝地区中部崛起。

一、绵阳市

绵阳，号称"中国科技城"，过去较长时间被社会上视为四川"省域副中心城

241

市"。下辖 3 区、1 县级市、5 县，代管四川省人民政府科学城办事处。截至 2020 年年末，绵阳中心城区建成区面积达 167.58 平方千米。根据第七次人口普查数据，全市常住人口为 486.82 万人。

（一）经济优势

从经济规模看，绵阳市 GDP 从 2015 年的 1700.33 亿元增长至 2020 年的 3010.08 亿元，增幅 77.03%。绵阳市在成都平原经济区中 GDP 排名稳居第二，仅次于成都市。绵阳经济科技含量较高。中国（绵阳）科技城迅速崛起，2020 年实现地区生产总值 2075.94 亿元，比上年增长 4.3%。其中第二产业增加值 1019.82 亿元，增长 4.1%；第三产业增加值 1056.12 亿元，增长 4.7%。规模以上工业增加值增长 5.1%；全社会固定资产投资增长 8.3%；实现社会消费品零售总额 992.53 亿元，下降 1.8%。绵阳民营企业发展较好，2020 年民营经济实现增加值 1822.17 亿元，增长 3.1%，占全市经济总量的比重为 60.5%。

（二）区位与交通优势

绵阳位于四川盆地西北部，涪江中上游地带。东邻广元市的青川县、剑阁县和南充市的南部县、西充县，南接遂宁市的射洪市，西接德阳市的罗江区、中江县、绵竹市，西北与阿坝藏族羌族自治州和甘肃省的文县接壤。

绵阳加快建设西部区域性综合交通枢纽，"十三五"完成交通项目投资 740 亿元，是"十二五"时期的 1.7 倍。率先跨入高铁时代。西成客专全面建成通车，成兰铁路绵阳段加快建设，全市铁路营运里程达 264 千米（其中高铁 121 千米），铁路密度达到 130.7 千米/万平方千米，比 2015 年年底增长 41%；绵阳站已成为四川客流量第二大高铁站。公路网络基本完善。全市公路网密度为 99.7 千米/百平方千米，高于全国全省平均水平，建成和在建高速公路里程达 726 千米，由全省第 11 位跃升至第 3 位；绵西高速建成通车，九绵、G5 成绵扩容、绵苍、广平、中遂等高速加快建设。提档升级和大中修国省干线公路 1090 千米，普通国道二级以上公路比例达 94%，较 2015 年年底提升 23 个百分点。航空基础设施更加完善。南郊机场是四川省第二大机场，跻身全国机场 50 强，已开通航线数量 55 条、通航城市 41 个。T2 航站楼开工建设，北川通用机场加快建设。能源基础设施加快建设。油气供应保障能力不断提升，建成油气管网道 21 条，共计 1160 千米。

（三）历史文化资源优势

绵阳历史悠久，山川秀丽，人杰地灵，文物古迹十分丰富，有全国重点文物保护单位 5 处、省级文物保护单位 17 处、市级文物保护单位 19 处、县级文物保护单位 209 处，文物保护点 3500 多处。全市现有省级历史文化名城 3 座（江油市、绵阳市、三台县）、省级历史文化名镇 2 座（三台县郪江场和江油市青莲镇）。这些名城名镇蕴藏的丰厚历史文化资源展现出异彩纷呈的文化现象与人文景观，是绵阳各族人民世世代代共同创造的具有地方民族特色文化的集中代表，历史文化内涵都极为丰富，是一批非常重要的文化旅游资源。

（四）城市定位与空间布局

绵阳城市性质：我国重要的电子工业生产和国防科研基地；四川省重要的地区经济中心和历史文化名城；市域政治、经济、文化中心。全市实行"强化中心、发展两翼、依托轴线、带动全城"的总体发展战略，根据实际规划一个大城市、两个中等城市和若干个小城镇，在空间上结合交通干线形成两个一级城镇发展轴和两个二级城镇发展轴线。

城市以老城区为中心，向外围呈分片组团式发展。尤其是突破了山区城市沿河谷长距离带状布局的传统，利用高速公路建设的契机，向西北园艺台地拓展了城市发展方向，既节约了平坝上的大量农田，又使城市空间更为紧凑。

二、德阳市

德阳市，别称"旌城"。全市总面积 5911 平方千米，下辖 2 区、1 县，代管 3 县级市。根据第七次人口普查数据，德阳市常住人口为 345.62 万人。

（一）经济优势

德阳因"三线建设"国家布局现代大工业而建市，是中国重大技术装备制造业基地。2017 年 11 月，德阳获批第二批国家应急产业示范基地。德阳还拥有契合"一带一路"沿线国家的产业优势。德阳是中国重大技术装备制造业基地、国家新型工业化产业示范基地、国家新材料产业化基地、国家级出口高端装备智能制造产品质量安全示范区、联合国清洁技术与新能源装备制造业国际示范市。全国60%以上核电产品、40%水电机组、30%以上火电机组、10%以上风电、50%大型轧钢设备和大型电站铸锻件由德阳制造，发电设备产量世界第一，石油钻机出口全国第一。

从GDP规模看，德阳市从2015年的1605.06亿元增长至2020年的2404.1亿元，增幅为49.78%。在成都平原经济区中GDP排名稳居第三，仅次于成都市和绵阳市，年均增速高于全国、全省平均水平。供给侧结构性改革取得明显成效，战略性新兴产业占比稳步提高，R&D投入强度居全省第二位，一批自主研制的"国之重器"相继问世，"单项冠军""隐形冠军"持续涌现，世界级重大装备制造基地的名片更加响亮。开放发展成效显著，国际铁路物流港建设提速见效，世界"500强"企业落户数量居全省第二，累计到位市外资金超过3700亿元。

（二）区位与交通优势

德阳市毗邻省会成都，地处龙门山脉向四川盆地过渡地带；西北部为山地垂直气候，东南部为中亚热带湿润季风气候。德阳交通发达，距成都双流国际机场50千米，距青白江亚洲最大的铁路集装箱中心站24千米。正在加快成德一体化发展步伐，倾力打造成都北部新城，产业疏解基地，共同打造国家西部经济、科技、金融、文创、对外交往中心和综合交通通信枢纽。

德阳高新区位于成都半小时经济圈，距国家中心城市成都仅20千米，毗邻中国（四川）自由贸易试验区成都铁路国际物流港，直线距离约3千米。在建的四川第二个综合保税区，将与成都共建国际铁路港口岸产业合作区，成为中西部最大的通航外贸服务基地。

（三）历史文化资源优势

德阳历史文化资源丰厚。三星堆"沉睡数千年，一醒惊天下"闻名于世，绵竹年画名扬海内外，德阳文庙璀璨古今，德孝文化源远流长，白马关、落凤坡、庞统祠等三国遗踪遍布境内，孝子安安、三国名臣秦宓、抗美援朝特级战斗英雄黄继光等杰出人物辉耀古今，更有龙门山国家地质公园、蓥华山风景名胜区、德阳石刻等独特的自然资源。

德阳文化事业繁荣兴盛。文化惠民精彩纷呈，每年开展 300 余场各类文化活动，培育了中国·罗江诗歌节、三星堆戏剧季、广汉国际保保节等特色文化品牌。文化传承成效显著，全市共有全国、省级重点文物保护单位 43 处，馆藏文物 1.5 万多件，四级非遗名录体系基本建立。公共文化服务扎实有效，在全省率先试点建成幸福美丽新村（社区）文化院坝 331 个。

德阳文旅发展空间广阔。印刷包装、广电传媒、文化演艺、文博产业 4 大优势产业呈现强支持态势。蓝剑包装股份连续 10 余年入选中国印刷包装企业 100 强。德阳杂技团在柬埔寨打造的《吴哥王朝》是四川省"一带一路"唯一落地项目。三星堆、绵竹年画、德阳潮扇、燕西木业等文创产品年均销售过亿元。三星堆文化产业园、绵竹年画文化产业园、白马关三国文化产业园等国家、省级园区发展势头良好，示范带动效应明显。旅游产业蓬勃发展，乡村旅游处处开花，旅游+文化、体育、农业等新型业态多面发展。

（四）城市定位与空间布局

城市定位：国家高端装备产业创新发展示范基地，成都平原城市群副中心城市，以古蜀文化和工业遗产为特色的文化名城，生态田园典范城市。具有世界影响力的高端装备和智能制造产业基地，国家重要的高新技术产业基地与研发中心，国家重要的职业教育基地，成渝城市群重要的生产服务中心，中国非物质文化遗产传承中心，四川省重要的国际旅游目的地。

城镇等级结构体系：规划市域形成"中心城区—县级中心—重点镇——一般镇"四级城镇等级结构体系，促进市域内邻近乡镇的整合发展。城镇等级结构体系包括 1 个中心城区、5 个县级中心、15 个重点镇、72 个一般镇。中心城区发展方向：重点向南发展，推进成德同城，城市发展方向为南进、东拓、西扩、北优。

三、乐山市

乐山，古称嘉州，有"海棠香国"的美誉。辖 4 区 6 县，代管 1 个县级市；总面积 12720.03 平方千米。根据第七次人口普查数据,乐山市常住人口为 316.02 万人。2019 年 7 月,被评为国家知识产权试点城市。2020 年 10 月 20 日,入选全国双拥模范城(县)名单。

(一)经济优势

从经济规模看,乐山市从 2015 年的 1301.2 亿元增长至 2020 年的 2003.43 亿元,增幅 53.96%。乐山市在成都平原经济区中,GDP 排名稳居第四。2020 年乐山首次进入 GDP"2000 亿元俱乐部",总量排名从全省第九位上升到第八位,年均增速高于全国全省平均水平,工业增加值从第七位上升到第五位,固定资产投资总量从第十三位上升到第八位,全市主要经济指标走在全省第一方阵。产业发展提质增效,产业布局更加优化,浙川东西协作乐山产业园加快建设,工业集中度提高到 78%,"中国绿色硅谷"基本成形;旅游主导带动服务业繁荣发展,"夜游三江"、《只有峨眉山》、上中顺特色街区、沫若戏剧小镇等文旅新产品新业态精彩呈现,峨秀湖旅游度假区入选国家级旅游度假区,峨眉山市、市中区分别入选天府旅游名县、天府旅游名县候选县并成功建成国家全域旅游示范区;特色现代农业园区竞相发展。

(二)区位与交通优势

乐山位于四川省中部,四川盆地的西南部,地势西南高,东北低,属中亚热带气候带。乐山是四川省重要工业城市、成都经济区南部区域中心城市、重要枢纽城市、成渝城市群重要交通节点和港口城市。成昆铁路、成贵高铁贯穿全境。乐山三江汇合。大渡河、青衣江在乐山大佛脚下汇入岷江。

乐山机场场址位于乐山市五通桥区冠英镇。规划乐山机场定位为 4C 级军民共用机场、旅游干线机场。规划市中区、峨眉山、峨边、马边、沐川五处通用机场。乐山市铁路网规划总体布局为"四纵四横"。"四纵":成昆铁路、成昆复线、成绵乐—成贵、乐马铁路。"四横":雅眉乐自城际铁路、乐天客专、连乐铁路、乐雅货运铁路。乐山市域干线普通公路网的基本结构为"四纵七横四联两环",规划干线公路等级均为二级以上。

(三)历史文化资源优势

乐山是国家历史文化名城,国家首批对外开放城市、全国绿化模范城市、中国优秀旅游城市、国家园林城市、全国卫生城市。全市拥有世界文化与自然遗产2处(峨眉山、乐山大佛),世界灌溉工程遗产名录1处(东风堰);国家级风景名胜区1处(峨眉山—乐山大佛);国家级森林公园2个(沙湾美女峰、峨边黑竹沟);国家级自然保护区2个(马边大风顶、峨边黑竹沟);国家级地质公园1个(金口河大峡谷);国家级湿地公园2处(金口河大瓦山五池、犍为桫椤湖);全国重点文物保护单位10个(万年寺铜铁佛、大庙飞来殿、麻浩崖墓、乐山大佛、峨眉山古建筑群、犍为文庙、凌云寺灵宝塔、夹江千佛崖石窟、夹江"杨公阙"、沙湾郭沫若故居);国家水利风景区4个(犍为县桫椤湖、峨边彝族自治县大小杜鹃池、金口河区大瓦山五池、乐山市大渡河金口大峡谷);四川省水利风景区7个(犍为县桫椤湖水利风景区、铁山湖水利风景区、太平湖水利风景区、月咡湖水利风景区、峨边彝族自治县大小杜鹃池水利风景区、金口河区大渡河金口大峡谷水利风景区、大瓦山五池水利风景区)。

乐山依托得天独厚的旅游资源,现已创建国家A级旅游景区20家,其中5A级2家(峨眉山、乐山大佛),4A级8家(夹江天福茶园、乌木文化博览苑、峨眉山大佛禅院、峨边黑竹沟、东方佛都、郭沫若故居、峨眉山仙芝竹尖生态园、犍为嘉阳—桫椤湖),3A级5家(金鹰山庄、峨眉山竹叶青生态茗园、沐川竹海、犍为文庙、天工开物),2A级5家(大庙飞来殿、夹江千佛岩、犍为茉莉香都、西农精品农博园、五通桥木鱼人家)。全国农业旅游示范点2个(五通桥花木科技园、夹江天福茶园);全国工业旅游示范点1个(沙湾龚嘴水力发电总厂)。

(四)城市定位与空间布局

城市空间结构规划为"一核三城多组团",使乐山市从现有三江分割和片区组团零散、低效、产城分离的自然状态,变成多组团聚合产城片区,从而形成高效发展、特色发展、新区变新城的空间结构。"一核"是指乐山世界旅游目的地核心圈;"三城"是指由嘉州、苏稽、高新三片环三江聚合为乐山中心主城、五通桥循环经济产业新城、沙湾文旅融合生态新城;"多组团"是指多个景产城组团。

中心城区总体布局规划。乐山中心城区规划形成"7+11"功能空间，即规划 7 个城市职能空间和 11 个旅游职能空间。城市发展方向为：西进南拓、中心提升、优化西南、控制东部、完善北部。

第三节　川南创建省域副中心的城市

川南经济区以城镇和农业发展为主体，优化水资源调配，重点提升人口承载能力。推动宜宾、泸州、内江、自贡等中心城市和周边城镇空间一体化发展，整体打造川南城镇组群，实现南翼跨越发展。

一、宜宾市

宜宾，有"万里长江第一城、中国酒都、中国竹都"之称。地处云贵川三省结合部，金沙江、岷江、长江三江交汇处。宜宾拥有成都理工大学宜宾校区、四川轻化工大学宜宾校区、西华大学宜宾校区、宜宾学院、四川外国语大学成都学院宜宾校区、宜宾职业技术学院等高校。面积 13283 平方千米，辖 3 区、7 县。根据全国第七次人口普查数据，宜宾市常住人口为 458.88 万人。

(一) 经济优势

宜宾是国家确定的沿江城市带区域中心城市和金沙江水电滚动开发的依托城市，是中国优秀旅游城市、中国最佳文化生态旅游城市、全国性综合交通枢纽，是四川省委省政府确定的四川南向开放枢纽门户。2017 年 11 月，省自贸领导小组第二次全体会议审议通过《宜宾临港经济技术开发区参与川南临港片区协同改革工作计划》，以临港开发区为试点探索四川自贸协同改革。2018 年 7 月，省自贸领导小组第四次全体会议审议通过《中国(四川)自由贸易试验区协同改革先行区建设方案》，宜宾临港开发区成为全省首个协同改革先行区。通过复制推广自贸试验区制度创新经验，为国家经开区带来发展红利。功能定位为建设长江起点航运物流中心，全面建成长江起点门户、产业生态港城，成为宜宾乃至长江经济带上游区域经济、社会发展的重要增长极。大力发展智能终端、新能源汽车、轨道交通、新材料四大主导产业及以港航物流为主的现代服务业等"4+1"主导产业。[①] 这是全国第一个、也是全国仅有的两个自贸协同区之一，另一个是湖北荆州。2020 年 1 月，四川省科技厅、四川省发展和改革委员会批复支持宜宾等 6 个市开展省级创新型城市建设。2020 年 2 月 26 日，宜宾市"宜宾早茶"区域被认定为第三批中国特色农产品优势区。

从 GDP 规模看，宜宾市从 2015 年的 1525.90 亿元增长至 2020 年的 2802.12 亿元，增幅为 83.64%。宜宾市在川南经济区中，GDP 排名稳居第一。值得一提的是，从中华人民共和国成立初期到现阶段，四川只有两个城市的 GDP 占全省的比重是上升的，一个是成都，另一个就是宜宾；一个市（攀枝花）基本持平；其余市州所占比重全部是下降的。宜宾也是 7 个争创全省"经济副中心"城市中唯一近 60 年来比重提高的城市。

（二）区位与交通优势

一般认为，省域副中心距离主中心城市至少要有 250 千米，这样才能摆脱主中心的吸附，形成相对独立和稳定的辐射范围，而宜宾到成都的距离约 300 千米，非常合适。宜宾位于金沙江、岷江、长江三江交汇处，坐拥"三江六岸"，这种优越条件类似于美国的匹茨堡。匹兹堡坐落在阿勒格尼河、莫农加希拉河与俄亥俄河的交汇处，使它成为美国最大的内河港口之一。宜宾素有"长江第一城"之美称，自古以来就是南丝绸之路的重要驿站，沟通东西、连接南北物流、人流、资金流、信息流的战略转换要地，被誉为"西南半壁古戎州"。由于特殊的地理区位，宜宾成为国家"五纵七横"交通规划中南北干线与长江东西轴线的交汇点，是川滇黔结合部和攀西六盘水地区出入长江黄金水道、成渝经济区连接南贵昆经济区走向东南亚的重要门户，是国家规划的长江六大重要枢纽港之一。

宜宾交通方便快捷。宜宾配套衔接的铁路、公路、水运、航空、港口区域性综合交通枢纽逐渐形成，高效、便捷的集、疏、运物流体系日趋完善。铁路方面：途经宜宾的内昆铁路是四川至广西防城港的陆上最短出海通道；成都经宜宾到贵阳的成贵高铁建成后宜宾到成都和贵阳仅需 1 小时，到广州仅需 4 小时；未

---

① 宜宾自贸协同改革先行区简介［EB/OL］. 宜宾三江新区—宜宾临港经济开发区网，2021-01-18.

来宜宾将有 6 条重要铁路相互交汇，成为成渝经济区连接珠三角、走向东南亚的重要铁路次级枢纽。公路方面：市内"半小时核心圈""一小时经济圈"基本形成；宜宾至内江、宜宾至水富、宜宾至乐山已通车，宜宾至泸州至重庆高速公路正加快建设，宜宾至攀枝花、宜宾至叙永、宜宾至昭通高速公路项目正加快推进，未来宜宾通过公路可在 3 小时内直达成、渝、贵、昆等特大城市。水运方面：早在 2008 年，四川省政府就从全局出发，提出由宜宾、泸州、乐山共同组建四川港区。其中，宜宾港远期规划 500 万标箱，泸州港规划 200 万标箱，乐山港规划 100 万标箱。宜宾港已初步成为金沙江、岷江流域利用长江黄金水道"通江达海、物流全球"的重要港口。航空方面：宜宾民航机场航班每天可直达北京、上海、广州、深圳、昆明等城市，架起了与特大城市的空中走廊。宜宾 4D 级机场——五粮液机场迁建工程项目正快速推进，未来将全天候起降大中型客机，开通飞往东盟国家等国际航线。

(三)历史文化资源优势

宜宾文化底蕴深厚，有 2200 年建城史、4000 年酿酒史、3000 年种茶史，是国家历史文化名城。历代名人辈出，养育了李硕勋、赵一曼、阳翰笙、唐君毅、余泽鸿等无数革命先烈和文坛大师，积聚了多姿多彩的长江文化、酒文化、僰苗文化、哪吒文化、抗战文化、民俗风情文化。

宜宾城是祖国西南历史悠久的古城之一。宜宾文物众多，西汉墓葬、唐、宋、明、清遗址、建筑、器物、文献保存较丰。自古宜宾独擅区位优势，"负山濒江，地势险阻"，西汉时已是由京城通江达海的重要孔道，唐时"当舟车之冲"，宋代"勾连二江"，明、清"水陆交会"，辛亥革命时同盟会革命党人认为"吾川险要莫如宜宾"。护国战役期间，宜宾是反对复辟帝制、再造共和的突破口。从唐、宋至明、清，杜甫、岑参、苏轼、黄庭坚、陆游、杨慎、曹学佺、张问陶等数十位知名文人，留下了赞美宜宾的众多诗篇。

(四)城市定位与空间布局

根据《宜宾市城市总体规划(2013—2020)》，宜宾市中心城区将构建"一城四区、三江多组团"的组合型带状城市布局结构，发展方向的总体方针为"东进西优、南北贯通、集约高效、各有侧重"。"一城四区、三江多组团"具体为：三江主城，岷江新区，临港新区，金沙新区，南溪新区，李庄、李庄东特色组团，港东组团等。东进，重点沿长江北岸向东发展，长江南岸注重对历史文化与生态文明的整体性保护；西优，对西部城区尤其是传统城区的全面优化提升；南北贯通，强调南北贯通的联系，加强与区域腹地的对接，减少老城的向心性交通；集约高效，依托各组团的文化、产业、枢纽、生态等优势发展基础，充分挖掘土地潜力，提高综合利用效率，集约高效发展；各有侧重，针对带型发展，采取"同时发展、各有侧重"的方式，从空间上实现从单心辐射型向带状多组团开放型的发展转变。

二、泸州市

泸州，古称"江阳"，别称酒城。截至 2020 年 12 月底，全市乡镇政区 126 个，面积 12232.34 平方千米。根据第七次人口普查数据，泸州市常住人口为 425.41 万人。先后获得过联合国改善人居环境最佳范例奖（迪拜奖）、中国地级市民生发展 100 强、国家卫生城市、中国优秀旅游城市、国家森林城市、国家园林城市、全国文明城市、国家水生态文明城市等荣誉。

（一）经济优势

从 GDP 规模看，泸州市从 2015 年的 1353.41 亿元增长至 2020 年的 2157.22 亿元，增幅为 59.39%。泸州市在川南经济区中 GDP 排名稳居第二，仅次于宜宾市。产业转型升级成效明显，酒类产业营业收入突破 1000 亿元，现代服务业梯次发展，国家现代农业示范区带动效应明显。开放平台建设走在前列，中国（四川）自贸试验区川南临港片区运行良好，综合保税区、跨境电商综合试验区成功创建、加快发展，开放功能显著提升。泸州城市功能品质大幅提升。泸州是跨境电子商务综合试验区、国家重要的以名优酒为主体的食品工业基地、循环型化工基地、清洁能源生产基地、国家高性能液压件高新技术产业化基地、国家 9 大工程机械生产基地之一。

（二）区位与交通优势

泸州港是四川第一大港，近年来港口功能更加完善。综合交通枢纽加快构建，建成四川第三大航空港云龙机场。高速公路通车总里程 509 千米、居全省第 3 位，绵泸高铁内自泸段正线全面贯通，渝昆高铁开工建设。

《川南经济区"十四五"一体化发展规划》提出要充分发挥长江黄金水道优势，加强宜宾、泸州沿江协同发展，加快沿江高速公路、过江通道和集疏运体系建设，科学推进岸线开发和港口建设，推动宜宾港、泸州港资源深度融合、高效集约发展，完善铁公水空多式联运长效机制。

（三）历史文化资源优势

泸州是国家历史文化名城，具有两千多年历史文化。1983 年 3 月 3 日，国务院批复将地辖泸州市改为省辖市，原宜宾地区的泸县、纳溪、合江县划归泸州市。1985 年 6 月 4 日，国务院批准将宜宾地区的叙永、古蔺县划归泸州市管辖。1995 年 12 月 24 日，国务院批复泸州市中区更名为江阳区；设立泸州市纳溪区、龙马潭区。

泸州老窖酒酿制技艺、泸州雨坛彩龙、古蔺郎酒传统酿造技艺、分水油纸伞制作技艺、古蔺花灯技艺和合江县先市酱油酿造技艺先后入选国家级非物质文化遗产代表性项目名录。截至 2019 年 12 月，全市国家级非物质文化遗产项目 6 项，省级非物质文化遗产项目 51 项，市级非物质文化遗产项目 173 项。14 个"非遗"基地入选首批省级"非遗"项目体验基地。截至 2019 年年底，泸州市有国家级文物保护单位 22 处，省级文物保护单位 56 处，市级文物保护单位 111 处。

泸州历史源远流长，文化积淀深厚，民族风情浓郁，旅游资源富集，形成了以名酒文化、生态文化、红色文化、历史文化、长江文化为代表的五大特色旅游资源。全市有国家级旅游景区 34 家，国家级自然保护区 2 个，国家级森林公园 1 个，全国红色旅游经典景区 3 个。

（四）城市定位与空间布局

泸州，川渝滇黔结合部区域中心城市和成渝地区双城经济圈南翼中心城市、重要的商贸物流中心，长江上游重要的港口城市。按照"北进东拓、南连西延、中心复合、组团聚合，蓝绿交织、山水融城"的城市发展战略，拉伸城市发展骨架。以保障城市核心发展区域为重点，有序实施土地征收连片开发建设。高标准建设"两江新城"，打造公园城市样板区、国家新型城镇化示范区。高水平规划建设泸东新城，加快人口和产业聚集，构建"产城融合、职住平衡、生态宜居、交通便利"的"三生"融合发展格局，打造重庆都市圈"卫星城"。"两江新城"初具规模，老旧城区有机更新，城市基础设施和公共服务设施提档升级，成功创建全国文明城市。根据第七次人口普查数据，泸州市常住人口城镇化率为50.24%。

构建"一圈一廊三轴三区"空间总体格局，重构城镇发展区、农产品主产区、生态功能区三大空间格局。重点打造"泸州都市圈"，形成引领全市发展核心区。加快建设"泸渝发展综合走廊"，积极融入重庆都市圈。着力构建沿成自泸遵高速(城际)、川黔西部陆海新通道、宜叙古遵高速(铁路)三条重要发展轴线，形成北部都市网络化发展区、中部组群集合发展区、南部生态特色发展区。

第四节　川东北创建省域副中心的城市

川东北经济区统筹实现城镇、农业和生态功能的空间协同，加大水资源调配力度，合理提升人口和城镇规模。充分发挥南充、达州的集聚带动作用，推动川东北城镇群集聚推进，促进川东北与渝东北一体化发展，带动北翼振兴发展。

一、南充市

南充，又称"果城、绸都"，是川东北城市群重要节点城市、中国特色魅力城市200强之一。南充位于四川省东北部、嘉陵江中游，由于处在充国南部得名；管辖3个区(顺庆区、高坪区、嘉陵区)、5个县(营山县、西充县、南部县、蓬安县、仪陇县)、1个县级市(阆中市)；面积1.25万平方千米。根据第七次人口普查数据，南充市常住人口为560.76万人。

(一)经济优势

南充是国家重要的商品粮和农副产品生产基地、四川省石油天然气和能源化工基地、川东北区域科教文化中心、西部地区重要的交通枢纽城市，是川东北经济、物流、商贸和金融中心。从GDP规模看，泸州市从2015年的1516.20亿元增长至 2020 年的 2401.08 亿元,增幅为 58.36%。南充市在川东北经济区中 GDP 排名稳居第一。

产业发展突围战深入推进,"5+5"现代产业集群引爆,5 大千亿产业集群总产值由 2015 年的 2011 亿元提高到 2019 年的 3366 亿元,5 大百亿战略性新兴产业总产值由 2015 年的 142 亿元提高到 2019 年的 380 亿元,全市三次产业结构比由 2015 年的 23.3:42.1:34.6 优化为 2019 年的 17.4:40.4:42.2,产业结构实现"二三一"向"三二一"的重大转变。项目建设突围战深入推进,"5+100"重大板块工程项目加快实施,累计完成固定资产投资突破 1.5 万亿元,投资对经济增长的贡献率近 60%。

(二) 区位与交通优势

南充古有"西接蜀都、东向鄂楚、北引三秦、南联巴渝"之称,是川东北重要的交通枢纽、信息、科教、物流中心。境内成南高速、渝南高速、南广高速、广南高速与国道 212 线、318 线交会,达成铁路和即将通车的兰渝铁路纵贯南北,南充机场、绕城高速、嘉陵江南充港形成立体化交通网络,与成渝构成独特的"两小时经济圈"。

南充"十三五"时期交通优势明显提升,营达、遂西、绵西等高速公路建成通车,成达万、汉巴南"双铁路"建设加快推进,高坪国家开放口岸机场旅客吞吐量突破 100 万人次、阆中旅游目的地机场启动建设,高速公路通车里程居全省第 2 位、可通航水运里程居全省第 1 位、铁路通车里程居全省第 4 位,嘉陵江航道达到Ⅳ级通航标准。

(三) 历史文化资源优势

南充历史悠久,源自汉高祖公元前 202 年设立的西汉,至今已有 2220 多年。早在唐尧、虞舜之前便谓"果氏之国"。春秋以来历为都、州、郡、府、道之治所;中华人民共和国成立初期为川北行署区的驻地,胡耀邦同志曾任川北行署主任。南充是川陕革命根据地的重要组成部分,朱德元帅、罗瑞卿大将、民主革命家张澜以及共产主义战士张思德均诞生于此,有 5 万多英雄儿女参加红军。南充是三国文化和春节文化的发祥地,民风淳朴,民俗优雅,三国文化、丝绸文化、红色文化和嘉陵江文化交融生辉。川北大木偶、川北灯戏、川北剪纸、川北皮影饮誉中外，孕育了辞赋大家司马相如、史学大家陈寿、天文历法巨匠落下闳和忠义大将军纪信等众多历史名人。

环境优美，宜居宜游。隽秀嘉陵江婉约而至，悠悠西河如玉带穿织，山融于城，城融于水，山水人文和谐相融，现代山水田园城市特质明显。南充四季分明，气候宜人，环境优美，境内森林覆盖率41%，空气质量优良。南充位于嘉陵江生态旅游线和三国文化旅游线，风景名胜遍布，风光旖旎秀美，三国遗迹、古城风水、将帅故里、嘉陵风光魅力独具，拥有国家5A级风景区——阆中古城、朱德故里风景区。

(四)城市定位与空间布局

城市性质：川东北及成渝经济区北部区域中心城市；石油天然气化工与清洁能源基地；川东北区域产业聚集、科教文卫、商贸物流和金融中心，交通信息枢纽；嘉陵江畔生态、人文并蓄的山水田园城市。

形成"一心一带三轴"的城镇发展格局。"一心"指市域中心打造成渝经济区区域中心城市。"一带"，打造嘉陵江特色经济文化产业带。"三轴"，形成三条城镇发展轴线，即达成城镇发展轴、兰渝城镇发展轴、成巴城镇发展轴。

二、达州市

达州，古称"通州"，是川渝鄂陕结合部交通枢纽、文化商贸中心和生态宜居区域中心城市。下辖2个区、4个县、代管1个县级市，幅员面积1.66万平方千米。2020年全面建成"双130"城市(主城区面积达130平方千米，常住人口达130万人)。根据第七次人口普查数据，达州市常住人口为538.54万人。

(一)经济优势

从GDP规模看，达州市从2015年的1350.76亿元增长至2020年的2117.8亿元，增幅为56.79%。达州市在川东北经济区中GDP排名稳居第二，仅次于南充市。地区生产总值比"十三五"规划提前一年迈上2000亿元大台阶，地方一般公共预算收入超过100亿元。经济结构持续优化，现代产业体系加快构建，三次产业结构由 2015 年的 22.5∶39.1∶38.4 调整为 2020 年的 18.6∶34∶47.4。县域经济支撑有力，7 个县(市、区)经济总量全部跨入"百亿"行列。创新驱动战略深入实施，制度创新、机制创新、科技创新深入推进，科技对经济增长的贡献率达到 58%。

(二)区位与交通优势

达州是四川东出北上综合交通枢纽和川渝陕结合部区域中心城市。达州西至成都 420 千米，南至重庆 220 千米，北距西安 460 千米，东距武汉 950 千米。达州 200 千米交通圈覆盖四川巴中、广安、广元、南充、遂宁和陕西安康、汉中，辐射 2100 万人口。达州也是丝绸之路经济带、长江经济带和成渝、关中—天水、大武汉三大经济区的重要连接带，是四川对外开放的东大门和通江达海的东通道。

四川东出北上综合交通枢纽建设全面提速，成达万高铁开工建设，西渝高铁正式落地，秦巴(达州)国际铁路"无水港"加快建设。高速公路、快速通道连线成网，南大梁、营达、巴万高速建成通车。达州机场通航城市达 17 个，迁建机场即将建成，水利、能源、信息基础设施建设扩面升级。

(三)历史文化资源优势

达州有近 5000 年的考古史、2300 余年的建制史。历为该地区州、郡、府、县所在地，将建成全国巴文化高地，境内罗家坝遗址、城坝遗址是长江上游古代巴人和巴文化中心遗址的发源地。据《华阳国志·巴志》记载：巴国"东至鱼复，西至僰道，北接汉中，南极黔、涪"，大致相当于当今重庆、川东、陕南和鄂西一带，也就是说川东和重庆都属巴地区域，山水相连、血脉相亲。

在广袤的巴地上有着巴文化留存的丰富内容，如方言土语、巴山情歌、劳动号子、故事传说、民俗礼仪等体现着巴文化特征。这为作家、艺术家开展艺术创作提供了宝贵的文化资源和有益的艺术借鉴，并借助现代传媒技术，让巴文化真正鲜活起来。达州通过对具有巴文化元素的内容进行再度创作，推出一批文艺作品，不仅能够丰富群众文化生活，极大彰显巴文化独特魅力，而且还能发挥文化潜移默化的作用，将巴文化镌刻群众内心，提升文化认同感，起到凝心聚力作用。

（四）城市定位与空间布局

达州是国家规划定位的成渝经济圈、川东北城市群重要节点城市；中国西部天然气能源化工基地，是全国三大气田之一和国家"川气东送"的起点站；国家天然气综合开发利用示范区；国家重要能源资源战略基地。达州是人口大市、农业大市、资源富市、工业重镇；四川重点建设的百万人口区域中心城市；中国公路运输主枢纽和四川省区域性次级枢纽城市；商贸服务型国家物流枢纽承载城市、全国绿色货运配送示范工程创建城市。

达州作为全市和秦巴地区的中心城市，大力发展其服务于区域的综合化职能。建立适应达州工业发展的城镇体系，形成以达州城市为中心，"一核一圈两翼三轴"的城镇空间，积极发展宜汉、渠县、大竹、万源、开江五个中等城市，加快建设重点小城镇，强化一般城镇的辐射带动作用。"一圈"是指围绕达州城市半小时经济圈内的城市群，包括宜汉、开江和大竹。"两翼"是指达州城市外围两翼城市，包括渠县和万源。"三轴"是指重庆—大竹—达州—宜汉—万源—安康的区域城镇发展主轴线，巴中—达州—宜汉—万州的市域城镇发展次轴线，南充—渠县—大竹的市域城镇发展次轴线。

第十三章　省域副中心城市建设的国际借鉴

虽然"省域副中心城市"这一概念产生于中国，但国外有在省会(州府)之外加强省(州)范围内其他城市建设的做法，并在其中有意识地扶持和壮大新增长极或者分担部分省会(州府)的功能，其成功经验值得我们借鉴。

第一节　法国"副省会"建设

法国行政区划分为大区、省和市镇三级。划为本土 22 个大区、96 个省和 4 个海外省、4 个海外领地、2 个具有特殊地位的地方行政区。全国共有 3.6 万个市镇。在法国，有类似于我国的"省域副中心城市"。法语专门有一个词 sous-préfecture，就是"副省会"。很多省除了省会以外，还有一两个副省会，如位于北部皮卡第大区埃纳省的圣康坦，是该省的副省会，蒂耶里堡也是该省的副省会；阿布维尔是皮卡第大区索姆省的副省会；图勒是东北部洛林大区默尔特-摩泽尔省的副省会；凡尔登是洛林大区默兹省的副省会；沙泰勒罗是普瓦图-夏朗德大区维埃纳省的副省会；多勒是弗朗什孔泰大区汝拉省的副省会，等等。据了解，一个省最多有三个副省会，一般离省会较远，主要是分担省会部分行政职能。设有一个 sous-préfet(可译为汉语"区长")和秘书长。sous-préfet 是省长在这一区域里的代表。

这里以皮卡第大区埃纳省为例。该省是法国的第 02 省(按书写字母排序)，位于法国北部，它因流经的同名河流而得名，面积 7369 平方千米(2845 平方英里)，人口约 54 万人。由原法兰西岛(Ile de France)省、皮卡第(Picardy)省、香槟(Champagne)省部分地区组成。自然条件适宜，南部和西部有富庶的产粮区。东北部有乳品业。甜菜糖加工为本省重要行业。开采石膏、建筑石料和黏土。一些城镇生产丝、棉、毛织品。保存有中世纪教堂和古城堡。省会拉昂(Laon)历史上曾因是重要的战略位置而修筑工事,如今是当地重要的经济和文化中心。其在中国比较有名的就是"拉昂城堡干红葡萄酒"。拉昂旅游业比较发达。城内拥有众多中世纪时期的建筑,包括可追溯至十二三世纪时期的拉昂圣母院大教堂,宏伟的修道院收藏有13世纪初期的建筑标本,一座两层高的老教堂以及哥特式风格的修道院都完好地保存下来,较为全面地反映了拉昂曾经光辉的历史以及当时欧洲规模宏大的建筑风格。源于12世纪中期的圣马丁教堂、陈列着古老雕塑和精美绘画的拉昂博物馆以及火车站附近可追溯至十一二世纪的郊区教堂都是备受游客欢迎的景点。

据了解,埃纳省设有两个副省会。一个是圣康坦。它是该省人口最多的城市。圣康坦是以3世纪时殉教的教徒圣康坦命名的,12世纪时成为法国的直辖领地,有着重要的战略位置。圣康坦有着悠久的历史和浓郁的艺术文化气息,以数量众多的历史古迹和丰富的文化活动吸引着各地的游客,如收藏60多万只昆虫的蝴蝶博物馆、拥有最丰富的莫里斯·康坦·德·拉图尔绘画的博物馆。圣康坦的旅游非常发达,是一些中国游客的"打卡"地,也是第一次世界大战时中国劳工聚集较多的城市。2018年11月27日,为纪念第一次世界大战期间到法国参战的中国劳工,延续中法友谊,由著名造型艺术家、北京金台艺术馆馆长袁熙坤应邀创作的《凝固的汗水 永恒的记忆》第一次世界大战期间中国劳工雕塑在法国圣康坦市伊斯丽公园揭幕。中国人民对外友好协会副会长宋敬武、雕塑创作者袁熙坤、中国驻法国领事部参赞高萍、法国上法兰西大区议会主席克扎维埃·贝特朗、埃纳省省长巴斯里埃、圣康坦市市长马嘉蕾、圣康坦市副市长阿莱克斯·格朗单及圣康坦城市联合体多位市长及市议员出席了雕塑揭幕仪式。

蒂耶里堡也是皮卡第大区埃纳省的副省会,位于马恩河河畔、巴黎东北偏东约90千米。它有很深厚的历史文化底蕴,也是著名的旅游胜地。法国著名诗人让·德·拉封丹就生于此地。蒂耶里堡曾历经战争,因而有丰富的历史遗迹。中世纪城堡与城墙、美国士兵纪念碑、15世纪圣克雷潘教堂(Saint-Crépin Church)和新教教堂都是不可错过的景点。此外,可以参观各类展览和文化活动,参观随着季节变换的葡萄园和品尝美味的葡萄酒,或沿着静静流淌的马恩河漫步和欣赏静谧的田园风光,探寻第一次世界大战时蒂耶里堡战役战场。

随着现代交通通信的日益发达，一些边远地区人口向大都市集中，因此这类地区的少数副省会出现了撤并的现象。原承担的事务划归省会处理，或者交由邻近的副省会接管。

与我国"省域副中心城市"相比，法国副省会职能比较单一，它没有带动区域经济发展的职能，主要是方便居民和市场主体办事，而我国"省域副中心城市"则被赋予了"区域经济增长极"的重任。不过，我国"省域副中心城市"能否借鉴法国副省会的做法，分担一部分职能，特别是一些社会服务职能能否向"省域副中心城市"疏解一部分？这些问题值得研究。

第二节　德国中心城市布局

德国没有设"副省会"，但注意避免"一市独大"，注重多中心城市布局，这仍然值得我国在布局"省域副中心城市"时参考。

德国生产力布局较为均衡，呈现"大分散、小集中"的特点。德国没有像伦敦、巴黎那样的特大城市，而多中小城市。在全国超过 10 万人的 81 个城市中，百万人口以上的特大城市仅柏林、汉堡、慕尼黑和科隆 4 个城市，50 万～100 万人口的城市仅 10 个(埃森、法兰克福、多特蒙德、杜塞尔多夫、斯图加特、莱比锡、杜伊斯堡、不来梅、汉诺威和德累斯顿)，其余均为人口 10 万～50 万的城市，遍布全国各地。

德国人口分布比较均匀，除柏林、汉堡、不来梅 3 个城市州人口密度较高外(分别为 3862 人/平方千米、2088 人/平方千米和 1627 人/平方千米)，其余 13 个州中人口密度最大的北莱茵—威斯特法伦州为 489 人/平方千米，最小的梅克伦堡—前波莫瑞州人口密度为 79.8 人/平方千米，二者仅相差约 5 倍，而法国人口密度最大的省与最小的省，人口密度可相差 500 多倍。德国各州人口在全国的比重与各州从业人口在全国的比重大体相当，二者相差在 1.5% 以内。如斯图加特所在的巴登—符腾堡州人口占西部人口的 14.86%，而从业人口占西部从业人口的 16.15%，仅高出 1.29 个百分点。德国重要的工业区鲁尔区在全国经济中的地位逐步下降，而原来较落后的南部地区在全国的经济地位逐步提高。

形成此种布局特点的原因是多方面的：第一，德国的自然条件较为均匀，没有高寒、酷热、干燥的恶劣条件区，均适宜人类的生产活动。第二，自古以来德国就是欧洲东西、南北的交通十字路口，人员往来频繁，交通和商业也较发达，特别是莱茵河、多瑙河、易北河等稠密的河网两岸人口较多，联系方便，生产发达。第三，在长期的历史发展中，德国处于封建割据局面，各个邦国各自为政，多形成了各自的经济中心。原联邦德国各州在预算上是自主、相互独立的，各州有自己发展经济的规划和措施。第四，各地区充分利用自己的有利条件，发展各具特色的工业。如下萨克森州东部有铁矿、钾盐、石油等资源和方便的交通条件，在萨尔茨吉特建立了钢铁工业，其附近的沃尔夫斯堡建立了汽车工业，在汉诺威（下萨克森州首府）建立了汽车、炼油、橡胶、机械制造、电子等工业，在不伦瑞克发展了电子、光学仪器等工业，形成了德国北部的汉诺威—沃尔夫斯堡—萨尔茨吉特三角工业区。第五，德国政府注意分散设置第三产业和政府机构，如原联邦德国首都波恩现在仍然是一个政治中心，驻有 6 个联邦部门（包括国际部），其他政府部门也在此留有办事机构；此外，联合国设有 13 个驻波恩机构。该市面积 3/4 是森林、绿地，保留着古老的田园风光，工业部门很少。科隆为全国金融中心之一，保险业的集中地；杜塞尔多夫为全国垄断资本管理机构和批发商集中的中心之一；法兰克福为银行及航空中心，大银行总部所在地；汉堡为全国重要的出版、文化、教育中心，同时也是金融中心。第六，德国有大批具有活力的中、小企业，其生产灵活，利于吸收各种劳力，而且也宜分散分布。第七，发达和现代化的交通运输业为德国较均衡的生产布局提供了可能性。①

以上讲的是城市在全国均衡布局，避免首位度畸高。而在一州之内，德国人也注意均衡，发展多个中心城市。如位于德国东南部的巴伐利亚州（来自其拉丁文名称 Bavaria 的音译），又称拜恩自由州（德语：Freistaat Bayern），是德国面积最大的联邦州，有 70549.44 平方千米；是人口第二大州，有 1250 万人。州府是慕尼黑，是其最大城市；北部纽伦堡为州第二大城市，北拜恩的最大城市；第三大城市是西南部的奥格斯堡。巴伐利亚州的公共服务很注意区域均衡，如大学的分布。州府有全国排名第二、第三的慕尼黑大学、慕尼黑工业大学，纽伦堡有排名第 20 位的埃尔朗根-纽伦堡大学，作为一所历史悠久的国立研究型大学，其大

---

①　陈才. 世界经济地理. 北京：北京师范大学出版社，1999：222.

学医学院为最出色的院系之一，临床、教学以及科研领域均在国际上享有盛誉。慕尼黑有世界知名的啤酒产业，是世界著名大企业集团西门子公司的诞生地；埃尔朗根-纽伦堡大学的教学与研究规模和影响力远远超出了该地区，长期以来吸引大量公司机构在此设立研究部门或研发总部，极高的科研潜力使之成为经济和文化的强有力的合作伙伴，每年8亿欧元的产出量使埃尔朗根-纽伦堡大学成为一个重要的区域经济因素。它曾经是德意志的玩具制造中心，被称作是欧洲的"玩具都城"，目前市内仍有别具特色的玩具博物馆，而每年在此地举办的纽伦堡国际玩具展，也是玩具产业最重要的商展之一。纽伦堡有两座姊妹城市——菲尔特和埃尔朗根。从菲尔特到纽伦堡的铁路是德国历史上第一段铁路，就此掀开了德国工业化的篇章，成为德国工业化的起点。

国际物流也是纽伦堡的重要产业，并与中国城市有密切联系。除香港、广州与纽伦堡有海运业务外，成都、重庆、郑州的中欧班列同样看好纽伦堡铁路和多式联运网络。纽伦堡内河港已呈现物流产业集聚效应，这是DBO Bahnoperator GmbH(德国班列运营有限公司)投资纽伦堡并在码头港区设立办公室的重要原因。

埃尔朗根-纽伦堡大学的得名，是因为它既在埃尔朗根办学，也在纽伦堡办学。埃尔朗根人口10.63万人，位于巴伐利亚州北部弗兰肯地区的大纽伦堡地区。距离纽伦堡只有15分钟火车车程，也有公交车来往于两座城市。它和纽伦堡、菲尔特组成三姊妹城市。埃尔朗根致力于医药研发及医学研究，并正在建设成为联邦医药之都。市内有著名的大学医学院、20余所医院、各类医学科研中心以及制药公司。历史悠久的著名大学埃尔朗根-纽伦堡大学和西门子三大研发总部之一便坐落于此，城市里随处可见埃尔朗根-纽伦堡大学和西门子总部建筑。除了著名的跨国公司西门子、西诺德，牙科的前身西门子牙科公司也起源于埃尔朗根。1887年，埃尔朗根的宫廷牙医Schneider博士以及RGS的精密工程师William Niendorff开发研制出首部电动牙钻。每逢5月，无数游客从全国各地赶来，庆祝始于1755年属于埃尔朗根自己的啤酒节Bergkirchweih。这里酒窖的啤酒相当受德国人欢迎，其狂欢程度不亚于慕尼黑啤酒节。

纽伦堡与它的两座姊妹城市菲尔特和埃尔朗根相邻极近，城区相连，常被称作"大纽伦堡地区"。笔者认为，酒泉—嘉峪关联合都市区有点"大纽伦堡地区"

的味道。或者反过来说，埃尔朗根-纽伦堡有一点我国酒泉—嘉峪关联合省域副中心城市的味道。

第三节　美国各州经济主中心与政治中心分设

到 18 世纪末，西班牙传教士逐渐开始在西属加利福尼亚北部广博的土地上建立起定居点。当墨西哥从西班牙独立后，这些传教士定居点也成了墨西哥政府的财产，但是很快就被遗弃。西班牙帝国在北美洲西北部的领土被命名为"加利福尼亚"。1847 年的美墨战争后，这片领土由美国和墨西哥分割。墨西哥所得到的那部分领土后来成了下加利福尼亚(Baja California)，而美国所获得的上加利福尼亚则在 1850 年正式加入联邦，成为今天的加利福尼亚州。州府现为萨克拉门托，但不是经济中心，甚至也不是经济副中心。其经济中心是洛杉矶，副中心是圣迭戈、圣何塞和旧金山。加利福尼亚州城市地图见图 13-1。

加州经济主中心城市洛杉矶(LA)。洛杉矶是位于美国西岸加州南部的城市，按照人口排名，洛杉矶是加州的第一大城，也是美国的第二大城，仅次于纽约。洛杉矶是全世界的文化、科学、技术、国际贸易和高等教育中心之一，还拥有世界知名的各种专业与文化领域的机构。该市及紧邻的区域，在大众娱乐——诸如电影、电视、音乐方面构成了洛杉矶的国际声誉和全球地位的基础，闻名世界的好莱坞就位于该市。20 世纪 20 年代，电影业和航空工业都聚集在洛杉矶，促进了该市进一步的发展。现在的洛杉矶，已成为美国石油化工、海洋、航天工业和电子业的最大基地。近年来，洛杉矶的金融业和商业也迅速发展，数百家银行在洛杉矶设有办事处，包括许多著名的国际大财团，如洛克希德、诺思罗普、罗克韦尔等，洛杉矶已成为美国仅次于纽约的金融中心。

辐射南加州的经济副中心城市圣迭戈(SD)。圣迭戈(San Diego)是美国加利福尼亚州的一个太平洋沿岸城市。位于美国本土的极端西南角，以温暖的气候和多处的沙滩著名。在 2006 年的人口普查时圣迭戈市的人口为 125.70 万人，在人口上是加州的第二大城，美国的第八大城。同时也是圣迭戈县的首府和圣迭戈-卡尔斯巴德-圣马科斯都市圈的经济中心。全市政府雇员约占职工总数的 1/4，其中大多数在军事基地工作。导弹和飞机制造两大工业部门，拥有全市职工总数的

图 13-1 加利福尼亚州城市地图

1/4，在城市经济中占重要地位。电子和造船工业发展迅速，已具相当规模。圣迭戈通信工业发达，CDMA 的创始者通信巨头高通公司总部位于此。另外，第二大 CDMA 芯片厂商 VIA 的研发中心也设于此。圣迭戈市的生物制药工业也很发达。圣迭戈港口是美国重要的港口之一，每天都有游轮停靠或驶离圣迭戈港。而且圣迭戈还是美国西海岸最大造船商——美国通用动力国家钢铁造船公司（NASSCO）的总部所在地。圣迭戈市还被誉为"美国运动之城"，有许多著名的运动员和球队，主要体育运动有足球、冰球、棒球、篮球、橄榄球、网球、滑雪、钓鱼、高尔夫球，还有赛车、赛马、登山、滑水等活动。

　　辐射北加州的经济副中心城市圣何塞—旧金山。由于圣何塞与旧金山相距很近，故可将两者作为一个整体视为加州的另一大经济副中心。其中圣何塞（San José），是美国加州旧金山湾区的一个城市，位于旧金山湾区南部、圣塔克拉拉县和非正式地理名称硅谷境内，往北 50 英里到旧金山，往南 390 英里到洛杉矶。圣何塞是加州的第三大城，人口仅次于洛杉矶市和圣迭戈市，并且在 2005 年超越底特律市成为美国的第十城。从西班牙殖民开始，在 150 多年时间里，圣何塞一直作为加州的农业中心，随着高科技公司在 20 世纪 80 年代和 90 年代创立于或移入圣何塞，逐渐成为硅谷的商业和研发中心，也开始有了"硅谷首都"之称。圣何塞很好地驾驭了个人电脑、互联网与生物技术的创新浪潮和产业发展，经济上迅速腾飞，发展成为在美国举足轻重的重要新兴城市之一。"硅谷"以附近一些具有雄厚科研力量的世界知名大学斯坦福、伯克利和加州理工等为依托，以高技术的中小公司群为基础，并拥有思科、英特尔、惠普、朗讯、苹果等大公司，融科学、技术、生产为一体。目前它已有大小电子工业公司 10000 家以上，所产半导体集成电路和电子计算机约占全美的1/3和1/6。现在硅谷已成为世界各国半导体工业聚集区的代名词。

圣何塞坚持高科技立市，其企业和个人拥有的专利超过了同州的大城市洛杉矶与圣迭戈之和。在圣何塞市，各类高科技公司达 7300 家，集中在半导体、计算机、网络、软件、信息服务和生物医药学等最新的技术领域，是世界上最大的高新技术知识集聚地。世界上许多著名的高新技术公司，如 Adobe、Cisco、eBay 等都将总部设在该市。这些公司聘用的员工超过 30 万人，约占该市人口的1/3，被美国的新闻媒体评为高科技城。近几十年来，圣何塞市对来自世界各地的高素质人才敞开怀抱接纳，其1/3 的居民出生于美国之外，文化的多样性迸发出持久的创造活力。目前，硅谷有上千个科学院与工程院院士，有 40 多位诺贝尔奖获得者，占世界诺贝尔奖获得者总数的近1/4。该地区有 20 万名大学毕业生；有 6000 多名博士，占加州博士总数的1/6，这些人才大部分是由硅谷内的大学培养出来的。硅谷中32%的科学家和工程师是外来移民。其中2/3 来自亚洲，而华人占 51%，印度人占 23%。当地技术专家提到硅谷"建立在 IC 技术之上"时，IC 不是集成电路的缩写，而是印度人（Indian）和中国人（Chinese）的缩写，印度人擅长软件，而中国人则精于硬件的设计与整合。目前在圣何塞市经营的公司中，80%以上的公司原创地不是圣何塞，而是在其他地方创办后，被圣何塞吸引过来的。

上百家世界知名的大公司，如 IBM、Acer、富士通、日立、Infineon、三星、西门子、索尼电子都在圣何塞市设立了分公司或研发中心。

旧金山(SF)，又称"圣弗朗西斯科""三藩市"，北加州太平洋岸海港、工商业大城市。工业发达，主要有飞机、火箭部件、金属加工、造船、仪表、电子设备、食品、石油加工、化学、印刷等部门。全市人口 80 多万人，其中华人 25 万，市区面积 119 平方千米，包括大市区面积 7475 平方千米。旧金山的经济以服务业为主，金融业和国际贸易也很发达，约占市区就业人口的一半以上，工业仅占 15%。城市的批发、零售商有 26000 多家。旧金山为美国西部的金融中心，有 40 家银行及其 147 家分行。它还是太平洋岸证券交易所和美国最大的银行之一美洲银行的总部所在地。旧金山的工业以传统的服装、食品、印刷为主。新兴的宇航、汽车装配、电子、炼油等工业部门近年也有了较大的发展。此外，旧金山的城郊农业也十分发达，盛产蔬菜和亚热带水果，还是重要的花卉产区。

第四节 荷兰兰斯塔德地区的"城市圈"

兰斯塔德(Randstad)地区，是阿姆斯特丹、海牙、鹿特丹、乌得勒支等城市和史基浦(Schiphol)机场以及世界上最大的海港鹿特丹港等交通设施组成的环形地带(rand 在荷兰语中就是"环"的意思)。兰斯塔德地区拥有 720 万人口，占荷兰总人口的 46%。1990 年，荷兰的政府政策科学委员会建议建立一个地区性的公共组织，这个被称为"兰斯塔德地区局"的机构包括兰斯塔德地区所有的省和主要城市。"兰斯塔德地区局"的主要目的是提高整个地区的生活和环境质量，以及增强地区的竞争力。兰斯塔德地区位于西北欧与大西洋的交汇处，具有很高的地缘战略价值。正因如此，兰斯塔德地区的主要城市在过去的几个世纪里一直在全球贸易中扮演了重要的角色。尽管如此，每一个单独的城市并不具备欧洲或是世界范围的竞争力。因此，建立一个统一的、高效率的大都市系统，使系统中的每一个城市都能从地区性的功能分工中获益就变得势在必行。荷兰第四次国土规划将兰斯塔德地区作为一个整体来宣传，提出了"兰斯塔德是一个世界城市"的口号，重点建设阿姆斯特丹、海牙、鹿特丹、乌得勒支 4 大中心城市和一个世界第一大海港和欧洲主要航空港。

在四大中心城市中阿姆斯特丹是主中心城市，海牙、鹿特丹、乌得勒支可以被认为是副中心城市。兰斯塔德作为一个理想大城市的例子，其特点主要是中心城市有较好的分工。大城市中心的传统政治经济职能，如政府、贸易、金融职能以及随之而来的文化教育、工业与零售商业的发展，不是集中在一个中心，而是分散在地理位置相邻的几个中心。城市职能分工也值得借鉴，其行政职能在海牙；港口、批发职能和相关的重工业在鹿特丹，金融职能、文化、零售商业职能以及门类较多的港口工业则在阿姆斯特丹，科研在乌得勒支。而且正是由于这种基本分工，大量轻型加工工业没有在一个城市周围杂乱无章地发展，而是大部分安排在与四大城市互相分开而又易于到达的许多城镇里。兰斯塔德地区示意图见图 13-2。

图 13-2　兰斯塔德地区示意图

阿姆斯特丹(Amsterdam)位于艾瑟尔湖西南岸，是荷兰王国的首都，荷兰最大的城市和第二大港口，人口约 78 万。阿姆斯特丹是一座奇特的城市。全市共有 160 多条大小水道，由 1000 余座桥梁相连。阿姆斯特尔河从市内流过，从而使该城市成为欧洲内陆水运的交汇点。漫游城中，桥梁交错，河渠纵横。从空中鸟瞰，波光如缎，状似蛛网。市内地势低于海平面 1~5 米，被称为"北方威尼斯"。由于地少人多，河面上泊有近 2 万家"船屋"。"丹"，在荷兰语中是水坝的意思。是荷兰人筑起的水坝使 700 年前的一个渔村逐步发展成为今天的国际大都市。16 世纪末，阿姆斯特丹已成为重要的港口和贸易都市，并曾于 17 世纪一度成为世界金融、贸易、文化中心。1806 年，荷兰将首都迁到阿姆斯特丹，但王室、议会、首相府、中央各部和外交使团仍留在海牙。阿姆斯特丹是荷兰最大的工业城市和经济中心，拥有 7700 余家工业企业，工业用钻石产量占世界总量的 80%。此外，阿姆斯特丹还拥有世界上最古老的证券交易所。阿姆斯特丹是荷兰第二大港。港口完全实现了现代化。港内外交通运输十分发达。鲜花是荷兰重要的出口商品，位于阿姆斯特丹西南郊的阿斯梅尔花卉市场是世界上最大的花市，花卉销往 100 多个国家。阿姆斯特丹人居水上，水入城中，人水相依，景自天成。独特的景观使阿姆斯特丹的旅游业十分发达。

海牙(Den Haag)是荷兰第三大城市，排在阿姆斯特丹和鹿特丹之后，人口约 48.8 万人(大海牙地区约 70 万人)，面积 98 平方千米。海牙位于西荷兰的南荷兰省，同时也是该省省会。虽然海牙并不是荷兰的首都(因荷兰宪法规定首都是阿姆斯特丹)，但它是荷兰中央政府所在地，而且国王居住在海牙并于此办公。所有的政府机关与外国使馆都位于此，另外最高法院和许多组织也在此办公，例如荷兰城市自治协会 VNG。海牙于 1248 年由当时的荷兰伯爵、德意志国王、神圣罗马帝国皇储威廉二世所建立。他在荷兰海岸旁的树丛里建立了一座城堡，以便举行加冕典礼。在他加冕之前，他在一场战役中阵亡，而那座城堡并未完工，但城堡的一部分至今仍然存在，被称作 Ridderzaal(骑士馆)。"骑士馆"仍然会用于政治场合。例如皇室的年度演讲就是在城堡的王位上发表。之后，荷兰的贵族就以海牙作为他们的行政中心。海牙的荷兰语本名"Des Graven Hage"在字面上的意思是"伯爵的树篱"或是"伯爵的私人围场"。当时荷兰一些有影响力的城市，如莱顿、台夫特及多尔德雷赫特，因当时的海牙规模小且影响力低，否决了以海牙作为行政中心的方案。这政策从未改变，因此海牙直到今天仍然是无首都之名的政府中心。海牙有两个火车站位处市中心连接欧洲各个主要城市，包括法国的巴黎和比利时的布鲁塞尔，一般车程一小时左右。海牙本身没有机场，要到最接近的鹿特丹乘飞机，现时有四条火车线接驳至鹿特丹机场。海牙有高速公路连接荷兰各省份，网络可伸延至邻近的德国和比利时。

鹿特丹（Rotterdam）是荷兰人口第二大城市和最大的工业城市，是重要的海陆空交通枢纽、商业和金融中心，位于欧洲莱茵河与马斯河汇合处。鹿特丹的名字来自一条小河鹿特河和荷兰语 Dam（坝）。鹿特丹是连接欧、美、亚、非、澳五大洲的重要港口，素有"欧洲门户"之称。城市市区面积 200 多平方千米，港区100 多平方千米。市区人口 59 万人，包括周围卫星城共有 100 多万人。它是欧洲最大的海港，曾是世界上最大的海港。整座城市展布在马斯河两岸，距北海约25 千米，有新水道与北海相连。港区水域深广，内河航船可通行无阻，外港深水码头可停泊巨型货轮和超级油轮。每年，鹿特丹港有约 3 万艘次来自世界各国的船舶泊靠，500 多个定期航班驶往全球 1000 多个港口。鹿特丹城市经济的发展充分运用了临近鹿特丹港口的优势，在港区内实行"比自由港还自由"的政策，大力发展临港工业、造船业、石油加工、机械制造、制糖和食品工业。而阿姆斯特丹是重要的商业与文化中心，重点发展服务业。鹿特丹港作为欧洲油气管道运输网的起点枢纽，积极与周边地区联手打造产业带，在"莱茵梦地工业区"建设中发挥了区域经济中心的作用，对周边地区的带动作用较强。这一产业带西起北海沿马斯河向东延伸到多德雷赫特市，形成了一条绵延 50 千米的沿河石化工业带，主要生产合成橡胶、人造树脂、化纤原料、塑料、农药、化肥、油漆、颜料，以及日用精细化工产品。发展临港工业，实现港口产业多元化、集群化和融合化，是鹿特丹也是兰斯塔德各大型港口产业发展的一个重要趋势。鹿特丹港的年吞吐量有 3 亿多吨，港区拥有石油加工能力 6500 万吨，同时它又是欧洲最大的汽车拼装和销售中心之一。港区还拥有专业的橙汁码头和灌装中心，年吞吐量20 万吨，每年还装卸 70 万吨水果，供应西欧全年的水果市场。与邻近的阿姆斯特丹和海牙在产业上相互融合和配套，从而形成多元化、融合化的格局。

乌得勒支（Utlecht）是荷兰中部城市，乌得勒支省的省会，人口 31 万人，是荷兰第四大城市，阿姆斯特丹-莱茵运河沿岸的重要港口，是荷兰水运中心和铁路枢纽。其工业有钢铁、机械、电器、纺织、金属加工等。它是国际工业博览会所在地，贸易和文化中心。有古老的大教堂、大学（建于 1636 年）、天文台和博物馆。1843 年，连接阿姆斯特丹和乌得勒支的铁路通车，乌得勒支逐渐成为荷兰铁路网的枢纽。随着工业革命在荷兰的开展，城市也迅猛地扩张起来。20 世纪 20 年代到 30 年代，新兴中产阶级居民区不断拓展。乌得勒支市成为荷兰铁路系统网络的中心和国际铁路旅行的交集点，通过高速列车连接着许多重要的欧洲商业中心。世界第四大繁忙空港史基浦国际机场距离这里仅有 1.5 小时的车程，而通往大多数欧洲目的地的空中航程也在 2 个小时之内。

兰斯塔德地区举世闻名的是其紧凑的城市结构（骑车或坐有轨电车就可以到达火车站）、铁路系统和城市发展的有机结合以及独特的形状，尤其是兰斯塔德地区的绿色心脏地带，使地区内各主要城市的居民都能随时接近绿色空间和水域（除乌得勒支外，其余城市均为沿海城市）。和其他许多中等或高度发达国家的都市政府一样，"兰斯塔德地区局"采取一项"城市中心（兰斯塔德中心）改进计划"来不断巩固其主要城市节点。根据规划，2010—2030 年，兰斯塔德地区建成区内将增加大约 44 万个居住单元。"兰斯塔德地区局"将继续推广紧凑型的增长模式，通过高质量的设计来增加该地区的竞争力。为此，中央政府将通过和"兰斯塔德地区局"的合作，在划分新区建设用地上发挥重要作用。鉴于兰斯塔德地区位于三角洲地带，大部分土地均来自围海造地，因此，水资源规划处于优先位置。"兰斯塔德地区局"在整个地区建设了绿色和蓝色走廊，使居民和游客能够在这个拥有 700 多万人口的多节点城市自由通行时感觉仿佛是生活在乡村田园。

第五节 日本首都圈副都心与新都心

东京都市圈在日本也称"首都圈"，是指东京都、埼玉县、千叶县和神奈川县这"一都三县"，其人口接近 4000 万人，是世界人口最多的都市圈。由于城市功能过去主要集中在中心区，东京曾面临交通拥堵常态化的问题，其通勤过程被称为"地狱"模式。

1958 年，东京都人口接近 900 万人，且仍在持续膨胀，"大城市病"开始显性化，恶性交通堵塞呈常态，"通勤地狱"令上班族苦不堪言。于是，东京都以都心的功能分散为目的，指定池袋、新宿和涩谷 3 个地区为"三大副都心"，并着手大规模建设。1982 年，为了促进东京的城市均衡发展，又确立了上野·浅草、锦系町·龟户和大崎三个副都心；到 1995 年，政府又追加了临海副都心。这样，为了分散"都心"的功能，东京先后建立了 7 个"副都心"。总的来看，7 个"副都心"实际上都是在东京郊区，相当于我国的"城市副中心"，与"副中心城市"不是一回事，在此不做过多介绍。

由于 7 个"副都心"在 20 世纪七八十年代已开发成熟，热闹非凡，导致了东京城区不断"摊大饼"，未能完全达到最初的目的，于是日本政府又着手建设了"横滨 21 世纪未来港"、幕张、埼玉等三大"新都心"，它们都是在东京外部，与我国"副中心城市"意义比较接近。这些新都心利用原来的工厂旧址或者填海造地搞开发，吸引了不少大企业总部入驻。其中较为成功的就是"埼玉新都心"，它分担了东京的部分行政功能。经过 10 年建设，2000 年 2 月，位于东京的办公机构开始向这里搬迁。进驻这里的行政部门包括法务省、厚生劳动省、防卫省等几乎所有中央省厅的关东地区派驻机构。①

东京除建设 7 个"副都心"、3 个"新都心"外，还选择将部分非首都功能疏散到地方上去。其中一个做法就是将部分国立研究机构转移出去，最典型的案例是建设"筑波科学城"。

筑波科学城，日本科学研究中心，坐落在离日本东京东北约 60 千米的筑波山麓，距东京成田国际机场约 40 千米，由茨城县筑波町、大穗町、丰里町、谷田部町、樱村町和茎崎町 6 村町组成，总面积 284.07 平方千米。1968 年开始动工，耗资 50 亿美元，到 1982 年已拥有 10 个省、厅的 43 个国家研究所、2 家私人研究所和筑波大学等 2 所大学，约有 1.1 万名研究人员、专家和后勤人员，再加上附属人员，从事科学研究的总人数已达 2.2 万人。著名的筑波大学，就是东京教育大学 1973 年迁到筑波后更名的，现在是日本著名的国立大学。如今，这座人口 20 多万的小城是日本国内研究机构和人才最为密集的地区，集中了日本 30% 的国家级研究机构，曾涌现出 4 名诺贝尔奖获得者。民间企业开始大量进驻筑波并兴建工业园区，促进了筑波市的繁荣。2004 年 6 月 9 日，筑波市与我国广

---

① 张青. 盘点各国如何为首都"减负"：东京设 7 个副都心［EB/OL］. 新华网，2014-04-15.

东省深圳市结为友好城市。

相对于"新都心"，筑波市距离东京更远一些，独立性更强一些，对我国"省域副中心城市"布局和建设的参考意义也更大一些。

第六节　韩国的"新城市"发展

韩国位于亚洲大陆东北朝鲜半岛的南半部。与中国和其他许多国家相比，韩国很小，国土面积只有 9.96 万平方千米，总人口只有 4800 万人。就是这样一个土地狭小，人口也不是很多的国度，却有着人口上千万的城市——首都首尔。首尔在 20 世纪 60 年代人口还只有 244.5 万人，到 20 世纪 90 年代人口猛增到 1060 万人，到 2008 年年底首尔大都市地区（包括富川、安养、仁川、城南）人口达到 2390 万人，居世界超大城市第二位，仅次于东京。而且这种膨胀势头仍然没有很好地遏制，2010 年年底人口更是达到 2450 万人。首尔的快速增长既带动了整个韩国的工业化进程，也带来了住房短缺、交通拥挤、地价房价飞速上涨、环境污染、城市生活舒适程度下降以及地区间贫富差距加大等问题。韩国政府自 20 世纪 60 年代以来就通过规划和政策促进"新城市"建设。其目的，一是解决首都城市问题，二是促进地方经济社会发展。

一、为解决首都城市问题而建设的新城市

韩国政府认为城市的生产部门和政教机构是首尔市吸引人口的主要因素，为此，韩国政府制定了一系列政策分散工业、学校和政府机关。1964 年的《控制快速城市增长的国务决策》就提出"不鼓励首尔的新工业开发"以及"二级政府机构在地方城市的重新分布"。1967 年颁布《地方工业促进法》，鼓励生产设施向人口较少的省区转移。1972 年的《首尔土地利用控制》又提出了"减少首尔居住和工业用地的区划"和"在首尔外重新安排政府机构"。1977 年，韩国制定《工业分散法》，规定与城市土地利用规划相违背的工厂必须进行搬迁。同年，颁布《环境保护法》，该法将污染工业强行迁至首尔西南的安山新城。1988 年，为解决奥运会带来的住房价格飞涨等一系列"城市病"，韩国建设部决定在首尔的绿带外建设五个新城市，即盆唐（Pundang）、一山（Ilsan）、坪村（Pyongchon）、山本

（Sanpon）和中洞（chungdong），这五个新城的规划人口约120万人，占地约50平方千米。其规划概况见表13-1。

表 13-1　　　　　　　　　韩国首都圈新城市开发规划概况

新城市名称	盆唐	一山	坪村	山本	中洞
距离首尔(千米)	东南25	西北20	以南20	以南25	以西20
面积(平方千米)	19.61	15.71	5.11	4.19	5.45
人口(万人)	39	27.6	17	17	17
建设户数	97580	69000	42500	42500	42500
建设时期	1989—1995年	1990—1995年	1989—1993年	1989—1993年	1990—1994年
开发方向	首都圈中心商业区自主型新城市	文化艺术田园城市	富川市新中心	安养市新中心	军浦市新中心

这些新城建设，为解决首尔城市住房紧张问题、分散首都城市人口，尤其是稳定房价作出了重要贡献。首尔市政府2021年3月3日援引韩国行政安全部和法务部的数据称，该市韩籍居民登记人口为9668465人，外籍居民登记人口为242623人，合计人口数为9911088人，人口数量自1988年以来首次跌破1000万。

二、为促进地方经济社会发展而建设的新城市

韩国政府以发展地方工业城市或工业基地的腹地城市为目标，从20世纪60年代初到80年代初，陆续促进蔚山（1962）、浦项（1968）、龟尾（1973）、昌原和丽川（1977）、光阳（1980）等城市建设。另外，为促进地方科研力量的培育，建设大德（1974）；为了在落后地区建立增长极，政府促进了东海（1978）的建设。①（见表13-2）

---

① 金钟范.韩国城市发展政策.上海：上海财经大学出版社，2002：242-243.

表 13-2　　　　　　　韩国促进地方经济社会发展的新城市及其开始建设时间

	新城市类型	开始建设时间(年)
蔚山	工业城市或工业基地的腹地城市	1962
浦项	工业城市或工业基地的腹地城市	1968
龟尾	工业城市或工业基地的腹地城市	1973
大德	研究学院城市	1974
昌原	工业城市或工业基地的腹地城市	1977
丽川	工业城市或工业基地的腹地城市	1977
东海	落后地区建立增长极	1978
光阳	工业城市或工业基地的腹地城市	1980

这些为促进地方经济社会发展而建设的新城市，的确为区域经济协调发展作出了贡献。其中相当一部分发展得很不错。以昌原市为例。它位于韩国的东南端，襟江滨海，现在是庆尚南道的首府。历史上，在弁韩时曾叫走漕马国；1974年，根据韩国化学和机械工业培育政策，成立昌原开发区，1980年升格为市。昌原市面积297平方千米，人口53万人，是一座充满活力的年轻城市。它以规划严密、工业带动、健康宜居而闻名遐迩，是世界上少有的严格按照规划建设的城市，其机械工业园是韩国五大开发区之一。目前，昌原市已发展成为中南部产业经济的中枢，是韩国举足轻重的制造业重镇。

另外值得一提的是位于韩国中部的大德。它并不是一个独立城市，是大田市的一个科技研究区。1973年1月，政府制定了"第二研究园区建设基本计划"，从1974年开始建设。从1978年起，政府、企业、教育机构开始入住园区。到了1993年，通过开办世博会(大田EXPO)提高了科学城市的地位。博览会结束后，在那片地上建立科学公园，开办各种各样的关于科学的展览会和庆典活动。2005年，颁布《大德创新城特区建设特别法》，首次提出"研究型公司"制度。同年，大田儒城区和大德区一带被指定为"大德研究开发特区"，作为产学研官交织在一起的研究开发和技术事业化的前进基地拉动着大田的发展。在2009年开办了世界科学园区总会和国际宇宙大赛等大型的国际活动，巩固了科学中心城市之称的社会地位。其规划总面积27.8平方千米，规划人口7万多人，到2000年年末入驻机关105个，区域人口6万多人，其中研究人员15000多人，具有博士学位者4300多人。2011年5月16日，韩国教育科学技术部长官李周浩宣布，政府已选定大德园区为科学商务带的建设地。韩国政府将在园区内建设基础科学研究院总部和设置重离子加速器等大型试验设施，并在此后的7年时间里，投入5万亿韩元巨资推进这一建设超大型科学商务带的计划。到2012年年底，已有35家研究型公司培育成功。目前，大德创新特区已经成为信息技术、生物技术、纳米技术、航空航天技术以及人工智能技术方面的核心及领先区域。其中，汉南大学在生物及纳米技术方面处于标志性地位。在大德创新特区诞生了数以万计的科技成果。大德创新特区已经成为韩国当仁不让的科技创新发展原动力所在地。

大德创新城非常注重国际合作，已同15个海外研发创新集群结为协力关系，包括：中国的中关村科技园、法国的索菲亚-安提波利斯科技园、英国的曼彻斯特科学园等，基于不同园区的优势，进行有针对性的合作与交流。如与索菲亚-安提波利斯科技园进行信息技术、生命科学、环境科学和新能源领域的教育与培训合作、技术转让、研发合作以及科学/经济交流，双方还建立了正式的研讨会制度，互相提供可供转让的技术清单等，为双方企业到各自园区内投资提供便利条件，有效促进了大德创新城的全球化进程。经过近50年的发展，大德创新特区的建设模式已经从政府强势牵引，转变为民、商主导，内部驱动的模式，形成了高效循环的创新集群"研发-转化-商业化-收益"的生态创新系统。

总的来看，韩国通过多种措施，初步遏制了首尔的过快膨胀。2020年元月首尔首都圈人口为2480万人，比2010年年底的2450万人仅增加30万人，这与此前曾达到10年翻一番多(从1960年的240万人增长到1970年的550万人)的惊人增速相比大大下降了。

参考文献

1. Zhiwei Yu. To construct Jinzhou as a secondary provincial center city- another alternative of the regional economic development model in Liaoning province. Asia Social Science，August，2009.

2. 白利，邓小娟，吕庆立．2001—2016 年中国省域副中心城市研究概况．全国商情，2016(30)．

3. 陈帮清，周鸿彬，郑方林，谭家林．对宜昌建设省域副中心城市生态环境的思考．中国西部科技，2009(8)．

4. 陈善浩，陈忠暖，蔡霞．基于区位几何要素的省域副中心城市铁路出行便捷性分析——以广东省湛江市为例．地域研究与开发，2016(5)．

5. 邓小平文选(第二卷)．北京：人民出版社，1993.

6. 丁宏鸣．我国省域副中心城市的建设略论——以湖北省宜昌市为例．边疆经济与文化，2010(4)．

7. 定军．省域副中心城市竞位赛．决策，2018(8)．

8. 韩民春，曹玉平，白小平．湖北省省域副中心城市发展研究．湖北大学学报(哲学社会科学版)，2011(1)．

9. 湖南省人民政府办公厅．关于印发《支持岳阳市加快建设省域副中心城市的意见》和《支持衡阳市加快建设省域副中心城市的意见》的通知[EB/OL]．湖北省人民政府网，2021-08-06.

10. 黄昌富，胡玉蓉．区际联系视角的省域副中心城市产业定位研究．三峡大学学报(人文社会科学版)，2012(1)．

11. 黄祖辉．湛江对接国家发展战略的三个先行考量．广东经济，2021(4)．

12. 李春香．城市群视角下我国省域副中心城市发展研究——以湖北宜昌市为例.

湖北社会科学，2012（1）.

13. 李羽. 省域副中心城市发展路径研究——以广东省湛江市为例. 广西质量监督导报，2019（1）.

14. 李迎鑫. 为荆楚崛起打造战略支点——全省"一主两副"城市发展战略的推进历程. 三峡日报，2012-04-08.

15. 李智. 基于内陆省份中心城市竞争力提升的若干建议——以湖北省为例. 中国经贸导刊，2021（6）.

16. 黎江林，韩高峰，黄仪荣. 高铁对建设省域副中心城市的促进作用研究——以江西赣州为例. 城市住宅，2019（11）.

17. 卢阳春，高晓慧，刘敏，程润华. 四川建设省域副中心城市需"因地制宜". 四川省情，2018（12）.

18. 刘曙松，樊华. 宜昌九桥飞架长江南北. 湖北日报，2021-08-13.

19. 聂春林. 襄阳、宜昌两市委书记高配为副省级，跟武汉组成"一主两副"，21世纪经济报道，2011-08-09.

20. 彭智敏. 我国省域副中心城市研究——以湖北宜昌市为例. 学习与实践，2006（4）.

21. 钱霓. 云南副中心为什么是曲靖. 曲靖日报，2021-04-29.

22. 钱远刚，白振中，马丽萍，马哲. 宝鸡推进副中心城市的对策研究. 西部大开发，2013（12）.

23. 秦尊文. 关于省域副中心城市的理论思考. 湖北日报，2011-10-16.

24. 秦尊文. 湖北"一主两副"发展战略. 武汉：湖北人民出版社，2012.

25. 秦尊文. "四轮"驱动省域副中心. 湖北日报，2011-11-13.

26. 秦尊文，卢志文，杨兰桥，付廷臣. 南阳宜明确为"省域副中心城市". 中国经济时报，2014-03-19.

27. 邵长锋，陈葆，李杰玉，包振国，王昌. 天水市建设省域副中心城市研究报告. 发展，2019（7）.

28. 藤田昌久，保罗·克鲁格曼，安东尼·维纳布尔斯. 空间经济学——城市、区域与国际贸易. 梁琦主，译. 北京：中国人民大学出版社，2005.

29. 孙大军. 全力蹚出转型发展新路 高质量建设省域副中心城市. 天水行政学院

学报，2021（1）.

30. 王俊，马海彦．区域合作：建设省域副中心城市的必由之路．湖北大学学报（哲学社会科学版），2010（2）.

31. 王明亚．甘肃省域副中心城市发展研究——以天水市为例．天水行政学院学报，2021（2）.

32. 王亚新，孟毅．"一核一带一区"新格局下的省域副中心建设研究．岭南师范学院学报，2020（1）.

33. 伍万云，胡德茂．省域次中心城市发展研究——以皖江示范区芜湖市为例．理论建设，2013（2）.

34. 魏树旺．全力唱好"双城记"建成省域副中心．当代贵州，2021（5）.

35. 吴传清．基于成长三角理论的汉三角区域增长极营造问题探讨．学习与实践，2006（7）.

36. 仵树大，赵艳．酒泉将打造西北省域次中心城市．中国经济时报，2006-03-23.

37. 杨朝文．湖南力挺两大省域副中心的文件干货来了［EB／OL］．红网，2021-08-09.

38. 杨继瑞，杜思远．"一干多支"是"多点多极"的升级版．当代县域经济，2019（3）.

39. 于代松，魏菓，叶连广．城市关联网络、副中心培育与区域高质量一体化发展——以四川省为例．乐山师范学院学报，2021（4）.

40. 张蓝青．石化产业是推动茂名成为省域副中心城市的引擎．全国商情：经济理论研究，2008（3）.

41. 张希奇．湖南省衡阳市创建省域副中心城市路径探索．改革与开放，2020（7）.

42. 赵良英，严兴春，向东．促进省域副中心城市发展．湖北日报，2010-08-06.

43. 赵霞，陈丽媛．增强省域副中心城市辐射功能研究——以湖北宜昌市为例．当代经济，2009（19）.

44. 赵祥．习近平关于区域协调发展的重要论述的理论创新与重大意义．中国社会科学报，2018-11-06.

45. 中共广东省委, 广东省人民政府. 关于支持湛江加快建设省域副中心城市打造现代化沿海经济带重要发展极的意见. 南方日报, 2021-03-29.

46. 中共宜宾市委宜宾市人民政府决策咨询委员会. 四川省省域副中心城市选择研究. 决策咨询, 2019(4).

47. 周敏. 汕头：广东省域副中心城市推动粤东地区加快创新发展转型. 潮商, 2017(6).

48. 周勇. 省域副中心建设的空间组织关系及其协调. 求索, 2021(5).

49. 邹家文. 把遵义打造成为贵州省副中心城市. 当代贵州, 2010(17).